El VESTUARIO EN EL CINE CUBANO

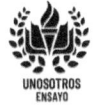

UNOSOTROS
ENSAYO

María Eulalia Douglas

© 2020 María Eulalia Douglas
©Unos&OtrosEdiciones, 2020

ISBN-13: 978-1-950424-32-0
Título: El vestuario en el cine cubano
© María Eulalia Douglas
Edición: Armando Nuviola
Correcciones: Dulce Sotolongo
Diseño de cubierta: Armando Nuviola

UnosOtrosCulturalProject

www.unosotrosediciones.com
Un publicación de UnosOtrosEdiciones
Prohibida la reproducción total o parcial, de este libro, sin la autorización previa del autor.

Queda prohibido bajo las sanciones establecidas por las leyes escanear, reproducir total o parcialmente esta obra por cualquier medio o procedimiento así como la distribución de ejemplares mendiante alquiler o préstamo público sin previa autorización.

Gracias por comprar una edición autorizada.
Archivo de fotos: © María Eulalia Douglas

Hecho en Estados Unidos de America, 2020

*A los diseñadores de vestuario del cine cubano,
tan injustamente olvidados*

«El cine no es solo imagen, pero la imagen es lo más importante».

Fernando Pérez

A los diseñadores de vestuario y vestuaristas del cine cubano, que con gran entusiasmo acogieron este proyecto y dedicaron incontables horas en su agenda de trabajo y tiempo libre a hacer las entrevistas. Sin su ilimitado interés este libro no podría existir, por lo que puede decirse que son sus principales autores.

A Reynaldo González, director de la Cinemateca de Cuba entre 1990 y 2000, que desde el momento en que le presenté la idea de esta investigación, dio su aprobación y me alentó a realizarla.

A mis compañeros de la Cinemateca, Ivo Sarría, ya desaparecido, primero en ayudarme a organizar un plan de trabajo. Muy en especial a Alicia García por dedicar parte de su tiempo libre a revisar y corregir la redacción de las entrevistas. A Olga Sánchez por la corrección gramatical. A Sara Vega por su ayuda incondicional en varios aspectos. A Mileidys Amador y Yudmila Lima, que junto a otros se esforzaron en rescatar parte de las entrevistas que la computadora, traidoramente, había desaparecido.

Agradezco al Departamento de Vestuario de los Estudios Cubanacán, al Archivo Fílmico y a los diseñadores que me ayudaron en la recuperación y selección de las ilustraciones.

Prólogo

Toda una vida estaría contigo

A María Eulalia Douglas, Mayuya, especialista de la colección de cine nacional en la Cinemateca de Cuba, me la presentó mi amigo Héctor García Mesa, director de la institución, a quien tristemente debí sustituir cuando murió en 1990, todo un reto.

Me interesaban las películas anteriores a la Revolución, emporio de melodramas lacrimógenos, incluida una serie sobre rumberas llegadas de Cuba a México en los años cuarenta y cincuenta del siglo pasado. Coincidente con la argentina, la mexicana fue la segunda industria cinematográfica en el continente y sus islas, ambas supervivientes de la Guerra Mundial. Cuba no alcanzaba esa condición, pero tenía talentos acordes a las solicitudes del comercialismo —más que el arte— en la pantalla. La producción de cine mexicano-cubano fue pródiga en argumentos atrabiliarios donde se cosechan elementos de costumbres, de nuestra música popular, sus figuras principales y el aprovechamiento de la sentimentalidad colectiva, principal objetivo de mis investigaciones. El esfuerzo redundó en los libros *Llorar es un placer*, *Caignet, el más humano de los autores* y *Cine cubano, ese ojo que nos ve*, este último escrito cuando concluí mi dirección de la Cinemateca. En tan distendido proceso —doce años— tuve el apoyo de la fiel Mayuya y de un conjunto de especialistas «todoterrenos», a quienes aprendí a respetar y amar en lo que valen.

En este libro, llevada de la mano del experimentado cinematecario Christian Dimitriu, Mayuya cuenta su tránsito de secretaria bilingüe a especialista de cine y su permanencia en lo que resultó costumbre y adicción más que trabajo. Se siente cumplida y realizada porque hizo cuanto pudo en su oficio, en condiciones no siempre gratas. Hacia la meta final le han obsequiado reconocimientos cuando el verdadero regalo es ella para el conocimiento de una zona histórica de gran interés. Todavía se acalora por circunstancias que no le satisfacen y hasta se propone enderezarlas en perspectivas que no abandona, sino aplaza. Lamenta que el cine ya no es como antes, quizás extraña el viejo *glamur*, el de su tiempo, mientras insiste en que sus gustos no envejecieron. Tengo la memoria un poco extraviada, se queja en plan confesional y aboveda la boca con las manos y cierta picardía: ya cumplo noventa. En su defensa argumenta que al menos no es una anciana regañona, eso no. Como andantino mañanero de su casa a la Cinemateca puede cantarle al cine la letra de un bolero de su adolescencia, *toda una vida estaría contigo*, y se niega a abandonarlo.

Los tiempos de Mayuya fueron los más esforzados del Icaic, monopolio de la cinematografía cubana y púgil latinoamericano por un cine diferente, que representara la realidad de nuestros países y participara en los altibajos de un combate progresista. El marco que le correspondió a la Cinemateca de Cuba fue el que permitía una conducción a la defensiva, junto a la vanguardia cultural. Quizás en cumplimiento de esa táctica impusieron un control cerrado, que con justicia ahora denominan *Icaicentrismo*. Mayuya reconoce que la investigación permitida a la Cinemateca no albergaba todo el arte de la imagen en movimiento en el país. Ahora se nota mucho más, cuando los caminos advierten otros derroteros. Ella comprende la necesidad de romper los diques en prosecución de cambios necesarios, sin borrar lo alcanzado.

Hasta los más críticos le agradecen su dedicación y persistencia, obra de referencia, con innegable utilidad. Las páginas de este libro recogen algunos estudios suyos, insoslayables. Abarcan el cine en Cuba desde los inicios, el avance empresarial propiciado por la ubicación geográfica de la isla y su preeminencia en el ámbito internacional de entre siglos xix y xx, los pioneros y sus contradicciones, el período silente, las disciplinas que desarrollaba el augural cinematógrafo, la apertura a las artes de la representación, la música, los negocios paralelos, el arrimo de un vehemente internacionalismo financiero, las historias individuales coincidentes con un desarrollo expansivo, los estilos y tendencias predominantes. Son aspectos de un arte que también es industria, espacio para la educación de las mayorías, a pesar de un inocultable conductismo.

En este libro afloran las circunstancias sociales e históricas que inciden en el cine y su influencia en modas y costumbres. Un arte permeado de novedades, que convive con sus destinatarios y permite tanto el acercamiento crítico como la sublimación, reflejo y entrega. Todo ello se comprende mejor con el favor de la Cinemateca, donde lo instantáneo de la fruición artística se ofrece a comprobaciones, a la meditación y el aseguramiento de mensajes que no mueren en la pantalla porque el espectador los lleva consigo. Es comprensible el amor que propende, las horas de investigación y esclarecimiento que supone y la fijeza del enamoramiento que envuelve a esta investigadora. Sabemos su dedicación y nos sentimos fruto de esa pasión.

Ella ha recogido un muestrario tan satisfactorio como ingrato, experiencia embebida en sus propias condicionantes.

Algunos aspectos no tan connotados en la trayectoria de nuestro cine aparecen, ofrecidos al lector poco acostumbrado al tema. Constituyen la visión curiosa, que fija detalles. Quiero enarcar uno al que asistí en su desarrollo. Lo recoge bajo el título «Etapas temáticas del cine cubano». Trabajábamos para la primera entrega de la serie literaria *Coordenadas del cine cubano*, que nacía y ha continuado. Mayuya propuso el artículo que, en conjunto, explicita un criticismo sensato. En su recorrido desde los inicios, llega al cine en Revolución y salta una liebre, pues resulta raro que a casi todos los realizadores de significación se les ocurrieran, al mismo tiempo, filmes de temáticas similares. Es obvio que intercedía el cumplimiento de ordenanzas, hechos a cumplir, la respetable disciplina. Ella lo observa sin darle sentido de crítica, sino de información meditada. Y pone en relieve el conductismo que en algunos casos aplazó la realización de intereses y líneas individuales en función de una actualidad inmediata, programática. No es algo privativo de la filmografía cubana, con su correspondiente información colateral, que induce a una lectura inteligente. La cinematografía internacional está colmada de la proyección interesada, con piezas recurrentes que banalizan los contenidos. En nuestra circunstancia, como antes una esforzada comicidad condujo al abaratamiento temático y a la realización burda, los casos recientes fueron de otro carácter, correspondientes a un período peculiar, cuando ya existían un cine diverso y cineastas más intrincados y capaces. La resultante fue positiva.

El variado contenido de este libro, que atiende lo particular y lo general con similar interés, amplía el conocimiento del país a propósito de su cine. Conocemos personalidades y tránsitos historiables, las circunstancias en que Cuba afrontó la experiencia cinematográfica hasta llegar a un punto de inferidos cambios. Como los buenos relatos, no impone un cierre, sino un final abierto, calificación socorrida en los análisis de ciertos filmes, muchas veces con dejo de lamentación porque se desearía una conclusión explícita. Pero es más seductora la interrogante abierta, el suspense. No le corresponde cerrarla a quien estudia e informa. Tampoco al lector, sino a los protagonistas, los cineastas. Hemos llegado a un punto ápice, de incómoda expectación compartida con Doña María Eulalia Douglas, nuestra Mayuya. Un beso en su frente.

Reynaldo González
Premio Nacional de Literatura Cubana

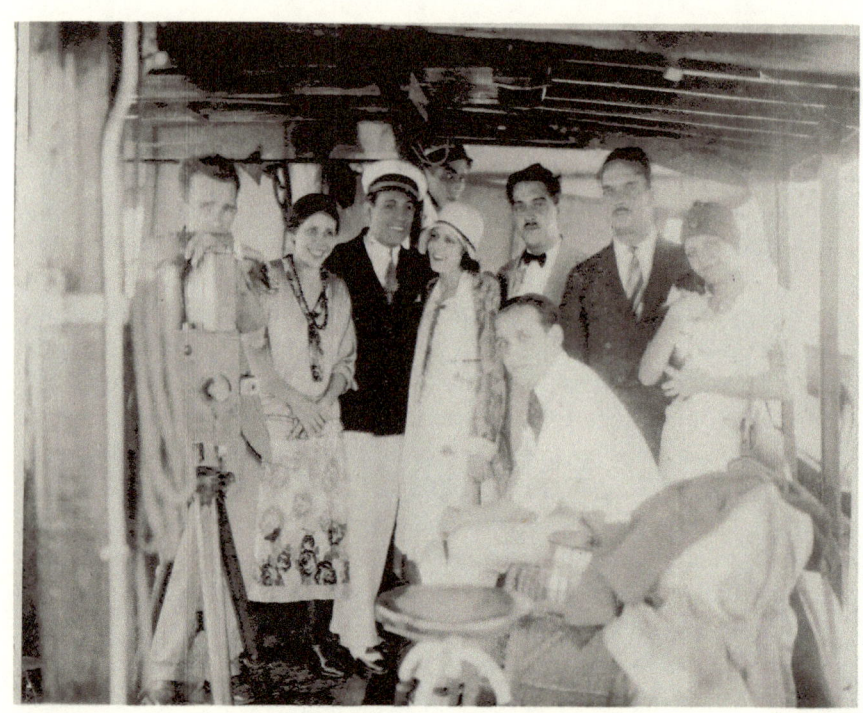

El veneno de un beso (1929)

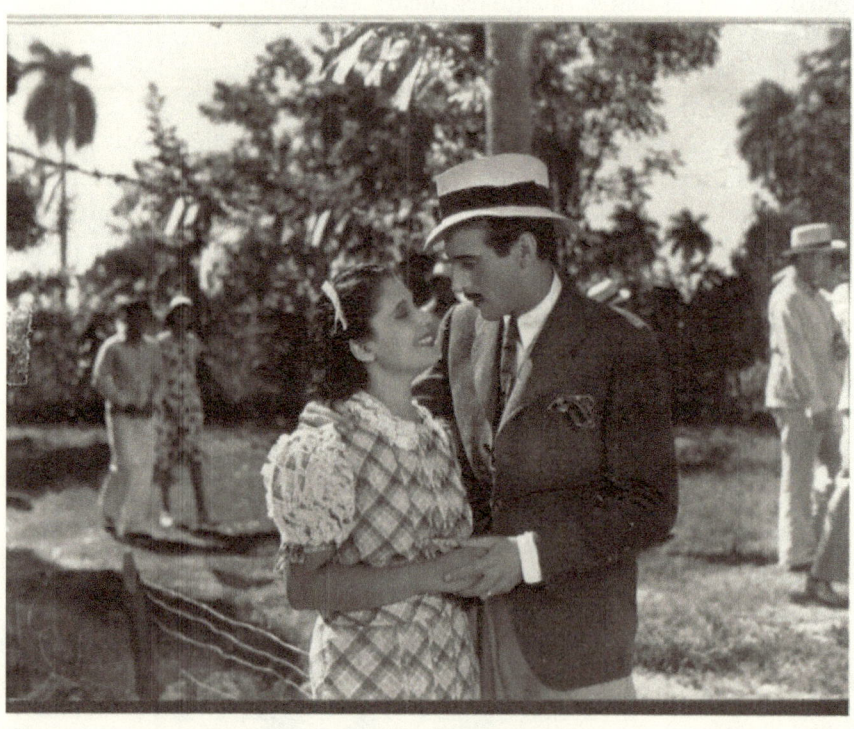

Sucedió en La Habana (1938)

NOTA DE LA AUTORA

En múltiples publicaciones extranjeras se observa un gran espectro de información a propósito del vestuario en el cine, y existe una amplia bibliografía, lo cual indica su importancia. Sin embargo, al dar comienzo a la investigación sobre este tema en el cine cubano, descubrí una total ausencia de referencias en publicaciones periódicas, especializadas o no, incluyendo la crítica de cine en la prensa diaria, y mucho menos algún libro o folleto.

Ya atrapada por el desafío de descubrir las interioridades de una profesión preterida en nuestro país, decidí que esta historia solo podía ser contada por boca de sus personajes: los diseñadores. Comencé por localizarlos en Cuba y en el extranjero y les pedí que me hablaran de su profesión y me narraran sus experiencias de trabajo en los filmes producidos por el Instituto Cubano del Arte e Industria Cinematográficos, Icaic, durante el periodo comprendido entre 1960 y 2004. También recabé los testimonios de las vestuaristas y costureras que sin dudas son las que permiten que los diseños cobren vida, se hagan realidad. Las entrevistas se hicieron entre los años 2003 y 2004, por lo que las obras realizadas después de esta fecha por estos diseñadores, o por los que se han integrado posteriormente al cine, lamentablemente no se mencionan.

A partir de estas entrevistas se reconstruye la historia y los avatares de esta especializada labor: experiencias, sueños, dificultades, retos, satisfacciones o decepciones de estos hombres y mujeres que con amor «visten al cine cubano».

Sobre el período anterior a 1959, visioné con una nueva mirada —después de mis conversaciones con los diseñadores—, parte de las películas que conserva la Cinemateca de Cuba y con la audacia del profano me aventuré a hacer algunos comentarios sobre el vestuario en esa etapa.

Para que el público pueda ser capaz de apreciar y disfrutar en mayor medida los valores estéticos en un filme, ponemos a su disposición este libro, pero también para que los interesados en el tema hagan estudios más profundos, que ayuden a valorar en toda su amplitud uno de los componentes indispensables para lograr la imagen que hace la magia del cine: el vestuario.

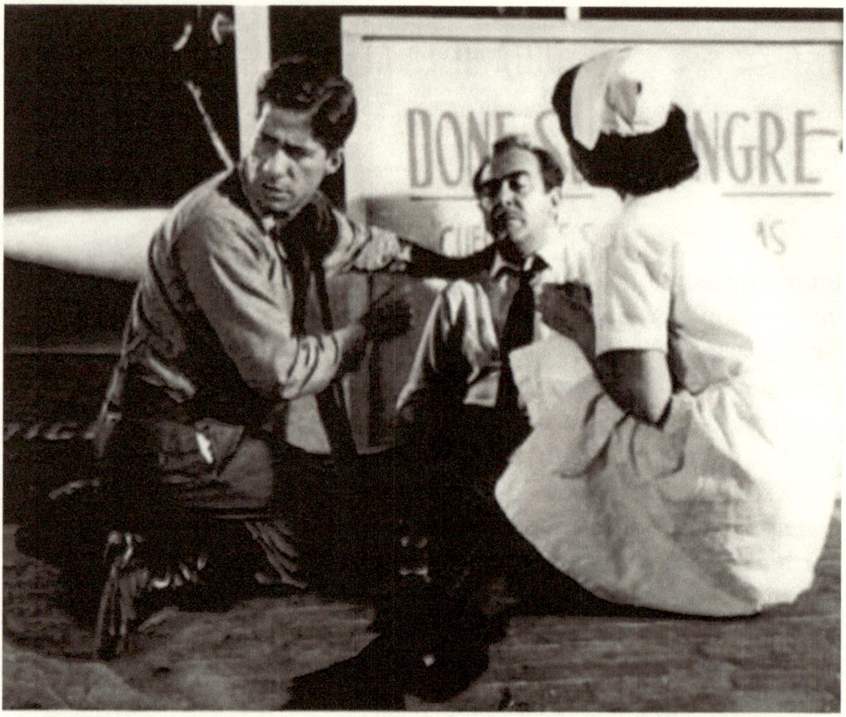

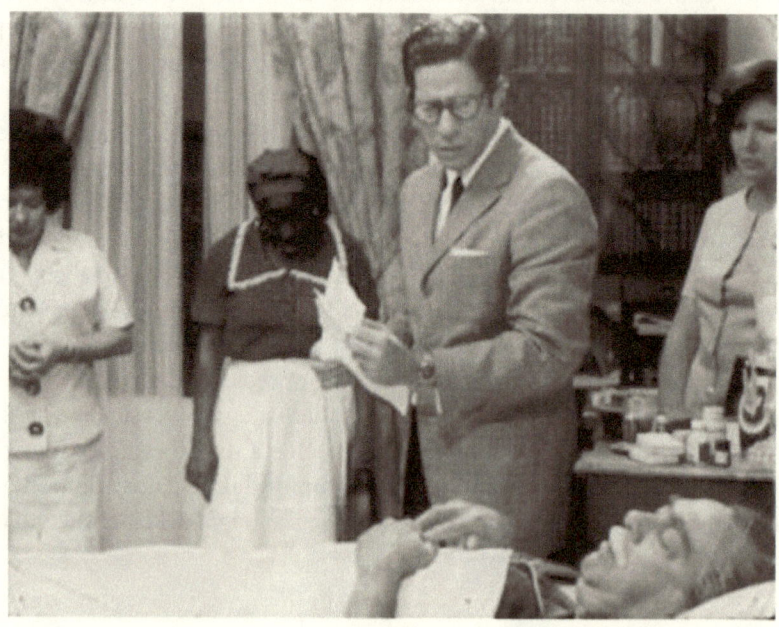

La Vestimenta

Cuándo el hombre comenzó a cubrir su cuerpo es un misterio que ha perdurado a través de los siglos. Para aquellos que creen, según la Biblia, que somos descendientes de Adán y Eva, fueron ellos los primeros en poner algo sobre su anatomía, después de cometer el pecado original: «Entonces se les abrieron los ojos y los dos se dieron cuenta de que estaban desnudos. Entonces cosieron hojas de higuera y se cubrieron con ellas».[1] «Poco más tarde Dios hizo ropas de pieles de animales para que el hombre y su mujer se cubrieran».[2]

Para los que creen en la evolución de las especies, este acto es un misterio perdido en las miríadas de años de existencia del que llamamos «homo sapiens». Este hecho está condicionado por disímiles factores, entre los que se encuentran el desarrollo mental, el modo de vida y la latitud No en todas partes ocurre el fenómeno del mismo modo ni al mismo tiempo. ¿Cuándo descubrió el hombre que al echarse encima una piel cualquiera, incluso del mismo animal que cazaba para subsistir, protegía su cuerpo?

Esa «segunda piel» como la llama la destacada diseñadora María Elena Molinet[3] va transformándose con los siglos de elemento utilitario en elemento con un significado más: el ornamental. Ya en las tribus más primitivas se adicionan detalles que implican conceptos de poder, religiosos, étnicos, de distintos estratos sociales.

El vestuario evoluciona lentamente. Posteriormente la idea primordial en la mayoría de las clases sociales no es crear ropa para cubrir, para proteger el cuerpo, sino para adornar. Así llega a la expresión más alta de la extravagancia que conminó a edictos y censuras de reyes, gobernantes de menor categoría y sobre todo de la iglesia, aunque ella misma tuvo períodos de grandes lujos y riquezas que llegaron a sobrepasar el de los más ricos y aristocráticos componentes de la sociedad.

Usualmente se piensa que es la mujer el ejemplo principal de este lujo y extravagancia. La historia del traje nos muestra que es el hombre quien más exageró, inventó y escandalizó a los más timoratos con la introducción

---
[1] *Génesis*, cap.3, vers. 7.
[2] *Ibid.*, cap.3, vers. 21.
3. María Elena Molinet. *La piel prohibida*. Editorial Letras Cubanas, La Habana, 1996, p. 7.

de locas e increíbles fantasías, tanto en su vestimenta como en su peinado. Hasta llegado el siglo XIX no comienza a verse la austeridad en el vestir masculino, austeridad que se acentúa cada vez más y perdura todo ese siglo y el siguiente, en que la mujer también renuncia a ciertos artificios y hace cambios sustanciales en su atavío, liberando su cuerpo, sobre todo a partir de la tercera década del siglo XX. No obstante, quedan reminiscencias de ciertas costumbres y vemos como todavía en los años cincuenta usaban apretados corsés, afinadores de cintura, sostenes engañosos, para dar a la figura lo que se consideraba era «el ideal» de la moda de ese tiempo. No es hasta la década del sesenta cuando en un mundo conmocionado por revoluciones sociales y políticas, la juventud inicia también una revolución en el vestir. Rompe cánones establecidos por largos años y hubo movimientos de extrema significación y extravagancia como fueron los *hippies*. La tendencia sigue y se universaliza con una libertad total para que cada cual siga una línea propia de acuerdo a sus gustos y fantasías. No quiere esto decir que no hubo grupos que continuaran con el comedimiento, respetando y conservando algunas reglas y usos, sobre todo para ciertas ocasiones y determinadas profesiones.

Sobre esta tendencia liberal, el fallecido diseñador italiano Franco Moskino, escribe en su última carta a la revista *ELLE*:

> Hemos llegado al tiempo en que se necesitan vestidos humanos, capaces de recibir el cuerpo... Los modistos han olvidado el cuerpo en el sentido animal. Y a mí me parece que ha surgido el momento de empezar a respetar profundamente este regalo que Dios nos ha dado.[4]

Es el teatro el primero que muestra la posibilidad de crear un personaje a través del vestuario, con la ventaja de que en el teatro el espectador no puede captar los detalles que sí captará el ojo de la cámara siglos más tarde cuando se inventa el cine. Es además un trabajo más relajante ya que si no se está conforme con lo realizado en un día hay oportunidad de mejorarlo para la siguiente representación, lo cual es imposible en el cine.

Tanto en el teatro como en el cine, el diseñador busca crear el personaje a través de la ropa, y grabar en la mente de los espectadores aquellos momentos memorables cuando la dicotomía actor-personaje desaparece para convertirse solo en personaje.

Al vestir a un personaje se debe pensar como lo haría por sí mismo, sin que el diseñador pierda de vista las peculiaridades de la obra, las intenciones

---
[4.] Revista *ELLE*, noviembre 1994, p. 115.

del director, y por supuesto la época. Con la llegada del cine silente se enfatiza no solo la gestualidad sino también la indumentaria. El teatro tenía la palabra para expresarse, lo que no existía en el cine, por tanto, al ser mudo, el vestuario se convierte en un elemento vital para ofrecer elementos al espectador. Se puede conocer algo del carácter de un personaje a través de su vestimenta: si es rico, pobre, ostentoso, sencillo, fanfarrón, agresivo, extravagante, elegante, descuidado, el oficio a que se dedica, etcétera. Simples detalles le sirven a un diseñador para dar una característica: una bufanda, un sombrero, un collar, un bastón, unos zapatos, hasta un toque de color. Puede tomar un sencillo vestido y hacerlo apropiado para varias mujeres diferentes. Por ejemplo, a un simple vestido negro de escote alto, puede ponerle un cuello blanco, unas mangas largas con puños blancos y dar una figura austera; a ese mismo traje le quita cuello y puños y lo adorna con un largo collar de perlas y lo sofistica, puede suprimir las mangas, profundizar el escote hasta el nacimiento de los senos y darle un aspecto voluptuoso. En otras palabras, hace que la ropa trabaje para él, aunque un diseñador no tiene control absoluto sobre lo que hace. Se le entrega un guion y después de leerlo conferencia con el director, con el productor, con el escenógrafo, con el fotógrafo, a veces con el actor y cada cual aporta su idea que puede transformar o no su imagen del personaje. Hoy en día en el equipo de realización existe el director de arte, cuya función es acoplar todos los elementos plásticos del filme: escenografía, vestuario, ambientación, maquillaje, peluquería, sin que cada especialista deje de ser un creador. Todos deben trabajar, así mismo, muy estrechamente con el director de fotografía, ya que los lentes, el ángulo de la cámara, el encuadre, la iluminación, pueden alterar el color, las texturas, la atmósfera y hasta la concepción que tenga el director de una toma. La cámara es un elemento determinante, de ahí la armonía que debe existir entre estas disciplinas.

Normalmente el hombre se viste para proteger su cuerpo o para lucir mejor. En los filmes, directores y diseñadores trabajan para expresar épocas y personajes lo más verosímiles posibles. Podemos ver a Reinaldo Miravalles en algunos de sus filmes: el Oscar de *Las 12 sillas* (1962), exempleado de una familia burguesa, prototipo del clásico «bicho» cubano, del «vivo». Se presenta con ropa proletaria, o una criolla guayabera de origen popular, que define una conducta, traza una actitud Hombre de pueblo, viste con sencillez, limpio, presentable, pero humilde.

Cuando el mismo actor incorpora el Cheíto León de *El hombre de Maisinicú* (1973), bandido contrarrevolucionario, dedicado al vandalismo y al crimen, va vestido al estilo campesino con camisa y pantalón de trabajo maltratados, sucios, sombrero tejano, barba crecida, hirsuta, siempre armado, dando un personaje desaprensivo, cruel.

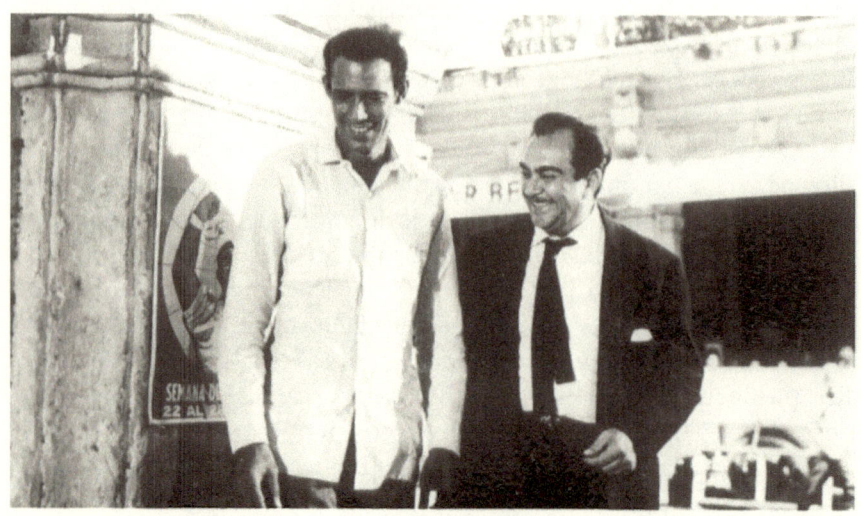

Las 12 sillas (1962)

Cuando interpreta a Vicente Cuervo, administrador de la aristocrática familia Orozco en *Los sobrevivientes* (1979), imita a sus amos en el vestir, de traje y corbata, atildado, con los atributos requeridos para cada ocasión. Es evidente que aspira a elevarse a dicha clase, lo que por fin logra al casarse con la hija de su señor. Vestuario y maquillaje logran convertir a los actores en personajes que el público observa por unas horas, en la pantalla de la sala oscura, convertidos en alguien diferente.

El adecuado uso de una prenda de vestir o algún accesorio resultan tan válidos que queda en la memoria del espectador casi como un símbolo. Tal es el emblemático sombrero de la protagonista en el primer cuento del filme *Lucía* (1968, Humberto Solás): pequeño, de copa, con ala corta y ligeramente inclinado sobre el rostro. Lucía, al girar la cabeza para mirar a su enamorado, plasma una imagen impactante, identificadora por antonomasia, —no solo en la pantalla sino en el cartel de Raúl Martínez— reconocida inmediatamente por cualquier espectador en diferentes países. Lo mismo ocurre con la Lucía del tercer cuento —también representada con la misma fuerza que en el mencionado cartel— con su sombrero de guano colocado en la cabeza sobre una toalla, forma tradicional de la campesina cubana para protegerse del sol y del sereno. Imagen que Solás repite como un homenaje, más de tres décadas después, con la misma actriz, en la secuencia final de su filme *Miel para Oshún*.

En un filme de los llamados «de época», el diseñador no está realmente creando sino recreando, basado en un acucioso trabajo de investigación.

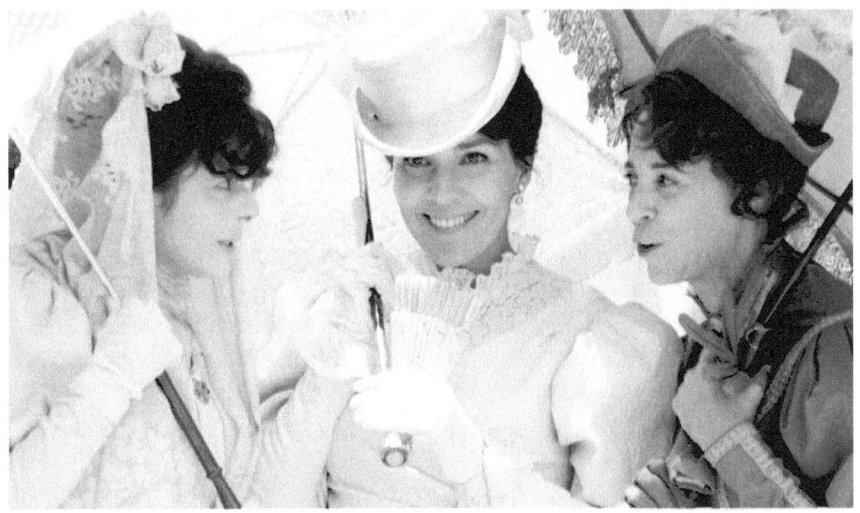

Lucia (1968)

Deja de usar su imaginación para realzar, estilizar, modificar o darle un toque de «actualización» a lo que considere inherente al personaje que está ayudando a conformar. Indudablemente recibe referencias que invariablemente lo influyen. Aunque no todos, hay directores que tienen gran exigencia en el vestuario, su autenticidad, su verosimilitud y no solo examinan los diseños y los discuten en la mesa de trabajo si no que asisten a la selección de los tejidos, a las pruebas de actores. Un ejemplo de esta exigencia la tenemos en la anécdota de Stanley Kubrick, cuya grandilocuencia visual lo llevó en el filme *Barry Lyndon* (1975) —donde la reproducción de época es impecable— a hacer que sus diseñadoras de vestuario visitaran las tiendas de antigüedades de Londres para ver los trajes que conservaban del siglo XVIII, no conforme con esto, los hizo traer al estudio para conseguir la más absoluta autenticidad.

Hay quien opina que es más estimulante un filme contemporáneo en el que la moda juega un importante papel. Ahí hay una oportunidad de expresarse personalmente. Sin embargo, esto no es tan sencillo, pues los diseñadores deben mantenerse informados y actualizados acerca de la moda, pero al mismo tiempo deben cuidarse de concebir diseños demasiado llamativos o en extremo inusuales por lo que podrían parecer fuera de moda o favorecer el envejecimiento del filme en poco tiempo.

Desde mediados del pasado siglo, se evitan los estereotipos de los años veinte, treinta y cuarenta, en que los cánones del vestuario en el cine eran estrechos y cada personaje: villano, gánster, héroe, vampiresa o ingenua tenían características distintivas sin apenas variación. Ahora se es más sutil.

En los años de su creación, a finales del siglo XIX, el cine se limitaba a tomar vistas de tipo documental de hechos y lugares. Por su mismo carácter las personas aparecían con su vestuario habitual, lo que ofrecía una imagen absolutamente genuina. Estas imágenes, como las de los noticieros, a lo largo de toda la historia del cine hasta nuestros días, han servido de referencia y guía para diseñadores y vestuaristas, sin ignorar por supuesto magazines y descripciones literarias e históricas, con respecto a la moda y los usos en las distintas épocas, países y esferas de la población. Para reproducir siglos anteriores se utilizan fuentes pictóricas, escultóricas, que se remontan a imágenes tan lejanas como los frescos egipcios, romanos, griegos, etruscos, etcétera, sin desdeñar en casos necesarios la escritura: fuentes literarias, periodísticas, ensayísticas.

Al respecto tenemos ejemplos con los cortos de los hermanos Lumière, inventores del cinematógrafo, donde se reflejaba la realidad tanto pública, como privada, por ejemplo, en *La salida de la fábrica* Lumière, vemos el vestuario habitual de la clase obrera, en *La llegada del tren*, aparece público multifacético, en las filmaciones en el hogar *El desayuno del bebé*, *El regador regado*, se nos ofrece una visión más íntima del vestir. También debe tenerse en cuenta que los representantes de la Casa Lumière viajaron todo el mundo tomando «vistas» en todos los continentes, Europa, América, Asia, África, lo que da una gran amplitud a la información y sirve de referencia para épocas posteriores. En la actualidad, el video ha generalizado el interés por filmar todo lo que nos circunda. Miles de seres van a todas partes del mundo con sus equipos, en gran medida personales, a filmar lo que aparece ante su vista y llama su atención tal como en su momento lo hicieron los representantes de los hermanos Lumière.

Pero ya muy temprano en el siguiente siglo comienza a utilizarse el diseño del vestuario, ejemplos tenemos como el de *Viaje a la luna* (1902) de Georges Méliès en que ya aparece diseñada una exótica vestimenta, posiblemente inspirada en su enorme fantasía.

El cine cubano, al igual que el mundial, se inicia con vistas de tipo documental y noticioso, pero demora más en incorporar la ficción. No es hasta 1913, que se filma el primer largometraje de ficción, *Manuel García* o *El Rey de los Campos de Cuba*, de Enrique Díaz Quesada, pero desgraciadamente no se guarda copia de éste ni de ningún otro filme por el cual podamos tener una idea de la utilización del vestuario en ellos, así como tampoco ningún documento que informe sobre el trabajo de algún vestuarista en alguna de estas obras. Solamente podemos hablar de las dos de las cuales se conservan copia, *El veneno de un beso* (1929) y *La Virgen de la Caridad* (1930), ambas de Ramón Peón.

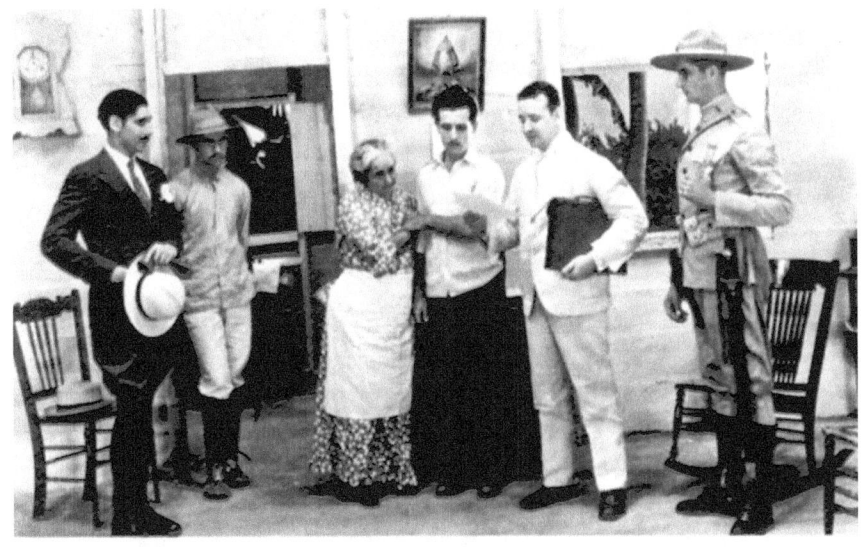

La Virgen de la Caridad (1930)

En la primera se utiliza el vestuario clásico de la clase media alta, inspirado en la realidad ya que esta es la época en que transcurre la historia y en la segunda, de ambiente rural, la sencilla ropa que pudiera usar el campesino cubano con algún desenvolvimiento económico y que es un ejemplo de lo dicho sobre los esquemas de algunos personajes en esa época: aparece el «villano» —quien pretendía robar las tierras y la novia del protagonista—, a diferencia de los demás enfundado en un traje oscuro con altas polainas y el notario, representante de la clase media, con un típico traje de dril al uso en la época. Diseñado por quién, no se sabe. Solo podemos decir que cumple sus funciones discretamente, con visos de autenticidad según la historia que cuenta cada una. Con la aparición del sonoro en la década de 1930, nos encontramos, aunque raramente, el crédito del vestuario en algunas películas, como son a finales de la década *El Romance del Palmar* (1938), y en 1939 *Cancionero cubano*, *Estampas habaneras* y *Mi tía de América*, todas atribuidas a la encargada de vestuario o vestuarista Evelia Joffré, quien posteriormente abandona este oficio y se convierte en *script-girl*. Aparecen además otros pocos nombres como son el de Antonio, Fico Villalba, Nena Pérez, Cornejo, Juana M. González (quien años más tarde, ya fundado el Icaic será la vestuarista del filme *Cuba baila*), Carmelina García —futura jefa del departamento de vestuario del Icaic hasta su jubilación— en *Tahimí* o *La hija del pescador* (1958). El crédito del vestuario era, en ocasiones, atribuido a casas de modas, como Almacenes Cadavid, The Fair, Finzi —que ya se anunciaba en la revista *Cuba Cinematográfica*, en la segunda década del siglo XX—, Los Ángeles Store, sastrería El Gallo, Ramallo, El Encanto etcétera, aunque no sabemos si facilitaban el vestuario a cambio de la promoción del establecimiento o si recibían algún pago. Esta costumbre no es privativa del paupérrimo cine cubano, grandes industrias como la de Hollywood, aún en la actualidad, tienen contratos con importantes casas exclusivas de moda que le proporcionan o diseñan el vestuario para sus películas, lo cual redunda además en promoción para ellas. En el filme *Wall Street* el protagonista Michael Douglas usa un reloj pulsera Cartier Santos cuyo costo es de $12,000 que se convirtió en el preferido de muchos ejecutivos[5] lo que por supuesto debe haber proporcionado pingues ganancias al establecimiento y al fabricante. Pero repetimos que, en la mayoría de los títulos cubanos, además de no existir la película físicamente, no hay información sobre el tema en ningún documento.

Por las imágenes que se conservan podemos, no obstante esta falta de información, hacernos un juicio somero de lo que significaba el vestuario en esa época para un cine que se hacía esporádicamente —con directores improvisados, de forma artesanal, sin la existencia de una industria—, al que al parecer no se trataba de imprimir realismo en ninguno de sus aspectos, y mucho menos al vestuario, al que posiblemente no se le concedía ninguna importancia, y que mostraba una ausencia total de sentido estético y de verosimilitud.

Las dificultades económicas que hacían a veces constituir una empresa para filmar una película, —que se convertía en única, ya que quebraba por imposibilidad de recuperar los fondos en ella invertidos—, además de la concepción artesanal de todo el proyecto, en el que no se contaba en general con técnicos ni especialistas para cada una de las especificidades del filme, imposibilitaba la creación de un presupuesto que cubriera las necesidades de una tarea, ya se sabe, altamente costosa. La improvisación era el *leit motiv* de toda esta etapa republicana en el cine cubano.

Cuando hablamos de pioneros del cine cubano, debemos respetar en algunos el esfuerzo y la constancia que los impulsaron a tratar de crear una industria cinematográfica en Cuba, pero no podemos soslayar que en este esfuerzo nunca estuvo implícito el concepto de cine como arte. Arte mayor y colectivo que necesita de muchos componentes técnicos y artísticos para

---

[5] *American Film,* septiembre 1989, pp. 48.

convertirse en la magia que lo caracteriza por sobre todas las artes. Cine es imagen y desgraciadamente en esta etapa a que nos referimos nunca se le dio valor a este concepto. Hablamos de un cine, que siendo benévolos en su apreciación, podemos calificarlo con una sola palabra: intrascendente. Ausente de lenguaje, de dramaturgia, de estética, de desarrollo de los personajes, qué podemos esperar de la importancia del vestuario que contribuye a la definición, a la caracterización del personaje y a su imagen en pantalla.

A partir de la década del treinta, en que se inicia el sonoro en Cuba, podemos tener algunas referencias por los filmes que se conservan. En todos se observa un tratamiento falso de la imagen y uno de los puntos criticables es la no diferenciación entre el entorno rural y el urbano. Así en *El Romance del Palmar* (1938) la protagonista, Rita Montaner, vestida como una citadina, sale de trabajar en la vega de tabaco con un impoluto traje estampado con vuelos y *zigzags* y unas modernas sandalias blancas de tacón, igual error se repite en una escena en la cocina donde ella y otra actriz aparecen con sendos vestidos y delantales adornados con encajes y cintas y de nuevo con sandalias de tacón frente a un rústico «fogón» de leña, sin el más leve tizne en sus ropas o en sus personas. Nada más inverosímil y distante de la imagen real de la campesina cubana. En *Rincón Criollo* (1950) vemos al guajiro dueño de una finquita que va en viaje a la capital enfundado en un elegante traje, confeccionado al parecer por alguna importante sastrería de la capital, continuando a lo largo de gran parte del filme con este tipo de atuendo.

Una excepción a mencionar es *Casta de Roble* (1954), donde el vestuario corresponde al ambiente campesino pobre y casi siempre se ve ropa de trabajo que se deteriora a medida que la trama se desarrolla y los personajes se van agrisando de acuerdo con los desastres económicos que sufren. Hay un intento de verosimilitud y de correspondencia de la imagen con los personajes a lo largo de todo el filme.

Con pocas excepciones, la mayoría de los filmes eran burdas comedias, muchas de ellas tomadas de programas radiales de éxito, o tramas simplistas en las que era frecuente encontrar los personajes del teatro vernáculo que se vestían con las características de éste: la mulata provocadora; el negrito (un blanco embetunado), dicharachero, con pantalones anchos y zapatos de dos tonos; el gallego ingenuo con su eterna boina; el chino «aplatanado» y el policía. Otro tipo de filmes con galanes, ingenuas y personajes de la vida cotidiana llevaban la ropa de uso en la época sin implicaciones dramatúrgicas, o ropa relumbrante de plumas, mostacillas y brillos, en las escenas de cabaret que tanto abundaban. Una muestra de exotismo es *Bella la salvaje* (1953), donde Blanquita Amaro aparece como la reina blanca de una tribu africana, vestida con excéntricos ropajes de un tejido que imita la piel del leopardo y, para una supuesta danza ritual en medio de la selva, muestra un diseño muy frecuente en la ropa de los *shows* de cabaret con plumas, mostacillas, piedras de fantasía y todo lo que pudiera brillar en medio de su semi-desnudez Los anacronismos abundaban como en *Ahora seremos felices* (1938) y *Rincón Criollo* (1950) —en ésta el vestuario de la Amaro está diseñado por Antonio—, donde las protagonistas, en una tarde primaveral, llevan al brazo una elegante estola de piel de zorro, —debemos decir, como atenuante, que existe el referente de las damas de la burguesía cubana que en nuestro corto y benigno invierno tropical solían llevar esta prenda—. En fin, que usaban ropa, porque no podían aparecer desnudos, pero nadie se preocupaba de diseñar para un personaje.

En los filmes de época tenemos una sola muestra del año 1939: *Siboney* de Juan Orol. La acción transcurre a mediados del siglo XIX y las esclavas aparecen con imitaciones de la bata cubana —que solo usaban las mujeres blancas de algún nivel en el interior de sus casas—, mezcladas con sencillos modelos de vestidos propios de mediados del siglo XX, encontrándose además graves errores de «macheo». Los esclavos, que generalmente iban descalzos, calzan alpargatas y el mayoral, que en la realidad siempre andaba en camisa de trabajo y chaleco, aquí aparece en todas las escenas con una blanca guayabera. La falta de verosimilitud es total. El pintoresquismo prevalece y estos trajes pueden haber sido alquilados en una casa de disfraces, aunque el crédito de vestuario se le adjudica a la casa de modas Finzi. Otro ejemplo de filme de época, aunque visto en fotografías ya que no existe copia, es *Cecilia Valdés* (1942), de Jaime Sant Andrews, donde en la escenografía se delata el cartón y bajo la falda de Cecilia se marca el alambre del miriñaque.

En el resto de los filmes cubanos durante la etapa de los años treinta al cincuenta, el vestuario no tiene representación alguna en cuanto a su relación con la dramaturgia del filme y el enfoque que se hace del personaje y su desarrollo. Es sencillo explicarlo puesto que los filmes en sí mismos carecían de todos estos atributos. El oficio de diseñador de vestuario se consideraba una especialidad innecesaria.

El 24 de marzo de 1959, a solo tres meses del triunfo de la Revolución, se crea el Instituto Cubano del Arte e Industria Cinematográficos (Icaic) que entre otros aspectos nacionaliza los estudios del Biltmore, los que contaban solamente de un foro y camerinos. Allí se instalan, entre otros, el taller y el almacén de vestuario, que se nutrió en principio de la ropa que recogía el Ministerio de Bienes Malversados en las casas de la alta burguesía emigrante. Se almacenan también uniformes del ejército de Batista y del Ejercito Rebelde, cedidos por las Fuerzas Armadas.

En 1961 se comienza, en esos mismos terrenos, la construcción de los Estudios de Cubanacán del Icaic. Uno de los edificios es dedicado al Departamento de Vestuario a donde se traslada todo el material acumulado en los almacenes y el taller de costura.

Durante sus primeros años, el Icaic no cuenta con diseñadores de vestuario. Lo realizaban vestuaristas y costureras que trabajaban bajo las indicaciones del director del filme, el escenógrafo y el director de fotografía, además de aportar sus sugerencias. Se buscaba en el almacén lo que se necesitaba, adaptando lo necesario y en caso de no encontrar lo adecuado se confeccionaba o se pedía a los actores.

Este grupo de fundadoras del departamento, eran costureras maravillosas que trabajaban entregando toda su disposición y amor a lo que realizaban. Se encontraban entre ellas Carmelina García, jefa del grupo que ya tenía experiencia en el cine anterior a la Revolución, y compañeras tan valiosas como Elba Pérez (La China), María González, Balbina y Elvia Rondón, Elsa Mustelier, Rafaela Cedeño, Arminda Almanza, Violeta Cooper, Milagros Traba, la excelente sombrerera Lidia Lavallet, que fueron las que mantuvieron en alto la calidad del vestuario de los filmes cubanos en esos años. Entre los muchos títulos en que trabajaron están: *Historias de la Revolución, Las 12 sillas, En días como estos, Desarraigo, Papeles son papeles, El robo, Cumbite, La Decisión, La muerte de un burócrata, Manuela, Tránsito, La Ausencia* y otras más de ese período. Aún hoy en día, algunas de ellas continúan siendo responsables del vestuario de películas que no cuentan con un diseñador profesional.

En 1964 la diseñadora y profesora de Historia del Traje en la Escuela Nacional de Arte, María Elena Molinet comienza a colaborar con el Icaic e imparte a estas trabajadoras clases de recalificación y de Historia del Traje. No es hasta 1967, en el filme *Tulipa*, que una diseñadora de vestuario, la misma Molinet, hace su primer trabajo para el cine.

A partir de la fundación del Icaic la industria cinematográfica cubana da un giro de 180 grados. Los presupuestos estéticos y dramatúrgicos, el reflejo de la realidad, la búsqueda de las raíces de la nación cubana son premisas que cuentan tanto en la ficción como en el documental. Para artistas y creadores, que no por nuevos en el oficio dejan de comprender la fuerza de comunicación entre la imagen y el espectador, esto es un aspecto de primordial atención. Junto a la importancia que adquiere la imagen, empiezan a cuidarse aspectos tan significativos como la escenografía y el vestuario, cuyos diseños se ponen en manos de profesionales.

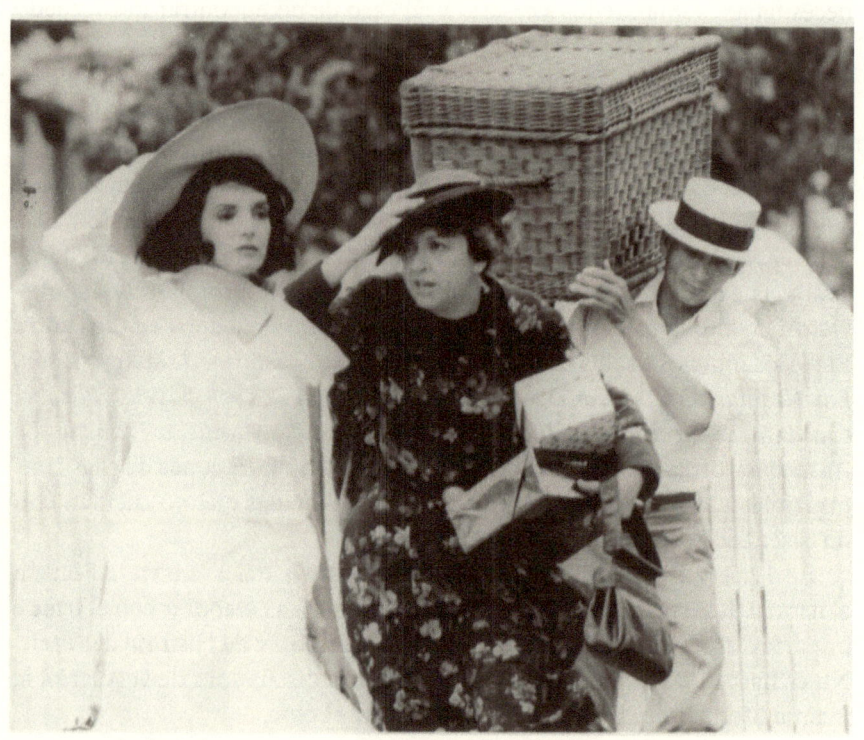
La diseñadora María Elena Molinet y Eslinda Núñez en una escena de Lucía

María Elena Molinet

Chaparra, 1919-La Habana, 2013. Diseñadora. Profesora e investigadora. Premio Nacional de Teatro, 2007.

Siempre me interesó la figura humana. Cuando era niña dibujaba figuritas, un poco más elaboradas que esas de un circulito para la cabeza, un palito para el cuerpo y dos para los brazos y las piernas. Yo vivía con un hermanito varón y a los seis o siete años, aunque a una la criaban con mucha inocencia, ya sabía cuál era la diferencia entre varones y hembras: a las niñas entre las piernas les hacía una rayita, y a los varones les hacía una cosita que colgaba. Cuando se los enseñé a mi mamá como algo muy natural me regañó. Después recuerdo que cuando empezó la primera Cuquita —muñequita dibujada que aparecía en un periódico con sus vestiditos— comencé a dibujarle vestidos y cuando las compañeritas del colegio los vieron quisieron que hiciera lo mismo para ellas. Por supuesto todo esto lo hacíamos escondidas de las monjas. Yo lo hacía porque ya me interesaba lo que se ponía encima del cuerpo humano. Después copiaba imágenes de periódicos y de revistas, hice dibujos con las caras de mi mamá y ese hermano. Uno de mis otros hermanos escribió un argumento para un cuento titulado *Sirenita* y yo lo ilustré con muñequitos como los de los periódicos. Me gustaba dibujar muñequitos. La película *La Bella y la Bestia* de Jean Cocteau, la recreé convirtiendo los personajes en muñequitos, tenía dieciséis o diecisiete años, siempre estaba con el lápiz o la acuarela en la mano.

Cuando terminé el bachillerato, dije que no quería ir a la Universidad, sino a la Escuela Nacional de Arte San Alejandro para estudiar pintura. En aquel tiempo una muchacha artista se consideraba puta o lesbiana. Mi mamá se negó, pero mi papá, que era un libre pensador, discutió con ella y la convenció, me dijo: «para ganarse la vida como pintor hay que ser muy bueno» y yo no sabía si iba a serlo o no. Empecé en San Alejandro y me uní al grupo de Agustín Fernández, Agustín Cárdenas, Tomás Oliva y Ramoncito Suárez. Nos reuníamos a conversar en una habitación que le llamábamos el «Bulín». Ellos me adoptaron en el grupo. Después empecé a trabajar. Una vez, le pedí a mi papá dinero para comprar pinceles y pintura que eran muy caros. Me preguntaba por qué valían tanto y yo le decía que, porque yo los quería con pelos de marta, así cuando aplicara el color lograría el efecto deseado, y él me dijo: «pero tú no te das cuenta que el problema no es el pincel sino la mano que lleva el pincel». Luego estudié en una academia de dibujo comercial, a mi juicio espantosa, pero aprendí bastante sobre técnica y dibujo comercial, en lo que trabajé durante un tiempo.

Después me casé con Agustín Fernández. Ya antes Agustín había empezado a hacer teatro con Tomás Oliva en un grupo llamado Las Máscaras que lo dirigía Andrés Castro en una salita chiquitica del sindicato de Los Yesistas. Y empecé con ellos a aprender cómo se hacía escenografía, aunque todavía no sabía qué hacer en el terreno profesional. Fue entonces que aprendí lo que es el teatro desde adentro y me fascinó. También ayudé en una representación de *Yerma* en el Anfiteatro de La Habana. Al poco tiempo estaba diseñando vestuario. Comencé en la obra *La divinidad fatal*, de Kelly, un norteamericano. Después trabajé en otras salitas, como Hubert de Blanck, y también con Cuqui Ponce de León.

Paralelamente trabajaba en otra cosa para poder vivir, porque el teatro no daba mucho. Lo que más cobré fue *El caballero de Olmedo*, donde tuve que hacer ropa de época del Siglo de Oro. Contraté a las costureras, pero los sombreros y los tocados los hice yo en mi casa. Solo me pagaron ochenta pesos.

Agustín y yo tuvimos que irnos exiliados porque estábamos muy vinculados con el movimiento Resistencia Cívica, en la clandestinidad. Fuimos a Venezuela donde yo tenía familia. Allá decoré vidrieras e hice ambientaciones. Me relacioné con un empresario del Ron Pampero que tenía un edificio con oficinas y yo las decoré e hice el uniforme de las mujeres. Ganaba muy buen dinero. Pero lo que me interesaba es lo que estaba haciendo con el grupo del Teatro Popular, que dirigía un prestigioso director español, Alberto de Paz y Mateo, con el que hice varias obras de teatro. Al mismo tiempo ese departamento, adscripto al Ministerio del Trabajo, tenía un grupo de danza dirigido por Evelia Berenstein, quien había estudiado con Marta Graham. Diseñé para varias coreografías de danza moderna y algunas folklóricas, además, dirigía el taller de vestuario y también me pagaban muy bien. Venía a Cuba cada cierto tiempo, pero no encontraba trabajo.

Me separé de mi marido y decidí regresar definitivamente a mi país en el año 1961. Me puse en contacto con la dirección del Teatro Nacional. Allí empecé a trabajar, dirigía los talleres y diseñaba para varios grupos de teatro. Surgió la Escuela Nacional de Arte (ENA). Antes se iniciaron unos cursillos para aficionados en el Hotel Habana Libre y me dijeron «prepárate que tú tienes que darle a los becados las clases de diseño de vestuario de teatro». Así lo hice, porque una estaba en aquella maravillosa época llena de energía creadora física y mental.

Fui cofundadora de innumerables instituciones dedicadas a la actividad cultural, entre ellas: Conjunto Folklórico Nacional, las Escuelas de Aficionados del Comodoro y Copacabana. Al mismo tiempo preparaba los cursos de la ENA, de más envergadura. Estaba a cargo un director de teatro, uruguayo, Ugo Ulive. También vino un diseñador argentino muy famoso que me ayudó a preparar los planes de estudio. Un grupo de artistas e intelectuales cubanos muy prestigiosos conformaron los cursos y el claustro de profesores. En 1962 se abrió la escuela. Trabajé como profesora hasta que se terminó el departamento de vestuario. Ya la escuela tenía problemas. Yo gradué en la ENA, seis o siete generaciones, algunos alumnos muy, pero muy buenos. Impartía las asignaturas diseño del Vestuario, Teoría del Diseño e Historia de la Vestimenta. Después algunos alumnos míos se quedaron dando clases. Nunca abandoné el magisterio, dondequiera que trabajaba me respetaban mis horarios de clases. En 1976 se desintegra el Consejo Nacional de Cultura que tuvo muchos problemas de incomprensión con los artistas y se crea el Ministerio de Cultura, con Armando Hart de ministro, que trajo un aire fresco. Fue una persona, si no apta para todo, muy comprensiva y ayudó mucho al movimiento artístico e intelectual. Entonces se empezó a gestar el Instituto Superior de Arte (ISA). Allí empecé a hacer los planes de diseño. Pensaba dar las clases en el edificio a medio hacer, pero no había suficiente espacio y no se fundó el Departamento de Diseño hasta el año ochenta y pico. Colaboré mucho, estaba en contacto con ellos, pero en ese momento ya tenía otros trabajos y me quedé como asesora: de vez en cuando impartía una clase magistral, tutoraba una tesis.

Anteriormente, había trabajado con Iván Espín dando clases de Vestimenta, en una escuela que estaba en la calle 19, con su taller en La Rampa. Más tarde, cuando él fundó la Oficina Nacional de Diseño Industrial (ONDI) y el Instituto Superior de Diseño Industrial (ISDI), en la segunda mitad de la década de los setenta, fui del grupo de fundadores y di clases de Diseño de la Vestimenta, Teoría e Historia de la misma por más de diez años ininterrumpidamente. Pero ya por la edad me cansaban mucho las clases de diseño y me quedé hasta el 2002, dando solamente conferencias sobre el aspecto teórico y de Historia de la Vestimenta. Clases que son más tranquilas. Además, he dado clases de Imagen del Hombre, en la Universidad de La Habana y en muchos seminarios.

En el cine y el teatro tuve la suerte de trabajar con grandes directores. Dejé de trabajar en el teatro cuando me faltó la vitalidad necesaria. Ahora me dedico a escribir sobre la vestimenta y mis conceptos sobre la imagen del hombre, algunos textos se han publicado ya. No me he alejado de la docencia, pues todavía vienen alumnos a mi casa a consultar mis fondos, en busca de consejos u orientaciones para sus tesis, que a veces tutoreo.

También sigo dando clases en algunos seminarios. Tengo la biblioteca sobre vestimenta más importante que hay en Cuba.

Desde antes de la Revolución llevaba una vida muy activa, me reunía con los plásticos, con la gente de teatro, con intelectuales. Compartía con los miembros de la Sociedad Cultural Nuestro Tiempo, del Lyceum, etcétera. Pepe Massip, que tenía un proyecto de cine sobre la ciudad de Guantánamo, me invitó a ir con él y con Jorge Haydú, el camarógrafo. Participé en la investigación, obtuve una información fabulosa y dibujé mucho. Pero el Icaic hizo un documental, no una película de ficción. Empiezo a trabajar en el Icaic en 1964. Conocía a mucha gente, entre ellos a los fundadores, pero es Saúl Yelín quien me habla para trabajar allí como diseñadora de vestuario. Cuando empiezo ya estaban los almacenes con mucha ropa recuperada, allí trabajaban algunas vestuaristas encargadas de seleccionar la ropa para las películas. Eran costureras maravillosas, que ponían toda su pasión y su amor en el trabajo. La jefa del Departamento era Carmelina García. Carmelina tuvo virtudes muy grandes y defectos odiosos, creo que era una persona muy acomplejada, de origen muy humilde, que había trabajado en el cine anterior a la Revolución y se unió al Icaic desde sus inicios. Sus valores eran los de una persona con una fidelidad absoluta al Icaic, ya no vamos a hablar como revolucionaria, que lo fue, y la dirección del Instituto la respetó mucho siempre.

Carmelina realizó, junto con La China (Elba Pérez), la tarea de recoger toda la ropa de recuperación de las casas de la burguesía que abandonaba el país, y llevarla a los almacenes, lo que significaba una confianza ilimitada. Además, era una fiera para defender medio metro de tela, aunque a veces defendía lo que no valía la pena. En general, era una especie de «perro guardián» de los valores del Icaic. Nunca estuvieron los almacenes y los talleres mejor defendidos y mantenidos que durante los años en que ella los dirigió. Después, cuando empezaron a llegar los diseñadores, se sintió disminuida y aumentaron sus terribles broncas. Insultaba a la gente, incluso a los diseñadores. Era injusta con las vestuaristas, perdía el control y hasta llegaba a humillarlas. Se le perdonaba por sus otras buenas cualidades. Había que discutir mucho con ella, no tenía idea de lo que era defendible y de lo que no. Yo creo que estaba muy resentida porque ella hubiese querido ser diseñadora, pero no tenía poder creativo ninguno, ni cultura para serlo. De las primeras cosas que hice, fue darles cursos de recalificación a las costureras y vestuaristas. A partir de ese momento, me apoyaba mucho en ellas, y ellas en mí. Y a pesar de las malas relaciones respetaba mucho a Carmelina.

En producción entro en contacto con Manuel Octavio Gómez, que iba a filmar *Tulipa*. La película no tenía las mismas características plásticas que la obra de teatro, *Recuerdos de Tulipa* (de Manuel Reguera Samuel), de la que yo había diseñado el vestuario con una línea un poco expresionista y me apoyaba mucho en la plástica cubana. Se desarrolla en la década del cincuenta. Para el teatro, a la ropa de la joven que sustituye en el circo a Tulipa, se le hicieron dibujos parecidos a algunos trazos de Amelia Peláez. Para otros escogí las cosas de Cundo Bermúdez; la ropa circense estaba también basada un poco en pintores conocidos, aunque con un espíritu un tanto expresionista. En el cine tuve que trabajar la ropa diferente, pero yo me conocía muy bien los personajes. Recuerdo cuando hicimos la ropa de esa película, tanto la que Tulipa (Idalia Anreus) usaba para bailar como la que usaba para la casa. Se quería que lucieran un nivel diferente, porque ella era una mujer del circo, pero por distintas razones, tenía un nivel más alto y quería mantenerse como una señora, con la dignidad de una señora. Tuvo amores con el dueño del circo, pero no se acostaba con nadie, no entraba en bailoteos, ni era bebedora. Se mantenía siempre como una señora, por eso es que tiene un vestuario de mayor nivel que el que le corresponde. Se viste con frecuencia de negro, quizá porque en aquella época, el negro era un color de las clases más acomodadas. Cuando le hicimos el traje de baile, con velos y gasas, tenía el sexo tapado, pero el director quería que se le notaran los pechos. Ella no quiso de ninguna manera y hubo que complacerla. Lo demás tenía la característica de los circos. Las segundas figuras y los extras más cercanos, todos se diseñaron. Con los extras del público del circo, lo que hacíamos era chequear cómo iban vestidos, que no fueran con algo que llamara la atención, se les quitaba lo que no estuviera de acuerdo y se le ponía algo de lo que teníamos preparado. Se hizo mucho vestuario para los extras. Y ese fue mi debut en el cine.

Un día, Saúl Yelín, me habla de que Humberto Solás andaba buscando un diseñador para *Lucía*. Me dice: «María Elena, tú tienes que hacer una película con Humberto Solás, el director de *Manuela*». Esto sucede cuando se estrena *Manuela* y ya Solás andaba en el preguion de *Lucía* (1968).

Es una película que trata de tres épocas y sabía que me gustaría mucho hacerla, ya que una época es la de mi vida. Me pone en contacto con Solás, me da el guion y empiezo las investigaciones. Yo acostumbro a hacer las investigaciones como si todo se fuera a fabricar y voy a decir por qué. Al escoger una ropa, un sombrero, un par de zapatos en un almacén, eso es un acto de diseño, porque estás decidiendo ya sobre eso. Pero en esa época para *Lucía*, no había nada en almacén, todo fue a pulso. Además, *Lucía* 1895, tenía para mí una razón sentimental muy hermosa. Yo nací en el año 1919, mi padre fue general de la Guerra de Independencia, un tío fue teniente, otro coronel del Ejército Libertador. Mi abuela era bayamesa y estuvieron allí hasta que se tuvieron que ir cuando el incendio del pueblo en la guerra de 1968. Su familia peleó en esa guerra y en la de 1895 estaba casada con un mambí y se fue ella también para la manigua con los hijos, uno de ellos era mi madre. Pasados los años, en mi familia se seguía hablando de esos sucesos y de la manigua cotidianamente; era algo que tenía en los poros, en la sangre.

Entonces, tener que hacer una película que tocara esa época a mí me llegó muy hondo. Me lancé a la investigación no sé cómo, para mí era un placer y empecé a revisar muchas fotografías de mi familia, libros de historia, como se vestían los mambises, cómo se vestía la gente, sobre todo cuando había extras, en eso que llamamos grupos sociales. En los trabajos de mesa, se analizaba profundamente quién era Lucía, quién era el español que se enamora de ella; aparte del análisis estereotipado de esos personajes, se hacía el análisis dramatúrgico —que es el más importante—, quiénes son esa gente, cómo piensan, quiénes son en realidad interiormente, qué es lo que quieren, y después lo principal, qué es lo que quiere el director que ese personaje diga con su imagen. Voy a poner un ejemplo: Lucía (Raquel Revuelta) es una solterona, aun hermosa y tiene que expresar la alegría de vivir cuando encuentra el amor, tiene que darlo todo con su imagen, una imagen eufórica. En el desenlace, Lucía es una mujer deshecha, tiene que expresar la amargura, la rabia y el odio, porque recibe una doble traición: la amorosa y la patriótica. Después de la tragedia la imagen cambia. Lucía da golpes en la pared y sale a la calle, lleva el pelo como si fuera una medusa, todo revuelto con aquella expresión trágica, tan terrible: las paredes oscuras, ella vestida toda de negro y en aquella actuación tan formidable, corre por las calles y en aquel momento ella está identificada con la Fernandina, porque ha sido traicionada también, ha sido violada (como quien dice), y enloquece. A Fernandina le da mucha pena ver a ese personaje tan limpio, tan lindo, llegar a ese extremo de enloquecer también, de estar tan cerca de la tragedia como estuvo ella y le pasa la mano por la cara para calmarla.

Las telas para ilustrar esta época eran muy pocas en los almacenes: alguna seda, moaré, de gente acomodada y unas muselinas «maluqueras», unos poplines espantosos. Entonces a mí se me ocurre para darle prestancia a la ropa, no que fuera dura pero tampoco blanda. Cogimos un liencillo, una tela más fuerte, pero no mucho, arriba le pusimos el poplín para dar el color, y sobre éste la muselina que daba la textura visual que yo quería.

Yo le expliqué a Humberto, que no podía usar esa ropa sin un corset debajo: una mujer, aunque tenga la cintura estrecha, aunque no tenga grasa ninguna en el torso, se sienta y se mueve de una manera completamente diferente a otra que no tiene corset. Tuve que inventar un modelo. Era feo, pero lo importante era que ceñía el busto de la manera que yo quería, estrechaba la cintura y ampliaba las caderas. Se utilizó y todavía creo que anda por ahí y sirvió para *Cecilia*. Para el personaje de Lucía no hubo que hacerlo porque la actriz tenía uno muy bueno y como tenía buena figura le sirvió.

Tuve la suerte de que los directores cubanos no querían el color amarillo para los filmes en blanco y negro. A Lucia la vestimos siempre de blanco, como solución dramática y hay una escena de gran luminosidad en que ella entra eufórica, toda vestida de blanco. Solás me pidió que la ropa tuviera colores agradables para que la gente se sintiera bien. Después, investigando y hablando con el director y haciendo bocetos nos pusimos de acuerdo. Pienso que hay muchas sutilezas que se apoyan y calzan con la investigación. Una manga lisa puede decir una cosa, una manga de material flotante puede decir otra, un cuello puede decir algo y en aquella época un cuello, más bajo o más alto, decía algo. Humberto no quería que la protagonista luciera austera con el cuello tan alto como se usaba, que lo bajara para refrescarla un poco.

En la filmación, el diseñador debe vigilar no solo cómo se ponen los sombreros, tienes que trabajar además con el maquillista y el peinador. Algunos maquillistas no aceptan las ideas propuestas. Un sombrero que debe colocarse hacia delante, si se pone un poquito hacia atrás, arruina todo. Y el sombrero de Lucía que está en los afiches del Icaic surgió de esta forma: no había sombrero para Lucía y Lydia Lavallet —que fue una sombrerera excepcional, que al yo dibujar un solo trazo, ya ella sabía lo que yo quería— y yo buscamos entre los que había en almacén. Yo quería un diseño muy volado, no quería un sombrero austero, ella me interpretaba de manera muy fácil. De pronto encontramos un sombrero viejo y estuvimos probando y probando con él. Era un sombrero que estaba hecho tierra, y yo dije: «ay, este me gusta mucho para ella porque es sobrio, pero tiene encanto», porque no queríamos un sombrero que fuera muy alegre ni muy juvenil. La figura de Lucía tenía que ser muy cuidada, la solterona elegante, vistosa, linda, pero no con aspecto de jovencita, ni de vieja. Entonces lo dibujé ligeramente y le dije a Lydia: «mira, con qué tú crees que podemos hacer esto, por aquí el ala virada es casi un sombrero de hombre, si tú lo miras bien es un sombrero de copa de mujer, con el ala un poco más amplia que un sombrero de copa y caído delante». El sombrero surgió de las manos maravillosas de Lydia Lavallet, y se lo pusimos. Humberto quedó tan extasiado con el sombrero que dijo: «tiene que ser ese mismo». A mí me pareció muy bien. Y ese es un sombrero que debió haberse guardado en los almacenes como recuerdo, porque significó mucho como elemento de felicidad de ella. Es un sombrero cuya imagen ha recorrido el mundo en el filme y en el afiche, es emblemático.

En cuanto a si es más difícil vestir a una mujer que a un hombre, depende. Los cuellos de los hombres, en aquella época, eran muy altos. Teníamos cuellos de pajarita que eran muy bajitos, modernos y no nos servían. Queríamos un cuello más alto, sobre todo para Rafael, el novio de Lucía.

Yo tenía la experiencia de la obra de teatro *Yarini*, donde los cuellos nunca me quedaron bien. En el escenario pasaba, pero en el cine no, yo sabía que había *close up* a la cara de Rafael, y me daba cuenta de que tenía que ser impecable, cuando había un acercamiento a la cabeza, tenía que decir todo lo que se quería que el personaje dijera, con el maquillaje, con el peinado, con todo. Si a Lucía tuve que bajarle el cuello para refrescarla, a Rafael tenía que hacerle un cuello alto y duro que lo distanciara. Una costurera cogió varios cuellos de trajes de etiqueta y los transformó, los almidonó y hasta que no logramos el cuello que al Rafael virar la cabeza se le enterraba, no paramos.

El personaje de la Fernandina es una monja. Ese hábito me costó sangre, sudor y lágrimas porque tenía que desprenderse fácilmente y que se arrancaran las tocas. No quería las tocas austeras, sino las francesas que son muy volátiles. Se debían hacer de modo que el viento las volara, no creo que haya ninguna orden con esas características. La Fernandina, después de su gran tragedia —que la violan—, se vuelve loca, claro, a lo mejor no ocurre como aparece en la película, hay un poco de magia en el cambio de monja para loca: dice obscenidades, se burla de la gente, viste de negro que es un color dramático, y está astrosa. Ella también tiene que estar muy sucia. Es un personaje casi grosero, porque está deambulando por las calles e insulta a la gente como una mujer de la calle. Cambia totalmente la imagen de la monja aquella, limpia y pura, y después me imagino que sería una mujer que entraría en las cantinas, bebería, que se acostaría con fulano y mengano, en realidad la hez.

En *Lucía* 1933 tuve que hacer un poquitico menos de investigación porque yo viví esa época. Pero, aunque fuese una película sobre la vecina de aquí al lado yo tengo que investigar y hacer muchos bocetos, porque esa mujer va a decirnos algo. Siempre hay que investigar mucho. Además, el director quería que ese cuento estuviera sobre los tonos grises, porque esa grisura era la revolución frustrada, en el primer cuento destacaba los grandes contrastes de blancos y negros y en el tercero la luminosidad que trajo la Revolución. Esta Lucía en la etapa antes de conocer al novio, antes de irse con él, Humberto quería que, a pesar del traje de colegiala, —lo diseñé igual que el uniforme que yo usé en mi colegio de monjas— el resto de la ropa fuera muy aérea, que flotara mucho. Se usó el chifón, y otra tela de mucha caída; se jugó mucho con blancos, grises y azules, y toda la ropa que ella se pone en esa etapa está hecha en este estilo. Además, se jugaba mucho también con las bertas, con la manga larga, y esas bertas se mueven mucho con el aire. Para el personaje de la madre, que lo interpreté yo, hice los diseños para otra actriz que iba a hacer el papel, pero a Humberto no le gustó la prueba de cámara y me dijo: «lo tienes que hacer tú». Él quería que me cargara de pasión y de dolor, pero yo estaba tan feliz de hacer esta película con esa libertad, con esa intensidad, —ya se había filmado el primer cuento—, que las cosas malas para mi eran pecata minuta. Entonces Eslinda Núñez, la protagonista, me ayudó a construir mi personaje y quedamos muy amigas. En la filmación yo agregaba bocadillos, pues como no soy actriz no memorizo bien y Solás se reía porque lo encontraba gracioso y era mi modo de ser.

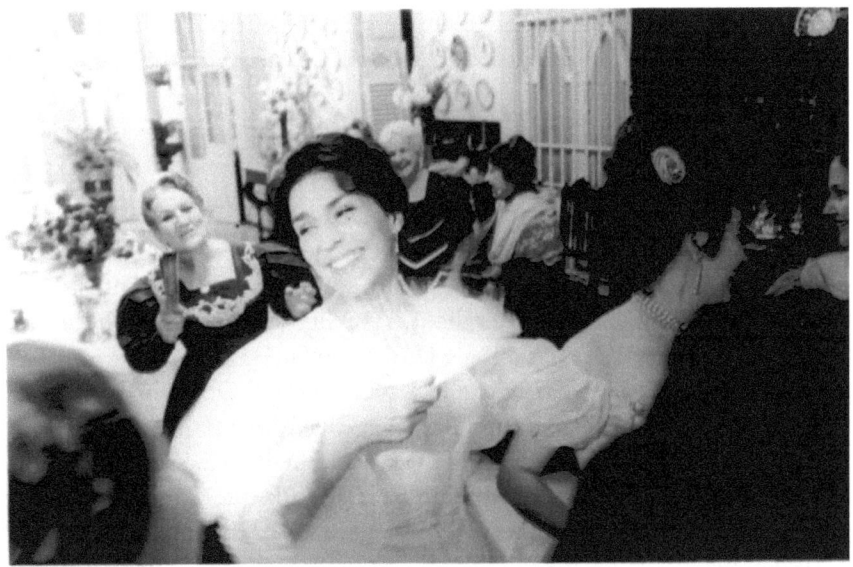

Los trajes de los hombres se diseñaban y se hacían en una sastrería, pues el traje, aunque no ha variado mucho formalmente, sí lo ha hecho en cuanto a su estructura general. Hoy un traje puede asemejarse a los de los años cuarenta o cincuenta, pero a los del veinte o treinta no.

Lucía 1960, es una época moderna y con mucho campesinado. Hablé con Solás de lo que yo creía que debía ser ella, de lo que debía ser su compañero, del campesinado. Que los protagonistas debían ponerse mayormente ropa de trabajo, una camisa de mangas largas, unos pantalones. Ella en esas secuencias finales está con la toalla y el sombrero de guano en la cabeza, típico de nuestras campesinas, para protegerse del sol y del sereno. Las segundas figuras usaron ropa de almacén. Ya después viene la filmación y cuando es una película de mucha complejidad tienes que estar ahí. Cuando una escena o una secuencia se repite con el mismo vestuario uno puede descansar un poco, pero si no, tienes que estar ahí.

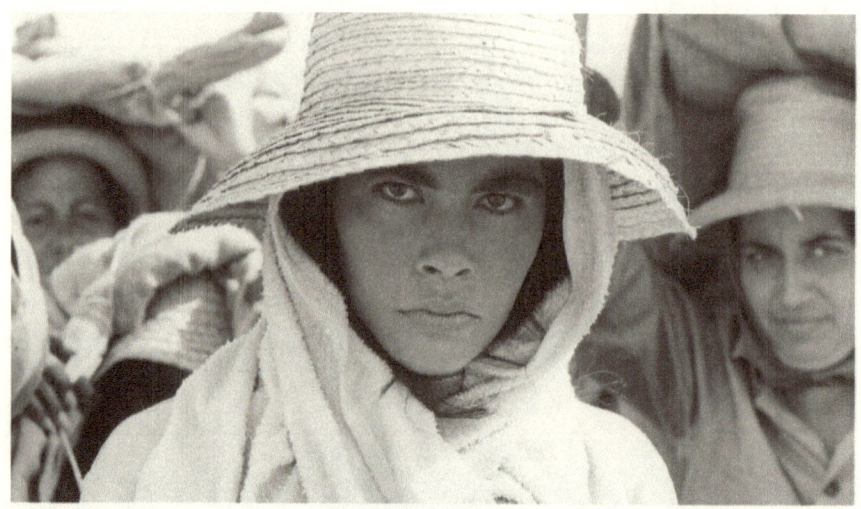

Supervisé el vestuario para el mediometraje de Alejandro Saderman, *Asalto al Tren Central* (1967) y diseñé para *La odisea del General José* (1968, Jorge Fraga), aunque no sé por qué no estoy en los créditos de pantalla. Más adelante, en los años setenta, hice diseños para los documentales *La Rumba*, de Oscar Valdés y *Wifredo Lam*, de Humberto Solás.

En *La primera carga al machete* (1969, Manuel Octavio Gómez), el realizador y el director de fotografía, Jorge Herrera, querían que fuera en un estilo coloquial, como de entrevistas. A mí me interesó mucho porque era una cosa muy nueva, me hablaron de la película que iban a usar, que el material no era el común y corriente, era un material de alto contraste, que no tenía que preocuparme mucho de detalles, porque no se iban a ver. En una escena en la Plaza de la Catedral donde había hombres, ahí sí hubo que escoger y confeccionar ropa, «embarajar» un poco, porque era una época muy atrás, 1868, pero no hubo ningún personaje que destacar. El que más se distingue es Adolfo Llauradó, pero no se profundiza en el personaje, entonces lo que se necesitaba es que la ropa cumpliese su cometido con respecto a la época.

A los mambises tuve que trabajarlos más porque la ropa que tenía a mano era la de *Lucía*, 1995, y la primera carga al machete se dio en la guerra de 1868. No eran verdaderos uniformes, pero Manuel Octavio quería que se vieran como militares, que no se destacaran mucho, pero sí que se distinguieran como mambises. No fue fácil, la solución tuve que buscarla, tuve que trabajarla, pero después la realización fue sencilla, porque no era de detalles.

Es muy importante lo del envejecimiento, se tiraba la ropa en el piso de un patio, a que le cayera el sol, la lluvia, el sereno, dejábamos que cogiera una pátina. Después sobre una piedra, tirábamos la ropa y con otra piedra empezábamos a restregar los cuellos, los codos, luego cogíamos betún y hacíamos un engrudito y la manchábamos, tenían que parecer manchas de verdad, porque si no el fotógrafo ponía el grito en el cielo. Después de hacer esta película estuve en Alemania y Hungría, en empresas de cine que tenían métodos científicos con químicas especiales, cepillos, etcétera.

Nosotros lo hacíamos de manera más primitiva, con un poco de fango, frotando por aquí y por allá a puro puño.

Con los soldados españoles, como la película era en blanco y negro y de alto contraste, no se veían los detalles de la ropa, y tenían que destacarse como militares por detalles mínimos, pues el presupuesto era muy pequeño. Los soldados de la guerra del '95 usaban ropa clara, pero los del '68 vestían distinto, con la guerrera más larga, azul oscuro y el pantalón rojo. Teñí las chaquetas de los españoles del '95 en negro para que se viera el contraste de lo oscuro con lo más claro. Tuve que agrisar los pantalones, y aunque las chaquetas eran más cortas que lo que se usaba, no se veía porque eran soldados heridos y en movimiento, lo que más se veía era el contraste de la ropa.

Hay una escena dónde sacan a la gente de las casas y vienen tres mujeres cubanas vestidas como idealmente se podían vestir las mambisas en aquella época, con cintas de color azul en la cabeza y el pelo suelto, que era un símbolo de rebeldía. Toda esa ropa fue realizada con un tejido de hilo fabuloso y quedó muy bien. Hay una imagen de cubanía muy hermosa. La ropa era distinta a la del noventa y cinco, pero Manuel Octavio no quería mucho destaque de la época, sino que fuera una ropa suave, una ropa limpia, que flotara y que las dejara manifestarse como tres mujeres que van gritando, de forma combativa, y que se vieran frescas. La verdad histórica siempre, siempre hay que conocerla, para después modificarla si es necesario.

Los días del agua (1971, Manuel Octavio Gómez) transcurre en los años treinta del siglo XX. Es una película en que había momentos con seiscientos y setecientos extras en una locación, procedentes de distintas clases sociales. Todos llevaron ropa diseñada.

Hicimos diseños por grupos: de campesinos pobres, de campesinos harapientos, de menos pobres, de personas más acomodadas, niños, gente de la ciudad, alta burguesía, los vendedores, los faranduleros. Vestimos a veinte o cincuenta burguesas, jóvenes y viejas, todas con sombreros y muy elegantes. A hombres también. Los colores eran determinantes: los campesinos colores agrisados, la burguesía a todo color. Los grupos sociales a veces eran de cinco personas, pero otros eran de cincuenta, de cien. Las clasificaciones eran dificultosas. De un diseño se hacía una cantidad, pero se cambiaba el color, y además, la persona era diferente. La ropa se ponía clasificada en estantes y cuando llegaba el extra se le daba lo que le servía. Había distintas tallas. Salía muy natural porque la ropa era la que le sirviera. Hasta el último campesino fue diseñado, pues la ropa de un campesino de los años treinta no es igual que la de los cuarenta, o de los cincuenta. Porque la ropa de pobre, aun la harapienta, en el momento en que se confecciona no es pobre, puede parecerlo por la textura o el material. La ropa harapienta se pone así en el cuerpo de las personas, pero primero tiene una definición que responde a una época.

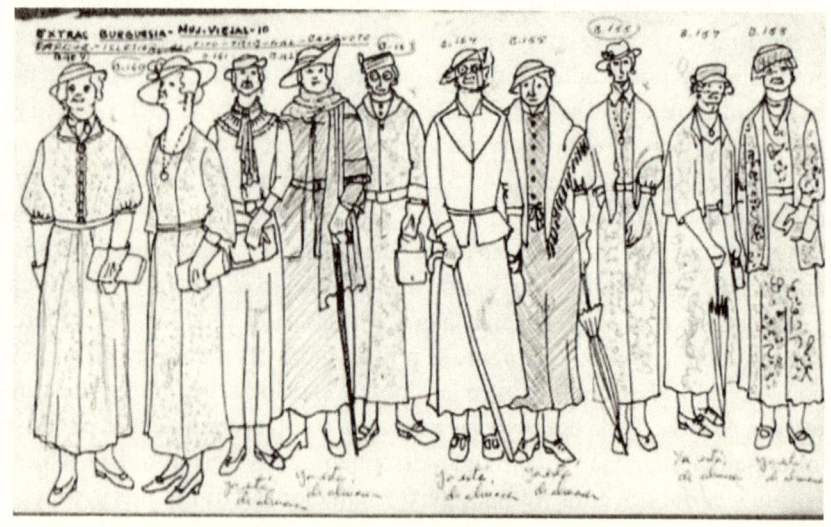

Para la secuencia de la fiesta se diseñó y confeccionó mucha ropa de mucho vestir. Se escogió gente que sabía llevarla. A los políticos también se les había diseñado. Sobraron trajes y el asistente de dirección me dijo: «ponte un vestido bien elegante que hace falta gente de la burguesía».

La vestuarista me ayudó, me puso un traje con escote, elegantísimo y zapatos, me peinaron, me maquillaron; me «armó» muerta de la risa y me lanzó para el *set*. Me divertí muchísimo. Terminamos la filmación como a las cinco de la mañana y a esa hora nos pusimos a comer todo lo que quedaba del *buffet*. Yo me puse a servir descalza y ya por la mañana me trajeron para la casa exhausta. ¡Como se trabajaba en esa época y como se disfrutaba! Pero no quiero dejar de mencionar lo siguiente. Los alumnos graduados de Diseño de Vestuario de la ENA, tenían muy poca ocasión de hacer prácticas en cine, y yo tenía una alumna muy aventajada, Miriam

Dueñas, que trabajó conmigo en esa película tan compleja y creo que fue casi como si hubiera pasado un curso....

Páginas del diario de José Martí (1971, José Massip) fue una especie de recuento, no una verdadera ficción. Recrea algunas páginas del *Diario,* algunas escenas, era muy simple. Se usó ropa de mambises, ropa de esclavos y de guajiros, que ya había en almacén. Recuerdo que la figura de Martí era la más importante, pero no se pudo encontrar un actor que tuviera un parecido físico con Martí. Había un tipo que no podía abrir la boca porque no era actor, pero era igualito a Martí, tenía la misma complexión y aunque se parecía físicamente, no podía dar el mundo interior de Martí, por eso se tomaba poco de frente, se tomaba escribiendo, caminando, de espaldas. Yo tenía bien claro el tamaño de Martí porque me habían dado un traje del museo para que lo reparara, pues estaba en muy malas condiciones, entonces hice la ropa más o menos como ese traje. Massip me dijo que era mejor que apareciera como lo conocíamos hoy en día: traje oscuro, cuello de pajarita, chaleco, etcétera, pero Martí no estaba así cuando llegó a Cuba, porque él habla de su chamarreta azul y eso es una chaqueta militar, como la de los mambises, aunque esa no es la imagen que tenemos de él. Todavía hay que investigar sobre el traje que llevaba Martí al morir. Yo quisiera antes de irme de este mundo, indagar cómo era que se vestía Martí en ese corto tiempo que pasó en la Isla.

Toda película presenta una serie de dificultades, hay que investigar mucho para buscar una buena información, eso es en los aspectos artísticos, ideológicos, epocales. Después vienen los problemas de la producción, que presenta problemas que te pueden limitar. Yo no creo que una producción con poco dinero límite al creador, el creador se crece con la falta de recursos, tiene que dar solución a problemas creativos, aunque existan pocos recursos.

En *Mella* (1975, Enrique Pineda Barnet) había poco dinero para la producción, por ejemplo, la escena de los caricatos (compañeros de Mella de la Universidad), teníamos que vestirlos, y a las muchachas de la universidad y otros extras, con ropa de la década del veinte que no existía en los almacenes. Después, las escenas de Mella en México se filmaron con muchos extranjeros que había en Cuba, que trabajaban en otra cosa, pero muchos de ellos tenían el tipo indiado, y parecían mexicanos. Pude solucionar la ropa femenina cambiando una saya, una blusa, poniendo un chal, pero estructuralmente hay dificultades en la ropa de la década del veinte, porque la ropa femenina no se parte en dos, toda es completa, es la época del talle largo, siempre son vestidos que caen de los hombros a la rodilla. Inventé un truco: hice blusones que llegaban a la cadera, y se colocaban sobre faldas rectas y cortas y parecían vestidos completos.

Ese blusón lo cambiaba, lo ponía sobre otra falda o viceversa; con sombreros y accesorios diferentes y era otro vestido. Todo eso me llevó un tiempo muy largo porque eran como cincuenta personajes los que tenía que vestir. La estructura y el color debían tener una similitud. Una saya servía para dos o tres vestidos, pero como eran a la cadera había que fijarla al blusón con puntadas. Fue muy dificultoso vestir a cerca de cincuenta mujeres. También se hicieron sombreros a los que se les cambiaban flores, cintas. Lydia Lavallet hizo maravillas con los sombreros de los años veinte, porque todas las mujeres de la burguesía, en esa época, iban con sombreros y los hombres también, con pajillas, había bastantes pajillas en los almacenes. La ropa de hombre hubo que hacerla con una serie de detalles en la estructura que la marcan, que en épocas posteriores no se usó más.

En 1976, Antonio Eceiza, el director español, pidió realizar parte de *Mina, viento de libertad en Cuba*, iba a hacer lo que se llama un cuadro plástico, que se hacía mucho en aquella época. Teníamos que hacer dos cuadros, los trabajé con Eduardo Arrocha, los hicimos con ropa muy imaginativa tomada de modelos griegos, elementos barrocos, se hizo un menjurje. Las mujeres se ponían la ropa, decían un verso, se quedaban quietas, como estatuas, y la ropa fue muy complicada y muy elaborada, tenían que ponerse muchos adornos, demasiado recargado. Eso fue lo único interesante de Mina...

En *Rancheador* (1976, Sergio Giral) aparece la figura del esclavo. Yo la había tocado en *Lucía*, pero de forma tangencial, era el esclavo que se había alzado, era un mambí. Aquí el esclavo lo era de verdad, y era protagónico. Se desarrolla a principios del siglo xix, y no solo tenía que estudiar y diseñar al esclavo, sino también a los dueños de esclavos y, sobre todo, a los que los vigilaban, que no eran solo los rancheadores, si no los mayorales que eran monstruosos. El protagónico era un rancheador y traté de que fuera lo más fidedigno posible, que toda su imagen estuviera de acuerdo con el carácter del individuo. Andaba con una levita que se usaba, porque el rancheador tenía a veces que presentarse en la casa del dueño y tenía que ir vestido con levita. Llevaba además chaleco y bufanda, lo único que hacía era quitarse el sombrero. Era una ropa poco elegante y un poco agresiva porque el personaje era agresivo y los que estaban con él igualmente, aunque nunca entraban en la casa del dueño. Entonces, el esclavo que huía, —el cimarrón— tenía que correr por los campos descalzos y se cortaba. Tuvimos que hacer una especie de alpargatas que no se vieran mucho pero que le cubrieran la planta del pie, para que no se lastimara. La ropa de los esclavos era siempre de la llamada de esquifación. Luego me enfrenté a los soldados que se vestían de paño rojo y azul, tuvieron estos colores hasta 1873.

La hija del dueño, muchacha muy mimada, tenía un esclavito disfrazado como Luis XVI: la casaca dorada, el calzón corto, las medias blancas, el zapato con un poco de tacón, pero en la cabeza le puse un turbante para mezclar cosas que se veían mucho en la época, lo árabe, lo africano con lo europeo. Aquí tuve que hacer ropa doble o triple porque había mucho movimiento y la ropa se estropeaba, sobre todo para la secuencia final en el río, en que matan al ranchero con un machetazo.

Una mujer, un hombre, una ciudad (1978, Manuel Octavio Gómez), es una película en que hay dos momentos históricos, pero siempre situaciones contemporáneas. Es la vida de una funcionaria que se dedica a asuntos sociales y está haciendo una investigación en Nuevitas. Ella muere en un accidente cuando viene a La Habana y la remplaza un hombre que se comporta de un modo un poco autosuficiente porque ha hecho estudios superiores de ciencias sociales. Ella trabajaba de forma intuitiva y él se ríe un poco de la forma en que ella trabajaba. Pero poco a poco va descubriendo que es una mujer interiormente hermosa. Manuel Octavio siempre busca temas que no van en línea recta, si no que los sucesos van para delante y para atrás, ese es un rejuego muy interesante que casi siempre está en sus películas. Dificultades no hubo muchas porque es gente con ropa muy sencilla. Sí había que buscar ropa que diera en ella el carácter fuerte, pero al mismo tiempo muy sensible, igual que el sociólogo, un hombre fuerte que ha estudiado en la Universidad, que llega con una actitud prepotente, pero al fin se queda —diría yo— como enamorado de esa mujer. La película no tuvo, desgraciadamente, gran trascendencia. La investigación no fue histórica, más bien sicológica de cada uno de los personajes.

Cecilia (1981, Humberto Solás), fue una de las películas que más trabajo me dio en cuanto a cantidad de vestuario, más que *Lucía*. En *Cecilia* había personajes cubanos muy conocidos, extras en cantidad, de todas las clases sociales y grupos étnicos. La hice con dos diseñadores, alumnos míos, acabados de graduar, Derubín Jácome y Diana Fernández, para ellos esta fue la graduación de verdad. Como fue en coproducción con España, tuve que ir allá a buscar ropa alquilada para ciertas escenas de la burguesía y telas para otros personajes y para muchos trajes, para realizarlos en Cuba. Cada falda llevaba siete u ocho metros de material y las mangas un metro o más. También busqué para los trajes de hombre. Ahí hice un trabajo experimental para diseñar. Por ejemplo, las levitas que se usaban eran de diversos tipos, no tanto en las estructuras, sino en el cierre y las solapas, que las hay de cuatro o cinco tipos. Los *fracs* igualmente. Entonces, cuando se viste a un grupo de actores tienen que haber diferencias, leves, pero tiene que haberlas, en el color, en la solapa, en el chaleco, en el pantalón, en el calzado, siempre tiene que haber un detalle. Es decir, están unificadas con el uniforme burgués —como se le llegó a llamar— pero siempre tiene que haber una diferencia. Son grupos de hombres en que se mueve la vestimenta, no como un grupo de soldados. Teníamos algo que los unificaba, el color, tanto Humberto como Jorge Herrera, el fotógrafo, querían que la película tuviese, en cuanto a color, características que se mantuvieran. Era el blanco, el negro, el azul, el violeta para la burguesía; los ocres, amarillos y carmelitas y tierras para el pueblo y los esclavos. Además, en la burguesía los hombres se tienen que vestir oscuros y algunas mujeres también. Había momentos que no era así, por ejemplo, en el baile de la Filarmónica, donde aparecía una cantidad grande de mujeres, había blancos, lilas y verdes claros, y tuve que escoger en España la ropa con esas características. Además de que no siempre hay tanto donde escoger, estábamos limitados por la gama de colores. Cecilia a veces se viste de blanco, pero casi siempre en amarillos, su ropa se hizo aquí y quedó excelente.

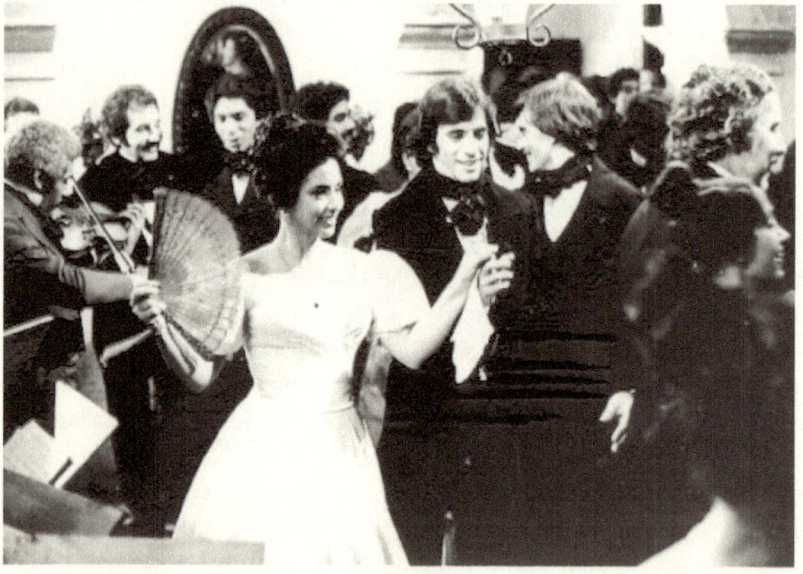

Entonces el pueblo, el esclavo y el liberto eran en tierras, pero no uniformados, tienen que tener sus características. Pero algunos ya no son pobres, por ejemplo, el sastre Uribe, el músico Pimienta, los amigos del baile de cuna, pertenecen a un pueblo o una burguesía muy primaria, mulata. Su vestuario se diferencia a la burguesía blanca en cuanto al color. En cuanto a la estructura no podíamos hacer mucha separación. La ropa de Leonardo se hizo en España, escogí las telas porque se suponía que los sastres españoles eran muy buenos y regresé a Cuba. Hicieron la de él y del Capitán General.

La de este personaje no tenía posibilidades de creación porque era el traje usual de los capitanes generales en aquella época. Leonardo tenía cinco trajes. Cuando la ropa llegó aquí le quedaba espantosa; un sastre cubano tuvo que zafarla, entallarla y volverla a coser y le quedó pintada. Eso prueba que el diseñador tiene que estar presente cuando se está confeccionando y probando el vestuario.

Uribe tenía que ser un dandy mulato, (lo recoge la historia, como un sastre que había en La Habana que vestía a la burguesía cubana y competía con ellos en elegancia). El actor ayudó mucho, recuerdo que media hora antes de empezar ya estaba vestido y perfumado para sentirse como se debió sentir Uribe, fíjate hasta donde llega el profesionalismo de un actor. A Doña Rosa, madre de Leonardo, había que vestirla todo el tiempo en negro. Yo discutí mucho eso, le hubiera hecho algo más variado, pero Humberto y los fotógrafos querían la austeridad llevada al grado máximo. Fueron tres o cuatro trajes de cuello alto en que se variaban las pecheras, las mangas y los sombreros. Gamboa, padre de Leonardo, era sumamente elegante. Los criados y funcionarios eran más fáciles de vestir y destacar sus caracteres. La novia de Leonardo estuvo todo el tiempo sobre los azules —menos el vestido de boda que era blanco—, tres o cuatro trajes diferentes, la ropa marcaba el lugar donde estaba, en su cafetal, en el baile, de visita.

En cuanto al maquillaje, el equipo director quería algo especial. La gente del pueblo tenía un maquillaje sobre el *beige* o el amarillo. Son toques que casi no se perciben, están ahí de forma subliminal. En la burguesía querían el blanco, que a veces era tan intenso que parece cadavérico, sobre todo en Doña Rosa y en Leonardo. La actriz que interpreta a Cecilia sobrepasaba la edad y el peso del personaje, y había que tener mucho cuidado con el maquillaje, el peinado, la ropa. Ella se sometía a un trabajo con el peinado, con el corsé, se martirizaba de una forma increíble durante horas, como una verdadera profesional.

Esa ropa, tanto la femenina como la masculina era muy difícil de hacer en Cuba, donde nunca se había trabajado esa vestimenta que tenía peculiaridades muy visibles. Las costureras del Icaic nunca habían cortado mangas de ese tipo, ni corpiños, ni faldas. Yo di un cursillo de la ropa de esa época a las cortadoras, las costureras y a las muchachas de guardarropía, de cómo era y cómo había que vestirlas. Hicieron prendas para muñecas de cincuenta o sesenta centímetros, exactamente con todos los detalles, y así, cuando llegó la tela de España no echaron a perder nada.

Además, en aquella época había un equipo de costureras en el Icaic muy bueno, de lo mejor que yo he podido encontrar, «hay que quitarse el sombrero», y las de guardarropía igualmente, tenían una calidad humana y una manera de trabajar que hay que inclinarse ante ellas. Funcionaban tan bien, no por la dirección, si no por conciencia.

La ropa de hombre la diseñé en cartulinas horizontales donde dibujaba una hilera de diez o más pantalones, diez camisas, diez chalecos, diez solapas, que se confeccionaban aquí.

Cecilia tiene sus defectos, pero son más sus virtudes. A pesar de todos los avatares que pasé, fui muy feliz con este trabajo. Para mí la mayor virtud es la belleza plástica que tiene. Esa escena de la plaza es increíble, no hay nada que se le pueda señalar, cada detalle está ahí, preciso.

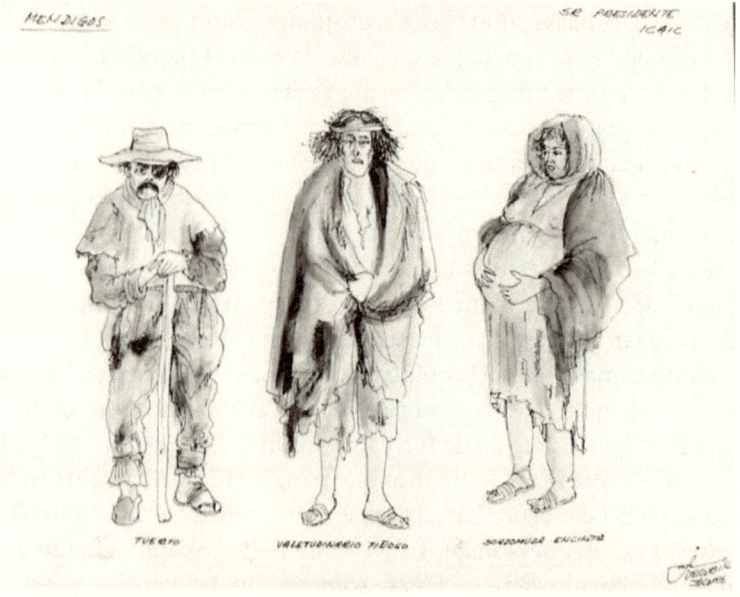

En *El señor Presidente* (1983, Manuel Octavio Gómez) tuve un *tour de force* bastante interesante porque filmamos en Nicaragua, lugar desconocido para mí. No se quería que la ropa del pueblo y de los personajes de la burguesía definiera a ningún país, sino que pudiera ser de cualquier nación de la región, pues no se deseaba marcar ninguno de ellos. Vinieron tres actores franceses, porque era una coproducción y tuve que ir a Francia con Manuel Octavio a buscar información, ropa, telas y actores. Se desarrollaba en el año treinta en Centroamérica, Allí como en otras partes del continente, se conservan costumbres ancestrales que diferencian uno de otro país, pero no se quería, —era una película sobre un dictador—, que se localizara en un país determinado. Podía ser cualquier país, entonces tuve que mezclar la ropa típica, sobre todo la de Nicaragua y Guatemala, con la que usaba el pueblo en Cuba, que no era especial porque nunca ha habido ropa típica, como existe en otros países. Mezclé cotonas, que es una especie de camisa nicaragüense, con rebozos, con ponchos y huipiles, con zapatos, con sandalias, con sombreros. Hicimos un pueblo que pudiera ser América, sin que fuera un país americano determinado.

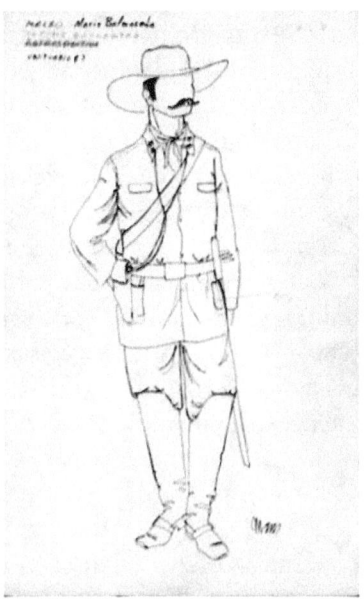

Baraguá (1986, José Massip) fue un proyecto que, diez años antes de que se filmara, ya Pepe Massip me había hablado de él, y a mí me fascinaba trabajar personajes importantes de la historia de Cuba: Maceo, Máximo Gómez y otros más. Yo sabía que en la primera guerra los mambises no tenían un uniforme, aunque en la del 95 sí existía un seudouniforme. Yo había trabajado a los mambises en películas anteriores. Aquí son personajes históricos muy conocidos por el pueblo cubano y había que hacer una vestimenta lo más parecida posible, a la que suponemos que utilizaron, pues no existe documentación gráfica de los mambises del '68. Además, se buscó el parecido físico de algunos actores con el personaje histórico. Se tenía que reproducir el uniforme del ejército español con todas sus insignias, desde el soldado hasta el Capitán General. Ahí me ayudó Juan Padrón, que tiene un libro con todas las insignias cubanas y españolas que utiliza en su serie de animación de Elpidio Valdés. Fue un trabajo muy serio. Ya en esos años el uniforme de los españoles no era rojo y azul, era una tela clara con rayas, aunque en algunas fotos y en la película parece blanco.

Los uniformes de los españoles los hizo un sastre, quedaron bastante buenos, aunque debieron ser perfectos porque se trataba de la oficialidad. La ropa de los mambises yo sabía cómo hacerla, incluyendo representaciones de muchos oficiales y miembros de la Cámara. La gente ni se da cuenta de cuáles son, pero cada uno de ellos tiene un carácter especial. Había también civiles, eran más de veinte personajes históricos. En la guerra del '68 no había fotografías, pero en la del noventa y cinco, sí tuve por dónde guiarme.

Es la primera vez que Maceo aparece en el cine. Era un hombre bello, muy interesante, con una gran personalidad, que está todo el tiempo en escena y tiene momentos dramáticos. Había que vestirlo y lograr que luciera muy militar, aunque llevara ropa no militar. Tenía cuatro trajes, siempre con botas, y se diseñó de acuerdo a las necesidades del texto. También se tuvo en cuenta el color; los cubanos tenían una gama sobre los verdes secos, con carmelita, sobre el olivo. Maceo tenía que estar sobre esa gama: los ocres y los verdes secos. Máximo Gómez se cambiaba menos. Maceo tenía dos levitas, una de ellas de corte militar, y dos camisas. Todo con la misma tonalidad, y también los arreos, el cinto, el zambrán, etcétera. Me sentí feliz porque pude lograr que fuera la figura de Maceo.

Hablando en general del cine cubano actual, este ha dejado de tener la brillantez que tuvo en una época, que no es riqueza económica sino riqueza de forma y contenido. Películas que tienen temas con mucha magia, pero que no se ve. No sé si ha sido debido a la dirección artística, o a la concepción de la escenografía y el vestuario... Yo creo que por ahí viene la cosa, más que nada, se ha perdido riqueza en la forma, ¿por qué?, no lo sé, a mí me da mucha pena. Hay muchos diseñadores que no son diseñadores, que no han estudiado diseño y están diseñando. No sé lo que pasará. Hay filmes que me han gustado mucho, no sé si debo hablar de esto porque no soy una crítica de arte y algunos me han emocionado mucho. Amo y respeto mucho el cine cubano.

Hay algo que falta en el cine cubano, que no emociona como las primeras películas, aunque vayan montones de gente a verlo, pues el público cubano ama su cine.

La vestimenta siempre ha sido el objeto más cercano al hombre y el más menospreciado. Generalmente se ha creído que quien trabaja con la vestimenta se ocupa de algo superficial. Pero la culpa la tienen muchos diseñadores y el sistema de moda implantado desde fines del siglo XVIII, y ha tenido también la culpa la burguesía dentro de la cual la mujer tiene que tener una serie de encantos ayudada por la vestimenta, las joyas, etcétera y ser frívola, una muñequita. Muchísimas veces, cuando se habla de vestimenta, ya sea en sentido social o escénico, se habla con sentido peyorativo.

No sé cuál fue el primer país que empezó a premiar la escenografía y el vestuario, si fue en el Oscar o en Venecia, el caso es que todos esos festivales premian el Diseño escénico y el Vestuario. Aquí en Cuba la Uneac lo tiene en cuenta en el premio Caracol, yo tengo el primer Caracol de vestuario que dieron.

Pero el Icaic nunca en la vida, ni con las películas cubanas, ni tampoco con las películas de otros países que han venido a los Festivales de La Habana, se ha ocupado de la parte plástica. En Cuba los críticos hacen lo mismo, es difícil que te encuentres una crítica que te hable del aspecto plástico, ya sea del teatro o del cine. No existe para ellos. Las veces que lo mencionan es de forma muy superficial, con frases manidas, de rigor «el vestuario cumple su cometido», «la escenografía estuvo bien». Nuestro Festival es muy prestigioso, sin embargo, no se ocupa para nada del aspecto plástico, excepto la fotografía, recientemente premia la dirección artística ¿Qué habría que hacer con todo eso?

Aun así, no pierdo la esperanza de que un día nuestro trabajo sea premiado como se merece.

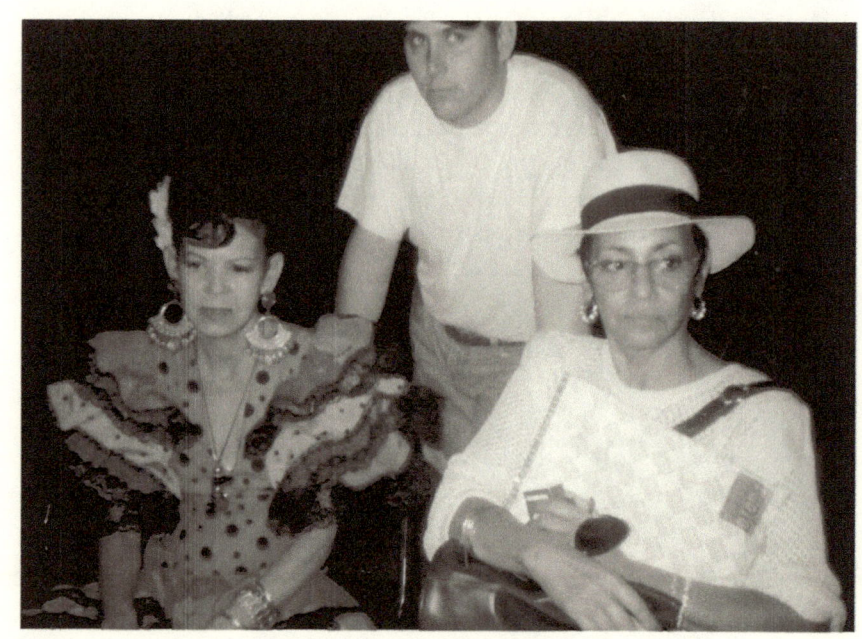
Las profecías de Amanda. *Deysi Granados con la verdadera Amanda*

Carlos Urdanivia

La Habana, 1956. Diseñador de vestuario, escenógrafo y director artístico.

En el año 1978 comenzó mi vida laboral en el Taller Experimental de Modas de La Rampa como ilustrador de los diseñadores Pepe Aladro y Agustín López, que influyeron enormemente en mi formación como diseñador. Todo el trabajo de esta época era para las revistas que sobre el tema se publicaban: *Mujeres*, *Romances*, *Muchachas*, y la sección dominical de modas del diario *Juventud Rebelde*, hasta que en 1979 el taller pasa a ser parte del Instituto Cubano de la Demanda Interna (Iciodi). Allí se crea un departamento de modas dirigido por Lilia Peña quien me dio la oportunidad de trabajar junto a especialistas de *marketing*, sociólogos, y sicólogos que indiscutiblemente influyeron en mi visión del mundo de la moda y del vestuario.

En 1980 el Iciodi, al crear la revista *Opina*, continúo con la ilustración y comencé a realizar mis primeros diseños para la recién creada marca y tienda Opina, que pretendía, y creo que logró, con pocos recursos y muchas ganas en muy pequeña escala, refrescar la imagen y calidad de las confecciones de aquella época para nada prodigiosa en este sentido. Durante este período participé en los eventos de Cubamoda e Intermoda que se celebraban anualmente y me gradué como diseñador del curso para trabajadores del Instituto Superior de Diseño.

Al comenzar, a finales de los ochenta y principios de los noventas, el «Período Especial», las condiciones que existían para el diseño y la confección en la escala que habíamos logrado desaparecen, se cierra la revista *Opina* y tengo que abandonar la institución.

En el año 1989 una gran amiga, Ileana Pérez, *script* y asistente de dirección del Icaic me presenta a Orlando Rojas, que en ese momento preparaba su cortometraje *Fortuna, lo que ha querido*, y este me propone hacer el diseño de vestuario del mismo. A partir de ahí comienza mi relación de amor y desazón con el cine, donde he realizado como diseñador de vestuario, escenógrafo y director de arte más de veinte filmes e infinidad de cortos, series para TV, *videoclips* y *spots* publicitarios.

Siempre que comienzo la preparación de un filme, tal vez como consecuencia de mi formación, me interesa, junto con el director y el actor, hacer el diseño de los personajes armando un lego sicológico y físico cuyas piezas saco de características de personajes de la vida real, de una obra teatral, filme o en fotos que suelo ir haciendo por las calles. Al final incluso, les creo una historia personal y así determino cómo se viste, peina, camina, que accesorios lleva, etcétera. Creo que es importante también escuchar de boca del actor cómo él ve al personaje, aunque a veces hay que saber hacerse escuchar por ellos y eso requiere del uso de la más fina y rebuscada sicología.

El vestuario en el cine es factor indispensable, junto con el maquillaje, para establecer ante el espectador las características de un personaje según los diseños, colores, calidad y textura de los tejidos que se utilicen.

El diseñador debe tener en cuenta que, como elemento expresivo del filme, el vestuario, al ir sobre el actor, aparece en primeros planos, con lo cual muchas veces supera a los otros factores (escenografía, ambientación, etcétera) que coadyuvan a la creación de las características de los personajes. Inolvidable es para mí dentro de la cinematografía cubana, el primer cuento de *Lucía* de Humberto Solás.

Entre los directores con los cuales he trabajado es el brasileño Ruy Guerra, indiscutiblemente, con quien más cómodo me he sentido a pesar de ser extremada y maniáticamente exigente. Mas tuve la suerte que desde el primer momento se estableció entre nosotros una empatía, más tarde devenida en amistad que aún hoy día perdura.

Nunca olvidaré la primera vez que lo vi en la finca de Los Monos, yo tomaría un proyecto ya en marcha desde hacía un mes, pero que amenazaba con detenerse, ya que la diseñadora que lo había comenzado, Nieves Lafferté —excelente por cierto— no había logrado «captar el toque» como él decía, de la serie *Me alquilo para soñar*. Yo tendría solo una semana para hacerlo con un vestido que llevaría Hanna Schygulla el siguiente jueves. Recuerdo que al llegar el día, bajé y esperé sentado en la escalera que Hanna lo hiciera ya vestida, él llegó se sentó frente al monitor y el primer asistente la fue a buscar, cuando ella bajó, él fue hasta ella, la saludó dándole la vuelta, volvió a sentarse, miró hacia el rincón donde yo estaba y sonriéndome, levantó el pulgar en un gesto imperceptible para los demás, sentenciando que la finca de Los Monos (*set* indispensable de la cinematografía cubana) se convirtiera durante los cinco meses que duró la filmación de la serie en una experiencia única.

Años más tarde, coincidentemente trabajando con Ruy Guerra en *Estorbo* y con Arturo Sotto en *Amor vertical* estos me presentaron desde el punto de vista conceptual la posibilidad de cambiar la imagen de Jorge Perugorría, de las últimas películas hechas por él en ese momento (idea que le entusiasmó desde el primer día). De ahí que trabajáramos una línea de diseño que no fuera para nada favorecedora del actor, pero acorde a los requerimientos del personaje, lo cual, a pesar de lo que se piense, suele ser bastante difícil en los casos en que se trabaja con un actor establecido en una película cuya formulación estética pretende hacer propuestas novedosas.

A mi entender entre los filmes que más se destacan en la filmografía del Icaic por su vestuario están *Lucía*, *Un hombre de éxito* y *La bella del Alhambra*. En estos filmes los diseñadores afrontaron con rigor, profesionalismo y éxito, el reto que significaba recorrer varias épocas y tendencias del vestuario que el guion de las mismas reclamaba; máxime conociendo las dificultades que enfrentan los talleres de vestuario: deterioro de gran parte de la ropa de época (importante patrimonio a punto de desaparecer) por carecer de equipamiento de conservación y confección de los mismos; la falta de cursos de superación técnica para: sastres, modelistas, costureras, y vestuaristas; la desaparición de los almacenes de tejidos y accesorios, que eran modestos pero útiles para este tipo de empeño, que se lastra, no solo por dificultades de tipo económico (lo que es obvio y sabido por todos), sino también de tipo organizativo y de mecanismos de producción, que lejos de viabilizar el trabajo creativo, lo entorpecen.

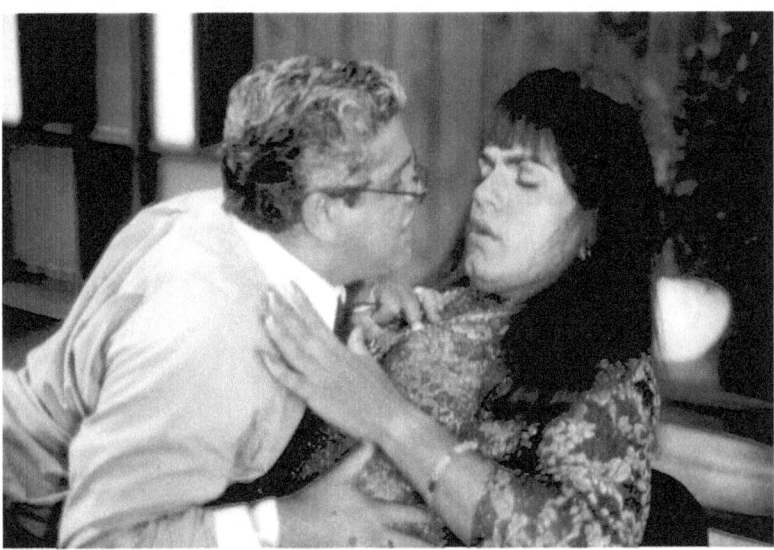

Las noches de constantinopla

Un ejemplo: en *Las profecías de Amanda* (1999, Pastor Vega) buscábamos que todo el vestuario de Daisy Granados fuese lo más fiel posible al que solía utilizar el personaje real, en el cual se basaba el guion, y se aprobó por producción la compra de tejidos e incluso confecciones que estaban en la cuerda que buscábamos.

Apareció una blusa que cuando Daisy y yo la vimos nos miramos y dijimos al unísono ¡esta es Amanda!, solo quedaban dos blusas que se las probé y le venían perfectas. Acto seguido comencé el ritual de explicarle a la dependiente que necesitábamos que nos separara las blusas, que yo en tres días vendría con un cheque a recogerlas. Debo confesar que, aunque en otras ocasiones me había pasado que cuando llegaba a recoger las confecciones ya las habían vendido, en ese momento pensé: «no, esto con Daisy no va a pasar, todo el mundo la conoce». A los tres días llegué con mi cheque y... Pastor hoy día me pregunta porque Daisy no usó en la película esa blusa que yo le había mostrado en una foto que le hice ese día en la tienda.

Creo que en general, tanto en décadas pasadas como actualmente, se ha mantenido un nivel decoroso en cuanto a calidad del vestuario en los filmes cubanos a pesar de las limitantes económicas que históricamente han afectado a nuestro cine y al latinoamericano en general.

Ha habido muchos aciertos, entre ellos están las arriba mencionadas. *Fangio* y *Las noches de Constantinopla*, demuestran que la excelencia en el vestuario no es patrimonio de los filmes de época. En lo que podríamos llamar una segunda etapa, la de los noventa hasta nuestros días, el vestuario muchas veces es ignorado, no solo por la prensa y la crítica especializada a la hora de analizar y criticar los filmes cubanos, sino que también lo hace la institución y el propio Festival de cine de La Habana, ya que por ejemplo no existe un *Coral* para el diseño de vestuario, ni para el maquillaje y la peluquería, lo cual creo debería ser tomado en cuenta para las próximas ediciones.

Derubín Jácome

Cárdenas, 1948. Diseñador de vestuario, escenógrafo y director artístico.

Comencé en 1965 a cursar estudios (durante cuatro años) en la Facultad de Arquitectura de la Universidad de La Habana. Posteriormente me gradué de diseñador teatral (Diseño de escenografía, vestuario y luces-teatro y cine) en la Escuela Nacional de Arte. Por mis resultados académicos me otorgaron una beca para hacer estudios de postgrado en Praga, Checoslovaquia. Allí realicé estudios durante tres años en la Academia de las Artes de las Musas: estudios sobre la imagen del hombre, escenografía e iluminación. Mi primera experiencia en cine es en 1972 como asistente de escenografía, a propuesta de Roberto Larrabure, escenógrafo en el filme *El extraño caso de Rachel K* de Oscar Valdés.

Mi primer trabajo en el cine relacionado con vestuario fue en *El recurso del método* (1978, Miguel Littín). Algunas dificultades por la ausencia en rodaje de la diseñadora de vestuario (francesa) fue la razón por la que se me solicitara el asesoramiento del vestuario. Mi incorporación como diseñador de vestuario al cine es en *Cecilia* (1981, Humberto Solás), compartiendo crédito con María Elena Molinet y Diana Fernández.

Cuando se me asigna un *film*, tras varias lecturas del guion y los imprescindibles encuentros con el director y demás componentes del equipo relacionados con el vestuario, realizo la investigación sobre la época correspondiente, incluso en las películas de temas contemporáneos, ya que en muchas ocasiones conocemos solo lo más general, lo esquemático, pero no las especificidades de alguna ropa y accesorios como los uniformes, vestuario de profesionales e incluso de algunos medios sociales en sus diferentes actividades. Partiendo de los objetivos del director y su concepto para la puesta en cámara, defino las características generales del vestuario: carta de color, gamas cromáticas por personajes o grupos, simbología, texturas. Utilizo todos los componentes de la imagen visual para comunicar las características sicológicas, sociales y dramáticas que requieren los personajes, y que expresarán todos los trajes y accesorios que conforman el vestuario del filme. Hago mi propuesta basada en que, cada componente visual del traje debe funcionar como signo que comunique algo al espectador, en resumen, defino la línea general que determinará el diseño del vestuario.

Los criterios del director sobre el personaje son imprescindibles. De igual modo la lectura del guion nos brinda una información adicional importante. No solo nos describe las situaciones, el entorno de los personajes, su trayectoria, sino también nos ayuda a definirlos si hacemos un análisis de sus diálogos, la forma en que se expresan, cómo reaccionan ante cada situación. Un análisis dramatúrgico y su sicología será la clave en que me baso para sugerirlos en el vestuario. Siempre partiendo de las directrices visuales tratadas de lo general a lo particular: ¿qué cuenta la historia?, después el personaje. En muchos casos el punto de vista del director está influido con alguna imagen anterior o estéticamente cercana a su gusto personal.

Nuestro trabajo radica fundamentalmente en, partiendo de un concepto abarcador y general de todo el vestuario, ser capaces de particularizar con cada personaje y aportarle un gusto personal, además de todos los signos necesarios para que el espectador descubra la mayor cantidad de información sobre el mismo, y para hacerlo, hay que estar preparados profesionalmente. No solo es cuestión de «buen gusto», también hay personajes de «mal gusto».

Hay proyectos que nos llevan a hacer una propuesta historicista, en otros la clave puede estar en violentar la época para acercarnos al gusto del espectador contemporáneo. Ambas son válidas. Una misma gama de color podemos utilizarla con diferentes objetivos en cada filme, un toque de rojo en un personaje puede marcarnos su devoción religiosa, política, su pasión amorosa o incluso su buen o mal gusto. Todo depende... lo dramático debe constituir el hilo conductor de nuestro proceso creativo. En base a ello seleccionamos formas y colores, teniendo en cuenta el carácter que pueden adquirir una vez iluminados y fotografiados.

En general el trabajo con los directores resulta complicado. En su mayoría no ven el vestuario como un elemento que puede ayudarles a subrayar los objetivos de sus historias. Lo ven en su función estética, comunicativa de la época, las clases sociales, la actividad que realiza el personaje, etcétera. Es fácil entender que el personaje sea sensual y provocador y por ello tenga un escote pronunciado, pero no resulta igual si hablamos de un escote para marcar la tragedia o la tristeza. He tenido la suerte de que la mayor parte de los directores han confiado en mi trabajo y me han dado libertad para realizarlo.

Me sentí muy cómodo con Fernando Pérez, pues fue capaz de transmitirme, desde el primer encuentro, tras la lectura del guion lo que se proponía al contar su historia y cómo la veía. ¿Eso implica que no es exigente? Pienso que la exigencia y «la comodidad» no son excluyentes. Hay directores que ya tienen definido lo que quieren con su historia y son capaces de transmitirlo con facilidad. Otros tienen un método quizás más complejo, y requieren de un tiempo mayor para darnos la información necesaria, para darnos el proceso de creación del vestuario.

Al director que quizás pudiera recordar como más exigente es Humberto Solás, pero pienso que en esta opinión incide el hecho de que *Cecilia* fue mi primer gran trabajo de vestuario en el cine —que incluso considero mi escuela de cine—, y aún no disponía de un método de trabajo que me permitiera establecer una inmediata comunicación con los intereses y presupuestos artísticos del director. Tampoco disponía de habilidades que me permitieran decodificar la información expuesta por el director; incluso, la utilización de metáforas y alegorías para dar la idea o concepto de un personaje, no me resultaba demasiado esclarecedora. Es evidente que en el diseño del filme *Cecilia* hay una intención general de lograr un vestuario que, sin perder las características generales de la época, fuera sobrio, apagado, poco brillante y agrisado.

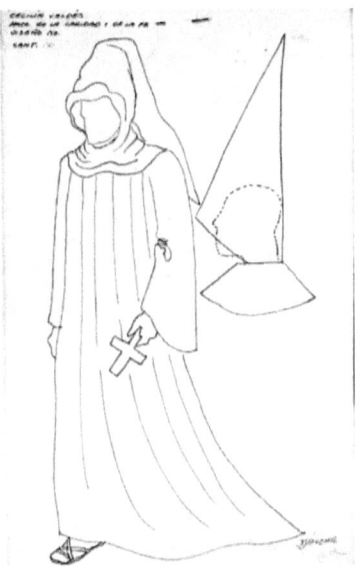

En mi experiencia nunca antes el color tuvo tantas cualidades cromáticas y tonales. El color perdía su intensidad cromática a favor de la expresividad dramática. Un verde, por ejemplo, debería buscarse en los fondos húmedos de la jungla de Wifredo Lam, una experiencia extraordinaria y definitoria desde el punto de vista profesional. Con ello el director se propone, y logra, una imagen más dramática que expresa con mayor coherencia su punto de vista del momento histórico en el que acontecen los hechos. Afortunadamente contábamos con la presencia de María Elena Molinet que, con su experiencia, nos facilitó la entrada a este mundo.

Los códigos visuales deben responder al lenguaje audiovisual de la imagen. El espectador reconocerá la alegría en los colores cálidos y brillantes. Esta historia por tanto no los necesitaba. Un mundo con esclavos no debía expresarse artísticamente con colores brillantes, aunque tengamos la información histórica que lo afirme. Ni siquiera la ropa utilizada en la secuencia del carnaval lleva colores brillantes. Las telas utilizadas en su confección fueron teñidas y tratadas hasta obtener los matices exigidos. Con frecuencia algunos tejidos eran velados con gasas u otros géneros para agrisarlos y quitarles brillantez.

En *Amada* (1983, Humberto Solás), la protagonista es una mujer infeliz, sometida a las rígidas reglas que impone la sociedad de su época. Vive encerrada en su casa, que es como su propia tumba, en luto permanente. Vestirá acorde a la clase a que pertenece, pero siempre de negro, con sobriedad. La línea de escote y traje en general será recta, en ángulos, con tejidos mates, poco orgánicos o sensuales. Según comienza a enamorarse aparecerán las transparencias en los tejidos de su vestuario y los encajes con detalles. Percibimos entonces en su ropa el deseo de gustar, subrayado por la sensualidad de la transparencia. En sus sueños se imagina romántica, de blanco, más atractiva y juvenil, en contraposición al personaje de Violeta, del mismo filme, que vive su vida plenamente, sin prejuicios. Sus trajes son claros, satinados, adornados con drapeados que abrazan su cuerpo y nos insinúan su pasión y forma de vida. De lo que se puede deducir que el blanco siempre destacará la alegría, el deseo de vivir, el amor y los mejores momentos. El negro será el luto, la muerte, la tristeza, el encierro. De igual forma las rectas y ángulos en el diseño del traje darán dramatismo y sobriedad al personaje... Los adornos, drapeados, vuelos, le dotarán de movimiento, ligereza...

De este modo, voy encontrando todos los medios plástico-dramáticos que subrayan y despliegan en toda su magnitud el carácter y las situaciones de los personajes, tomando de la realidad aquellos signos que son eficaces en su función comunicativa y plasmándolos en su vestuario mediante la selección adecuada del tono, la forma y el color que corresponda a la sicología de cada situación.

En *La segunda hora de Esteban Zayas* (1984, Manolo Pérez) o *Clandestinos* (1987, Fernando Pérez), diseñé con el objetivo de marcar los elementos de vestuario más significativos, y por tanto, recordados de la época del año cincuenta. Con ello garantizaba la credibilidad, por parte del público, de un período bastante cercano.

Paralelamente, y según la situación se hace trágica, en ambos filmes la ropa se va oscureciendo y agrisando hacia el final, tratando con ello de subrayar los objetivos dramáticos de la historia.

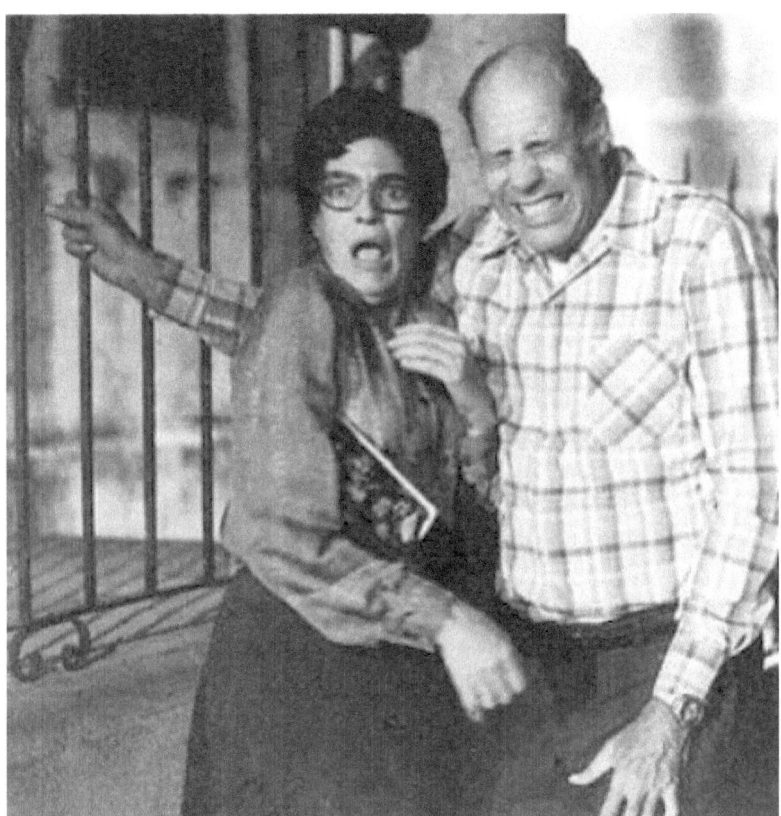

Los personajes de *Los pájaros tirándole a la escopeta* (1982, Rolando Díaz), responden fundamentalmente a los códigos del vestir popular de ese momento. Nunca antes había estado tan pendiente de cómo vestir a toda la gente que me rodeaba. Necesité realizar una «encuesta» visual en medios diferentes: fui al carnaval, a bailes populares, a «pilotos» —lugares de expendio de cerveza a granel—. Ahí encontré las claves generales para mi trabajo El resultado de esta investigación ya aplicada en el diseño del vestuario, no fue del gusto de algunos actores. Traté de hacerles entender que... «ese era el gusto de los personajes y no su gusto personal». El director tuvo que asumir la decisión final y afortunadamente tomó partido a mi favor. Como anécdota recuerdo que el día del estreno un diseñador de vestuario me comentó «que la película parecía no tener diseñador». No sé si fue su intención, pero a mí me resultó un elogio. Había logrado mi objetivo. Una actriz me reconoció haber entendido la propuesta con su vestuario el día del estreno, después de ver la película. En esta película el color es utilizado para enfatizar los momentos de armonía y confrontación entre las parejas y la familia. Es decir, estarán en los azules o en los cremas en correspondencia con el funcionamiento de la relación, a mayor complicidad y entendimiento más armónico será el conjunto.

La calidad del vestuario en los filmes de las décadas pasadas y las actuales depende, fundamentalmente, de la historia y de los recursos de la industria para su realización. Generalmente se vincula poco el presupuesto con la realización del vestuario. El hecho de que la producción en nuestro país está subvencionada por el Estado hace que, en general, se nos informe sobre unos límites económicos subjetivos y bastante poco definidos. También depende del valor que se le otorgue a la especialidad dentro de este hecho artístico. Muchos directores no reconocen el poder y la fuerza dramática del vestuario. Solo aprecian su función estética. A veces buscan en el campo de la moda, y no siempre funciona. La evidencia de lo que afirmo queda demostrada, solo por poner un ejemplo, en el hecho que no existe el premio *Coral*, del Festival de Cine de La Habana, para vestuario ¿Por qué?

El vestuario en el cine cubano en ocasiones es excelente, generalmente subutilizado y solo cumpliendo funciones esenciales. Destacaría, independientemente de la categoría de las producciones, los títulos: *Lucía, La bella de la Alhambra, El otro Francisco, La última cena, Capablanca*. Soy consciente que respondo al sentido más general del público al sobrevalorar las películas de época sobre las imágenes contemporáneas. No debería ser así.

Considerando la existencia de profesionales capacitados para su diseño nos cuestionamos: ¿Están los realizadores y la industria del cine conscientes de las posibilidades que tiene el vestuario para el logro de la atmósfera dramática que requiere cada historia, y para la definición de la psicología y las cualidades humanas de sus personaje?, ¿O nos conformamos con vestir «bonito» a los actores... y todos somos felices...?

Diana Fernández

New York, 1949. Diseñadora de vestuario.

Soy graduada de Diseño teatral en la especialidad de artes dramáticas de la Escuela Nacional de Arte en 1972 y de teatrología en la Facultad de Artes Escénicas del Instituto Superior de Arte. Desde 1972 comienzo a trabajar diseñando vestuario para puestas en escena de diversos grupos teatrales, especialmente del grupo Rita Montaner. Comienzo en el cine como parte del equipo de vestuario de la producción *Cecilia*, (1981, Humberto Solás). El equipo estaba dirigido por la diseñadora María Elena Molinet, quien distribuyó el trabajo entre los tres diseñadores restantes —exalumnos de ella en la ENA—: Derubín Jácome, Jimmy Torres (quien solo trabajó parte de la prefilmación) y yo.

Cuando me asignan un filme el primer paso es la lectura del guion. Con ello obtengo una primera visión del proyecto, de lo cual extraigo las complejidades del mismo (en términos de producción), así como una primera visión desde el punto de vista estético. Si previo a la lectura no he mantenido ninguna conversación con el realizador y el director de arte sobre aspectos estético-conceptuales del proyecto, me propongo en una segunda lectura perfilar una propuesta sobre el concepto del vestuario, es decir, encontrar —más allá de los referentes epocales, sociales y dramáticos— un concepto para el vestuario, que funcione como «guía» para la traslación del concepto general de la puesta en cámara al código visual del vestuario. Este paso constituye, por tanto, el primero e imprescindible dentro del proceso creativo de todo diseño de vestuario. Solamente así se garantizará que no se comience por los detalles y que el método de trabajo sea de lo general a lo particular.

La forma de llegar a una formulación estética del vestuario de un proyecto de cine tiene diversos caminos. Puede ocurrir que el director tenga bien claro la visión estética de su proyecto. Cuando es así, el diseñador debe «traducir» ese concepto general a lo particular del vestuario, donde no solamente entra en juego el color, sino las texturas, el juego de líneas, volúmenes y, por supuesto, la traslación de lo epocal a cada categoría del diseño. De tal forma que el diseñador le hace una propuesta concreta, en la cual se deben codificar cada uno de esos apartados, siempre de lo general a lo particular. Nunca se debe comenzar proponiendo cómo se vestirá a uno u otro personaje, sino que se debe partir de cuáles serán los códigos generales del vestuario de un filme. La manera de abordar esta codificación general varía con cada proyecto. La historia, el guion, «te lo pide». En ocasiones se podrá formar grupos a dos de los grupos en conflicto, es decir, protagonista y antagonista siempre tendrán otros personajes que ayuden o detengan los objetivos del protagonista y se codificarán, si así lo aceptara el director, de acuerdo con esa premisa. Otras historias sugieren donde existe una clara progresión en el drama.

Un buen diseño de vestuario escénico debe ser capaz de sugerir una «lectura» del carácter del personaje y su desarrollo a través de las propuestas de vestuario de cada personaje a lo largo de la narración cinematográfica.

Más allá de la conocida información que debe brindar al espectador: época, clase social, edad, sexo..., debe reflejar elementos de su carácter: nunca se vestirá igual una mujer de la misma edad, de la misma época y clase social si es una intelectual, dura de carácter, fría e inexpresiva, que otra con las mismas condicionantes pero frívola, extrovertida, etcétera. Igualmente, si un mismo personaje se transforma, dicha transformación debe reflejarse en su imagen, lográndose sugerir dicha evolución, así como los momentos de clímax o de mayor dramatismo en las diversas secuencias.

Para sugerir un personaje, primeramente el diseñador toma referencias generales por lo que sugiere el trazado de ese personaje a través de la dramaturgia escrita, es decir, el guion. Esto debe enriquecerse con información que te traslada el director en las sesiones del llamado «trabajo de mesa», aunque últimamente se obvia este paso; pero, en ocasiones el director, el guionista, o ambos, hacen llegar al diseñador un texto que resume la caracterización y trayectoria dramática de los personajes, texto en el cual se resume sus peculiaridades físicas, síquicas y dramáticas. Así sucedió en *Roble de olor*, quizá debido a la procedencia teatral del autor del guion.

A partir de esta información, y una vez definidos los conceptos generales a los que me he referido anteriormente, el diseñador debe «darle vida» a través de la imagen a cada grupo de personajes y, posteriormente a cada personaje. Por medio de los recursos que brinda el lenguaje universal de la imagen (categorías como forma, color, textura, composición, equilibrio, etcétera) se «reparten» los códigos visuales según la propuesta aprobada por el director (a partir de un conflicto, por grupos sociales, por evolución de la historia, entre otros). Es entonces cuando se «viste» a los personajes, los cuales deben estar insertados en el grupo al que pertenecen y, a su vez, se deben destacar de estos. Es aquí cuando el creador debe poner en valor todas sus potencialidades creativas para contribuir a la caracterización del personaje: las sugerencias que pueden hacerse con el uso del color, textura o la línea predominante en su vestuario, el diseño de la peluquería y el maquillaje, el tipo y variedad de complementos...en fin, todo ello debe estar al servicio del carácter general del personaje y, en particular, de la situación dramática.

El director más exigente con el que he trabajado ha sido Humberto Solás, en *Cecilia*. Para mí constituyó una «escuela» del trabajo visual en el cine. Considero que Humberto lleva un director de arte dentro, su criterio visual sobre su obra fílmica es sólido y coherente y así lo traslada a su equipo. He trabajado cómodamente con varios directores: Orlando Rojas en *Una novia para David*, Enrique Pineda Barnet en *La bella del Alhambra*, Danilo Lejardi en *La botija*, Rigoberto López en *Roble de olor*.

Mi primer trabajo «en solitario» fue con Juan Carlos Tabío en *Se permuta*, (1983) lo cual resultó una agradable experiencia debido a que para ambos era nuestra «opera prima» en largometraje. Me transmitió mucha confianza su manera de trabajar, aceptando mis propuestas en cuanto al concepto del vestuario que, aunque actual, permitía algunos puntos de interés.

Especial atención pusimos en destacar la imagen del personaje protagónico femenino —interpretado por Isabel Santos—, a quien dediqué especial atención para realzar sus atractivos, asimismo me permitió mantener una gama cromática que uniera —o distanciara— a los diversos personajes que se movían dentro de la acción narrativa.

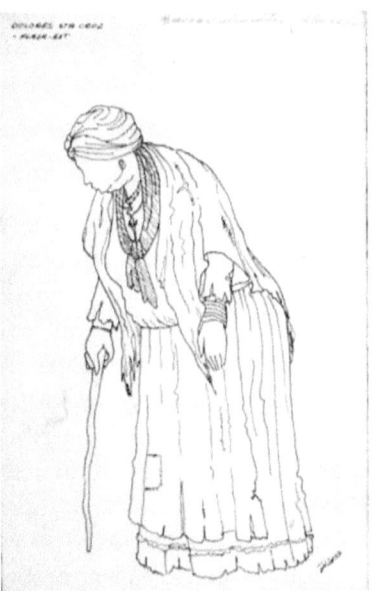

En *Cecilia*, (1981, Humberto Solás), el resumen de la tesis del director era: reflejar toda la opresión que sufrían los habitantes de la isla en la Cuba colonial de la primera mitad del siglo XIX, quería brindar un fresco social opuesto a las plácidas escenas brindadas por los grabados de la época. Ello se traducía en una ausencia absoluta de color, delimitándose la gama cromática a tonos neutros de «fondos cálidos» (ocres, carmelitas, etcétera), reservados para el pueblo, esclavos y burguesía mestiza, y otros «fondos fríos» (grises, negros, azules agrisados) usados por la oligarquía criolla y peninsular. Resumiendo, desde el punto de vista visual, en *Cecilia* se manipula la realidad de la época con un fin dramático-expresionista.

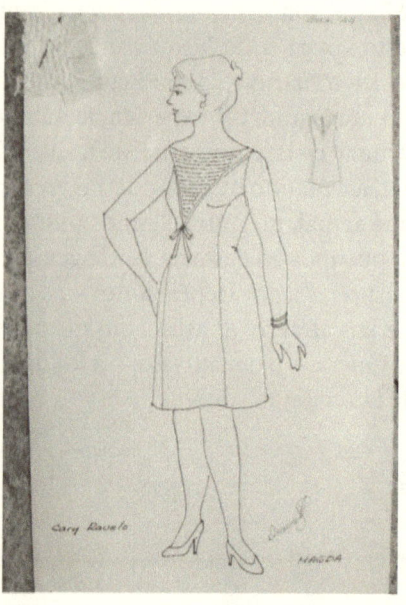

En *Una novia para David* (1985, Orlando Rojas), el trabajo de mesa fue muy intenso y fructífero. En este proyecto, los presupuestos conceptuales estaban bien claros y el trabajo de equipo se desarrolló con seriedad, profundidad y gran dosis de nostalgia, concepto que se convirtió en el punto de partida de toda la solución visual de la película. La coincidencia de que el equipo de creación fuera de la misma generación —guionista, director, director de arte y diseñadora de vestuario— permitió que los recuerdos personales de cada miembro aportaran a dibujar esa propuesta estética. De ahí que en el concepto general de color lo que predominaran fueran los matices «lavados» o «apastelados» como reflejo de esa visión nostálgica del pasado, la fotografía debía apoyar este concepto cromático con una luz diluida, sin grandes contrastes, un poco velada por esa misma visión nostálgica del pasado.

A todo ello lo acompañó una investigación —y reconstrucción— de la vestimenta de los becarios de aquellos años. Se tuvo que mandar a realizar los tejidos para los uniformes —dril de algodón en tonos carmelita y *beige*— así como la estampación de las blusas para realizar deporte. El diseño de la ropa civil de los jóvenes estuvo también bastante cuidado y la mayoría de las prendas fueron de confección, teniendo una especial atención a la ambientación (desgaste) de la ropa y de la simplicidad de la misma, a partir de la poca disponibilidad de ropa propia del momento. Así mismo, se repetía mucho el uso de una misma prenda por uno o varios personajes, aspecto muy común tanto de los jóvenes en general, como de los becados en particular. Otro aspecto al cual le dedicamos mucho tiempo (pruebas de cámara con vestuario y maquillaje previas a la definición del *look* final) fue a la imagen de la protagonista —Ofelia—, interpretada por la actriz María Isabel Díaz, quien debía, sin ocultar su gordura, lucir atractiva en algunas secuencias de la película. En resumen, este proyecto constituyó para mí una experiencia muy satisfactoria —cuyos resultados se ven en la pantalla— por constituir el primer proyecto que abordaba con Derubín Jácome como director de arte y por ser un verdadero trabajo de equipo.

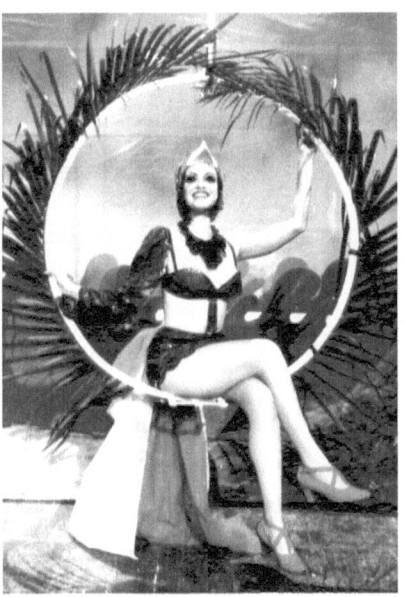

La bella del Alhambra (1989, Enrique Pineda Barnet), sería el ejemplo opuesto a la manipulación histórica realizada con *Cecilia*. Si en *Cecilia* el objetivo era «entristecer» la realidad, en *La bella*... el sentido era embellecer el Alhambra y su espectáculo, para justificar la ambición de Rachel de trabajar en él. Tanto la imagen del personaje —del cual existía abundante información visual—, como la propia estética de los números musicales, fueron transformadas en algo atractivo para el espectador de finales del siglo xx. La verdadera Rachel era atractiva para el público masculino para quien actuaba, sobre todo por ser audaz, desinhibida y conocer todos los recursos para provocar a dicho público. Pero no era una mujer bella. Por otra parte, el espectador de la película ya tenía visualizados musicales, sobre todo los filmes de la época de oro del musical norteamericano, paradigma del género, por lo que tuvimos que «falsear» la historia para que el público —ahora del filme— fuera subyugado igualmente.

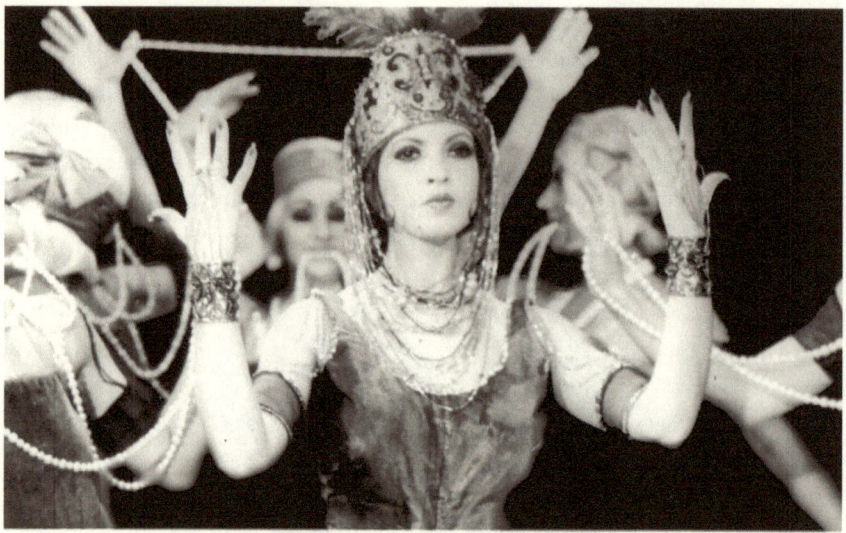

Roble de olor (2003, Rigoberto López) es una historia donde la utopía nace, se desarrolla y es aplastada. Por tanto, la época es recreada cromáticamente tomando como punto de partida el identificar la historia como «el drama de luz». En esta ocasión, en una sesión de trabajo de mesa con el director, director de arte y dramaturgo, se llegó a la conclusión de que el impresionismo pictórico sería la imagen adecuada para la fotografía, a partir de mi propuesta de claridad de los tonos como punto de partida de la narración cinematográfica. A pesar de no tener coincidencia alguna con la época en que se desarrolla la acción (*Roble...* a principios del siglo xix y el impresionismo a finales) existía coincidencia en cuanto al concepto de iluminación, de fragmentación de la luz y de la forma de retratar la naturaleza, perfectamente aplicables al concepto neoclásico de la belleza, de tal forma, que el código general del vestuario —con independencia de las posteriores definiciones por personajes— sería que el filme poseyera tres «tiempos» en los que el vestuario iba perdiendo luminosidad, comenzando con una claridad general en la ropa para terminar con la ausencia de color y luz en el vestuario de todos los personajes.

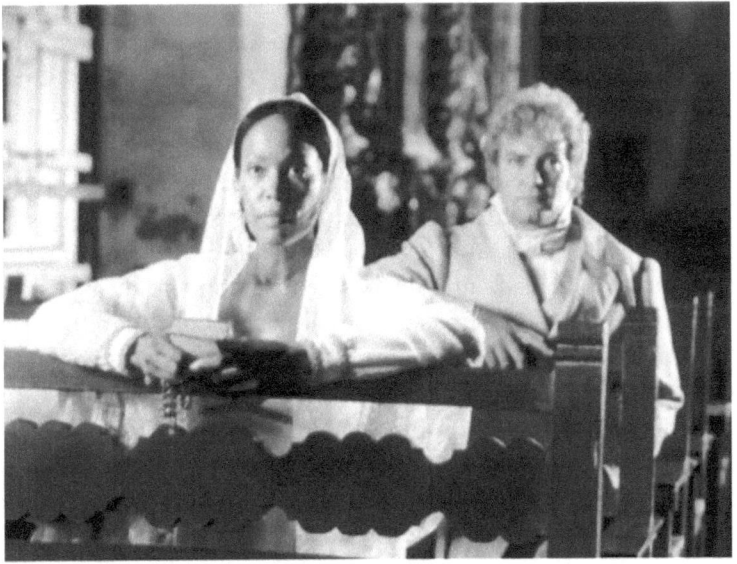

El personaje de Úrsula Lambert tiene una ubicación espacio-temporal definida: La Habana de principios del siglo XIX (1815-1820), así como una condición racial-social: mestiza liberta perteneciente a la pequeña burguesía y de procedencia haitiana. Indudablemente es el personaje que lleva adelante la idea rectora de toda la narración —la utopía—, relacionada esta idea con todos los valores y cultura de la ilustración francesa. Los conceptos de «vínculo con la naturaleza» y «sencillez» propios de los ilustrados que se oponían a lo «recargado» y «artificial» de los regímenes monárquicos absolutistas, me llevaron a proponer que su vestimenta debería ser dentro de la línea más sencilla del estilo imperio vigente en el momento en que se lleva a cabo la acción. Es decir, que el personaje irá vestido dentro de una línea más cercana al momento histórico conocido como el Directorio Francés (1895-1899), aun cuando epocalmente es anterior. Líneas suaves y caídas, ausencia de volumen, tejidos naturales y poco decorados, escotes profundos, todo para destacar el sentido de libertad y naturalidad que debe expresar el personaje.

Su color: los tonos claros y cálidos, destacándose el resto por una mayor claridad en sus matices, su imagen se oscurece más lentamente que el resto (a partir del concepto cromático señalado anteriormente, en la que exponía que el color en el vestuario se va oscureciendo, a partir de tres «tiempos», marcados por la trayectoria de la narración cinematográfica). Propuse, además, que el personaje nunca llevara sombrero ni tocado, debido a ese mismo sentido de libertad. Así mismo, en la mayoría de las escenas, va descalza. Con ambos rasgos se subraya su procedencia étnica, sin llegar a los tópicos (colocarle turbantes, collares, etcétera) los cuales rechacé como principio. En fin, que el personaje debía conjugar en sí mismo una imagen afrancesada (estilo del Directorio Francés), libre (ausencia de elementos superfluos, y recargados) y sobre todo, sencilla.

Entre las películas cubanas que se destacan por su vestuario nombraría *Lucía*, *La última cena*, *Cecilia*, *Amada*, inevitablemente se destacan las producciones de época. En *Lucía*, la fotografía en blanco y negro, las soluciones de estilo en cada uno de los cuentos, donde cada aspecto está tratado con una coherencia perfecta, la destacan como obra de alto vuelo en todos los sentidos. *La última cena*, uno de los mayores logros en películas de época de Gutiérrez Alea, por la expresividad de toda la imagen. *Cecilia*, independiente de mis reservas como producto acabado, en el plano visual está perfectamente lograda (a excepción de errores en el maquillaje, por los excesos de la palidez de los rostros debido a un fallo técnico más que creativo) y *Amada*, por poseer un vestuario de gran autenticidad y sencillez, que se conjuga perfectamente con la intimidad de la historia.

Con respecto a la calidad del vestuario entre los filmes hechos en décadas anteriores y los actuales, partiré de afirmar que todo lo expresado anteriormente es válido para ambas situaciones. Es decir, que tanto un proyecto cuya narración se desarrolla en la actualidad, como uno de épocas pasadas, el principio y el método de trabajo debe ser el mismo. La importancia de este componente de la imagen visual de un filme debe ser valorada con igual profundidad. En cuanto a la complejidad ante uno u otro proyecto, considero que ambos se complementan.

En cuanto al vestuario de épocas pasadas, si bien constituyen proyectos más complejos en cuanto a presupuesto, investigación histórica, complejidades en la realización (búsqueda de tejidos idóneos, patrones de época, cuidados con los sistemas de costura, etcétera), es más sencilla su codificación a partir de un concepto. Esto se debe a que el público no tiene (con excepción de los especialistas) los referentes del traje histórico de la época en cuestión, por lo que el diseñador puede «jugar» más con los elementos del vestuario histórico. Pongo un ejemplo que ilustra esta afirmación: un curioso (señor de edad avanzada) que se encontraba en la locación cuando se rodaba *La bella...* nos comentó «yo la conocí... y era igualita... ». Ya comenté como se manipuló la historia en el vestuario de este filme y, en especial, en la imagen de la protagonista en los momentos musicales... y ¡hasta la crítica especializada elogió nuestro trabajo por la reconstrucción histórica...!

En proyectos cuya acción se desarrolla en la época actual, si bien son más sencillos en cuanto a la disponibilidad de las prendas y la sencillez de la realización, son mucho más complejos en cuanto a su codificación debido a dos razones esenciales: 1) por poseer el público toda la información sobre el vestuario (lo cual requiere un mayor cuidado en la selección de la imagen para cada personaje), y 2) por la variedad de opciones que la moda actual brinda al individuo, siendo más complejo el proceso de la selección adecuada. Por ejemplo, cuando comencé el proceso de diseño de la película *Cuarteto de La Habana* el protagonista masculino era un joven español que viaja a La Habana supuestamente para conocer a su madre. Para definir la línea de vestuario del personaje, tuve que acudir a informarme con mis alumnos (jóvenes y españoles) para encontrar la variante adecuada para su vestimenta dentro de las muchas opciones del vestir juvenil que existen hoy en día.

Desde hace varios años, debido a la limitación de recursos y la adecuación de la producción fílmica cubana al sistema de coproducciones se ha afectado, en general, la calidad visual en el cine cubano. Las últimas producciones nos reflejan una calidad «fea», y sabemos que tanto lo feo como lo bonito de la realidad puede reflejarse en el cine con propuestas estéticamente logradas sin que afecte el dramatismo deseado. La existencia de un complejo de industria cinematográfica (Cubanacán), con almacenes que concentran los recursos para nuestra especialidad, constituye un lujo para la producción cinematográfica de cualquier país, sin embargo, no se ha cuidado el mantenimiento y actualización, tanto de los recursos materiales existentes, como del personal especializado que atiende dichos departamentos. Es una pena...

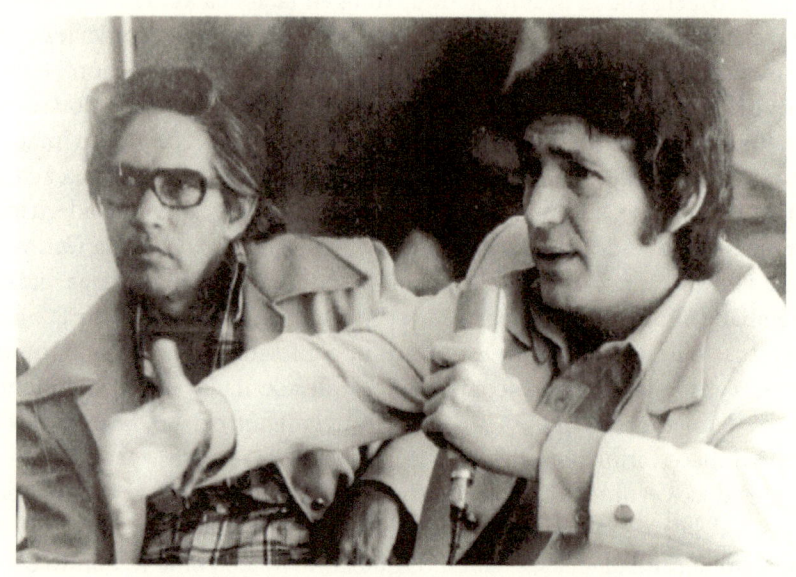
Salvador Wood y Luis Rogelio Nogueras, Wichy

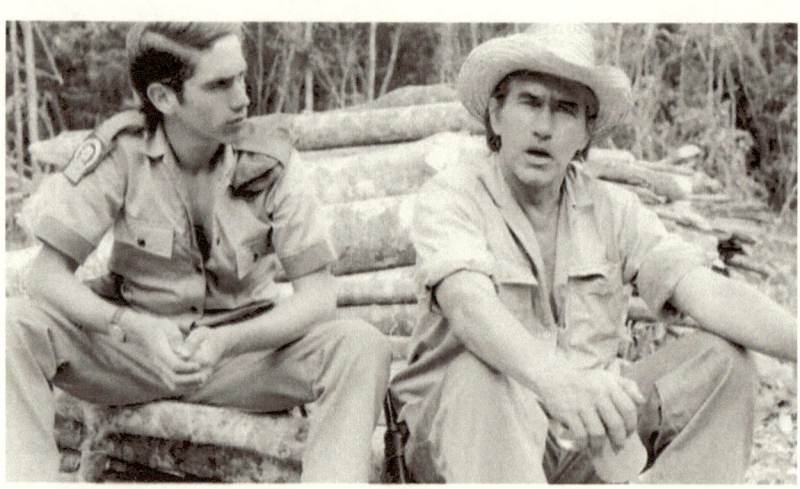
El brigadista

Eduardo Arrocha

La Habana, 1934. Premio Nacional de Teatro 2019. Diseñador de vestuario y escenógrafo.

Estudié pintura en la Escuela Nacional de Arte de San Alejandro, y trabajé en una publicitaria donde mi condición económica me permitió dar un viaje por toda Europa Occidental y regresé muy animado con la idea de hacerme pintor, pero no acababa de sentirme a gusto. Un día me entero de que Rubén Vigón estaba ofreciendo un curso de Diseño escenográfico en la Biblioteca Nacional, y decidí matricular. Desde el primer día me sentí muy a gusto, y a partir de ahí hice unas pequeñas cosas como diseñador aficionado en la sala Las Máscaras que dirigía Andrés Castro. Andrés García, ese excelente diseñador e ilustrador vio mis trabajos y le preguntó a Andrés quién era ese diseñador. Le contestaron que no era diseñador sino pintor y Andrés le dijo que quería conocerme porque esa persona era ya un diseñador. Concertamos una entrevista, yo le hablé de mis aspiraciones como pintor y me dijo: «olvídese de eso porque usted es un diseñador y debe ir por ese camino».

El curso de Vigón hizo una exposición en la que yo presenté trabajos. Fueron muchos invitados y entre ellos estaba Alicia Alonso. Me pidió que le revisara un vestuario que ella tenía del ballet *Giselle*, que quería remozarlo y que yo le dijera qué posibilidades había. Mi carrera de diseñador comienza ahí cuando hago la revisión del vestuario de *Giselle*, y de pronto vi que había más posibilidades que un simple retoque, le hice proposiciones que fueron de su agrado, y se hizo ese vestuario.

Con ese vestuario entro también en el cine cuando Enrique Pineda Barnet filma *Giselle* (1964), que no era un trabajo para cine sino para teatro, salvo algunos pequeños ajustes. Se filmó en blanco y negro, así quedó, pero no fue un trabajo hecho propiamente para cine. Hice posteriormente tres cortos para Danza Contemporánea que fueron *Panorama*, *Sulkary* y *Ocantomí*, también fue un trabajo que se hizo sobre otro ya existente.

Diseñar propiamente para el cine fue con *Patty-Candela* (1976, Rogelio París). Ese sí es mi primer encuentro con el cine, ya tuve que ver más con las cámaras, la realización del vestuario y una cantidad de complejidades que no había tenido en las cosas anteriores. El trabajo con Rogelio fue muy agradable. Yo lo conocía desde hacía mucho tiempo cuando él dirigía por la televisión el *Show de Arau* y la relación fue excelente; otra vez que trabajé con él fue igualmente fácil. Es un director que da mucha libertad, se apoya mucho en lo que sugiere el diseñador y tiene una confianza extrema en lo que uno diseña.

No recuerdo que hubiéramos discrepado en cuanto a mis puntos de vista, ni del análisis de la representación teatral alegórica que hicimos entre María Elena Molinet y yo. Nos dividimos el trabajo. Ahí fue más en grande la tarea, a pesar de que no eran tantos los personajes, pero sí era la reconstrucción de una época, se evocaba el siglo XVII. Tuve que vérmelas ya con un taller realizando y haciendo toda la estructura interior de esos trajes. Tuve broncas tremendas con Carmelina García —la jefa del taller—, pero no he conocido nunca, ni antes ni después, una persona que fuera tan celosa y tan preocupada por el resultado final de un diseño como lo fue Carmelina, de ahí mi amor por ella. Todas, La China, Arminda, todo el mundo se puso en función de eso y se hizo un trabajo muy serio, creo que fue un trabajo muy importante para mí en el cine.

Después realicé *Son o no son* (1980, Julio García Espinosa) fue un trabajo que no logré porque yo no hice de los personajes lo que él se planteaba.

Ese mismo año (1976) diseñé *Mina, viento de libertad*, que lo dirigió el realizador español Antonio Eceiza en coproducción con Cuba. Creo que él ni siquiera vio los diseños, porque le enseñé una parte que era como de teatro dentro del cine, no lo considero muy sólido, ni he quedado muy satisfecho. Se hizo con un poco de prisa, utilizando mucho de las cosas que había.

Algunos años después diseñé todo el vestuario de *El manuscrito de los esterlines*, que no se llegó a filmar nunca, y pienso que hubiera sido un trabajo importante para mí. La dirigía Octavio Cortázar y la protagonizaba Geraldine Chaplin. La parte cubana la diseñaba yo, pero la de Geraldine se la diseñaban en Francia. Enseñé mis diseños y ella preguntó por los suyos, se le dijo que esos se hacían en Francia. Ella opinó que eso era un atrevimiento, que quería que yo fuera su diseñador y que viajara a París con los diseños para aprobarlos.

Después de esta experiencia volví a trabajar con Octavio Cortázar. En realidad, yo he hecho el diseño de todas sus películas. Realicé con él *Guardafronteras* que fue muy agradable. Estuvimos filmando en los cayos tres o cuatro meses. Fue una gran aventura y yo quedé satisfecho con el trabajo.

Anteriormente había hecho con él *El brigadista* (1977), que pasando revista a todo lo que he hecho, creo que es lo más logrado y que veo que todavía se incluye en ciclos y festivales; creo que es una película aún vigente. Las condiciones fueron las mejores, tuvo mucho tiempo de prefilmación, y yo pude lograr que se imprimieran tejidos según los diseños que había investigado de la época.

Se confeccionaron los *pullovers* en tejido de punto, y se prepararon los tintes de los uniformes para lograr una imagen más realista. Fue un trabajo hermoso porque Octavio es una persona de una exigencia extrema y creo que quedó muy complacido. La vi hace poco por televisión y me parece que es una película que vale la pena.

Una de las cosas que me satisface es que hablando a veces con algún colega me dice: «¿Pero qué diseñaste tú ahí, si todos son guajiros?». Y yo respondo: «si tú supieras que esos cienagueros responden a un diseño que se hizo según fotografías que yo tomé, tanto de esos guajiros como de los alrededores, y todas esas escenas en las que parece que cada uno trajo lo que tenía en su casa, todo fue diseñado, hay un estudio del color y creo que la mayor virtud que tiene es eso, que parezca una cosa espontánea».

Después hice *Leyenda* (1981, Rogelio París), que creo que el mejor momento que tiene es un encuentro de muchachos *hippies* en una discoteca, donde se lograron varios tipos y es el momento de más interés para un diseñador.

Hay una anécdota que los diseñadores Diana Fernández y Derubín Jácome que estaban en la filmación, se agenciaron ropa y participaron entre el grupo que estaba en la discoteca.

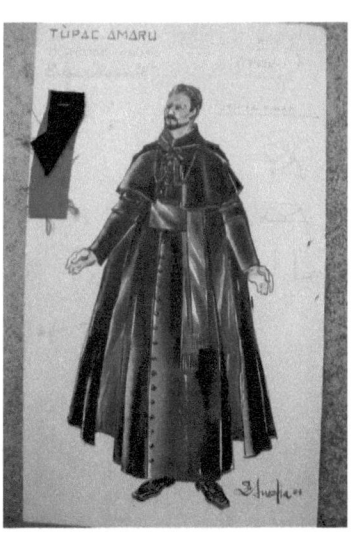

Años después diseñé *Tupac Amaru* (1984, Federico García). Creo que es un gran error como película; en mi carrera trato de ignorar que es mía, pero en un recuento como éste tiene que aparecer. Ahí yo hago un vestuario del siglo XVIII que se realizó con mucha precisión en los talleres del Icaic, y creo que es muy bella la parte que diseñé; pero después, no participé en la filmación en Perú, por desinterés de ellos, y allí completaron el vestuario con lo que encontraron y con lo que pudieron, y hay errores garrafales. Por ejemplo, hay una fiesta indígena y buscaron a un grupo folklórico actual peruano, uniformado, y se ven todos iguales, y otras muchas cosas. Yo coincidí en Lima en un viaje con la Compañía de Danza Moderna, estuve viendo algunas cosas y quedé horrorizado.

En 1989, diseño *Solteronas en el atardecer* (Guillermo Torres), que la diseñé en base a vestuario de almacén, pero después se fue complicando, y no fue solo una sustitución de mangas o pasar por tinte un vestido, sino que casi todo fue realizado. Ese mismo año trabajé para *Confesión a Laura* (Jaime Osorio), una coproducción con Colombia, ahí enfrenté el diseño escenográfico. Me fue de mucho provecho, porque Jaime era una persona tan exigente que discutía sobre la pata de una silla o el acabado de un cuadro. Era de una supervisión que llevaba a la fatiga; pero creo que salí airoso porque hubo una conjunción entre mis proposiciones, lo que se pudo lograr, y el resultado final.

Por problemas con los sindicatos a mí me adjudican en los créditos el vestuario y dirección artística que no hice y la escenografía se la acreditan a un colombiano. Después hice dos cortos con Octavio Cortázar: *La rumba y El café*.

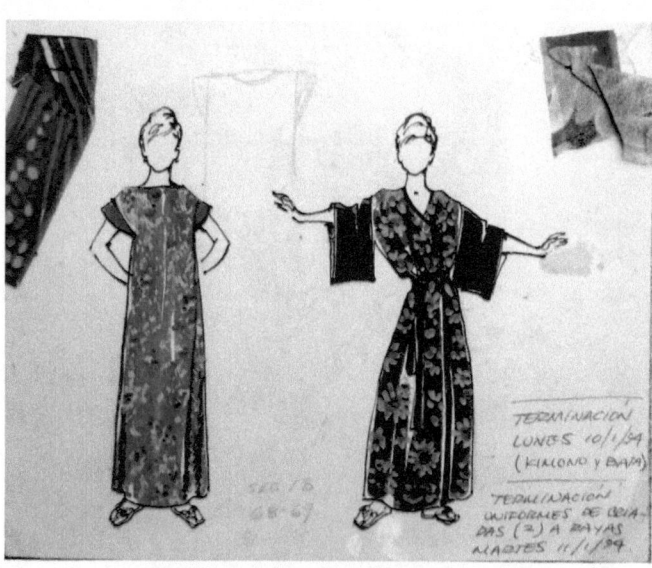

Dos años más tarde hice lo que fue mi última película *Derecho de Asilo* (1994, Octavio Cortázar), sobre una obra de Alejo Carpentier. No creo que sea una película de la cual alguien se pueda enorgullecer, y yo muchísimo menos, porque la película tuvo una realización de vestuario fatal. El ambiente, la atmósfera, era de gente de mucha posición, embajadores, cónsules, nuncios apostólicos y todo se hizo con una gran pobreza de material, que no tenía nada que ver con el rango que debían tener esos personajes. La realización se hizo en un taller de la calle Infanta. En *Derecho de asilo* nos cuestionábamos hasta el estilo del nudo de una corbata, fue minucioso, pero de una pobreza tal que acabamos recabando la ayuda de gente que prestó su ropa. Por ejemplo, el personaje de la mujer del embajador, nada de lo que se realizó se pudo utilizar, y acabó vestida con toda la ropa de Loipa Araujo, la esposa del director, que facilitó todo su guardarropía en función de la película. Pero a pesar de todas esas ayudas desde el punto de vista del vestuario, no ha sido nada para destacar. Fue mi última película, y creo que me sentí tan mal que no he vuelto a diseñar más para el cine.

Para mí el vestuario en el cine, tanto como la escenografía, el maquillaje, la peluquería, la ambientación son muy importantes; porque son las caracterizaciones externas que van a definir un personaje. Uno ve primeramente lo que piensa el director, quién es ese personaje, cómo es; después encuentra una apoyatura muy grande en el biotipo del actor que lo va a interpretar.

Hay cosas que son inherentes del personaje en el actor o viceversa, y me apoyo en eso, o a veces el actor tiene unas características diametralmente opuestas al personaje y requiere que uno haga un estudio para enfatizar esa caracterización externa.

Siempre he pensado que un actor debe sentirse a gusto con el vestuario que lleva, eso es un poco como diría María Elena Molinet, es su segunda piel; para mí es muy agradable cuando el diseño se realiza y el actor asume ese traje como una cosa de verdad.

Yo creo que hay diseñadores cubanos que han logrado cosas muy hermosas, y solo por citar dos, *Lucía* de María Elena Molinet, que es una de nuestras primeras películas y está vigente. Creo que el trabajo de María Elena es uno de los más bellos que he visto en el cine cubano, la otra es de Jesús Ruiz cuando hizo *Una pelea cubana contra los demonios* en la que creo que hay un rigor extremo por su parte. En cuanto a este rigor, no conozco exactamente las condiciones en que trabajan los diseñadores de cine aquí en Cuba, pero siento que si se le otorgara al trabajo de prefilmación un tiempo más amplio, se llegaría con mucha más seguridad a la filmación.

En las últimas películas que yo hice, este tiempo era exiguo, era tan mínimo que contiene, eso a mí me ha alejado un poco del cine actual. No quisiera que se tomara como una pedantería, pero para mí el diseño no es solamente descolgar una ropa de una percha y ponérsela a un actor, cuando esa ropa funciona soy el primero en descolgar de una percha. No sé qué pensarán los diseñadores actuales de cine, pero me parece que no disponen del tiempo de que yo dispuse para las películas que hice.

Si yo empezara a hablar del diseño para el teatro, sería para llenar no cuarenta páginas sino para cuatrocientas, porque con ese trabajo que está haciendo Jesús Ruiz sobre la documentación del diseño escénico cubano, donde está incluido el cine también, yo soy uno de los diseñadores que aparece con el más alto nivel de producción porque aparecieron más de cuatrocientos títulos que he diseñado para la escena cubana. He afrontado el teatro dramático, el lírico, la ópera, la zarzuela, la danza, el ballet clásico, la danza moderna; he diseñado hasta para Tropicana y para títeres.

Han sido cuarenta y dos años, una carrera muy larga, muy extensa, desgraciadamente de todo esto solo unos pocos son para el cine cubano. Hubiera deseado tener más, pienso en la importancia que tiene para el diseñador que queden las cosas grabadas. Ahora con el *videotape* queda algo grabado, pero hasta hace unos pocos años no era así, y es lamentable que tanta producción quede solo en un boceto, en el recuerdo de alguien. Eso de bueno tiene el cine, tiene de malo que los errores que cometiste o las cosas que pudiste hacer de otra manera te van a estar acompañando toda la vida.

Siento que no se hayan filmado las dos películas de las que hablé anteriormente: las que se desarrollaban en el siglo XVII, y la de Geraldine, en tres épocas del siglo XIX, porque daban la oportunidad al diseñador de demostrar su capacidad, lo que era una verdadera fiesta para él.

Me parece que sería muy importante que el Festival de Cine de La Habana, que otorga premios a los actores, a la fotografía, a los directores, ahora al diseño artístico, pero, ¿dónde está el diseñador que tiene tanto que ver con la imagen? Hay un proverbio: «Una imagen vale más que mil palabras», ¿por qué la imagen que pueda crear un diseñador no tiene un reconocimiento?

Sé que en los premios Goya de España una maquillista cubana ganó un premio; eso es muy significativo, que una cubana tenga un premio en España, y Cuba, que tiene un movimiento reconocido, incluso internacionalmente, no contemple en su Festival un reconocimiento para sus diseñadores.

En cuanto a la crítica especializada sobre el diseño en el cine, en realidad no recuerdo ninguna sobre estas películas. No sé si es que piensan que eso es algo que no vale la pena tomarse en cuenta, porque piensan que detrás de todo aquello que les parece tan obvio no estaba trabajando el vestuario y ya se estaba filmando, y a veces tenías que parar la confección de un traje porque por plan entraba a filmar uno que ni siquiera se había cortado en los talleres. Eso crea mucha improvisación, muchos desfases, y causa malestar, porque el director no está contento, y mucho menos el diseñador, porque es algo que queda registrado y cualquier barbaridad se va a estar viendo por años, producto de la prisa con que se trabaja.

A mí me han hablado para coproducciones, y las he rechazado, porque me han dicho, «el vestuario viene de España», o de otro lugar, y yo creía que no era el que necesitaba mi diseño. Pero un vestuario que lo ha escogido alguien en otro país y tú te enteras cuando se abre el huacal para ver que espontáneo no hay un diseñador, o sencillamente piensan que basta con decir el vestuario o los *sets* son aceptables, pero eso rara vez aparece. Yo no recuerdo haber tenido una sola crítica, ni buena que me hubiera sido de gran placer, ni mala que hubiera sido una enseñanza.

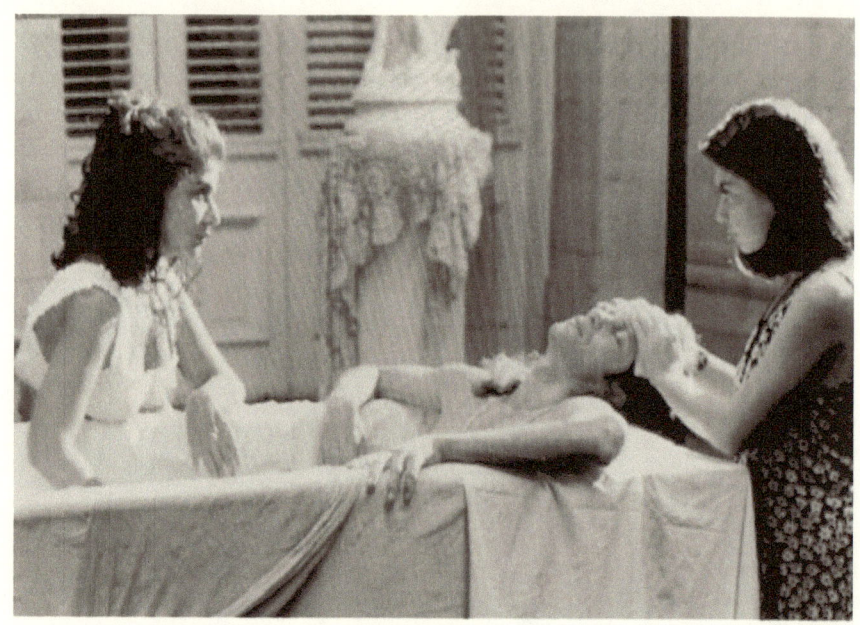

Pon tu pensamiento en mí

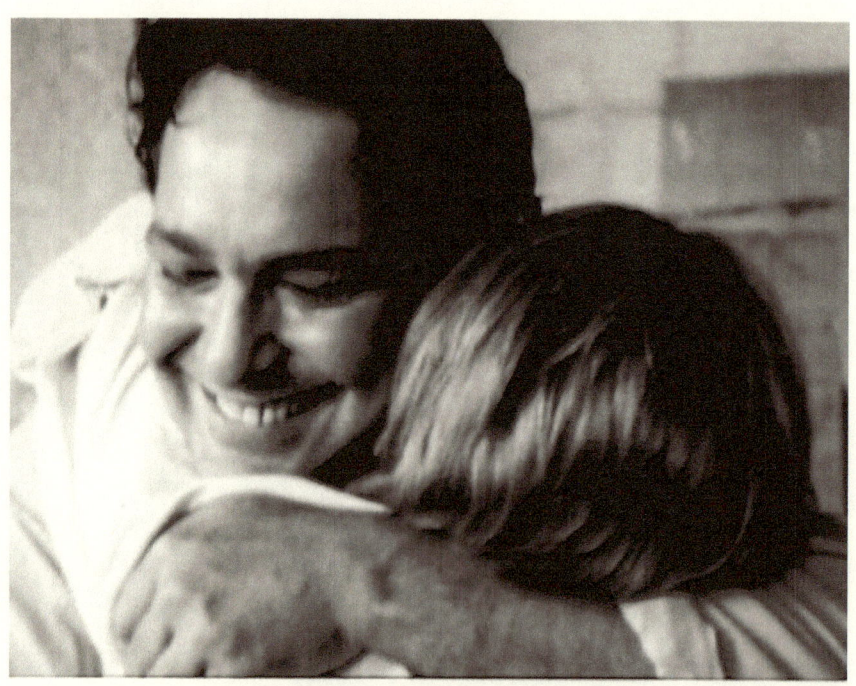

Miel para Oshún

Erick Grass

La Habana, 1966. Diseñador de vestuario, escenógrafo y director artístico.

Tengo treinta y seis años. Comencé mi carrera no específicamente en el mundo del cine, sino en la plástica. Soy graduado de la Escuela de San Alejandro en 1985, y en 1990 me gradué en el Instituto Superior de Arte (ISA) como Licenciado en Artes Plásticas, especialidad: Pintura, y por ese medio me fui acercando a los demás géneros de la plástica. Para mí, el cine es un género esencialmente plástico, no solamente por la imagen cinematográfica, sino por todo lo demás que converge en esta imagen. Pienso que en ese sentido el diseño de vestuario, el diseño escenográfico y la dirección de arte son elementos fundamentales que conforman la imagen junto a la fotografía de cualquier película.

Una vez terminada mi carrera, el primer trabajo de cine que hice fue en la Escuela de Cine de San Antonio de los Baños, con Arturo Sotto, en su trabajo de tesis que se llama *Talco para lo negro* (1992), que fue incluso premiada en el Festival de Cine de la Habana. Ahí tuve mi primer acercamiento al mundo del cine en cuanto a dirección de arte. Para mí era una tecnología desconocida, la veía solamente en las películas que había visto durante mi formación profesional. Poco a poco fui descubriendo la dirección de arte y pude reconocer también el valor que podía tener mi trabajo en este tipo de proceso creativo.

Trabajé el diseño de vestuario, la escenografía y la ambientación, es decir, que en cierto modo hice un todo orgánico. Es una película en blanco y negro, siguiendo una tradición también de Arturo Sotto, que consiste en buscar un poco los referentes históricos del cine, un poco de Fellini, un poco de Gutiérrez Alea. Siempre había referentes muy marcados y la película trató de seguir esta imagen. Un corto también complejo en cuanto a la historia que narraba y, sin embargo, sencillo de realizar en cuanto a nivel de imagen. Pocos recursos, sobre todo recursos de almacén, cosas que los amigos prestaban para lograr esa imagen visual.

Estos elementos fueron repetidos después en 1995 cuando hice mi primer largometraje, también con Arturo Sotto, llamado *Pon tu pensamiento en mí*. Fue una película bien compleja en cuanto al tratamiento de la imagen, con una excelente fotografía de Pérez Ureta que nos ayudó mucho a Sotto y a mí, pues era nuestra primera película importante, con determinados lineamientos conceptuales bien complejos, como las digresiones epocales continuas, de manera tal que uno no podía centrarse en un período histórico especialmente largo, sino que era cada elemento visual, era una película muy visual. Era una referencia a determinados conceptos históricos, determinados referentes también de períodos históricos y de personajes, aptitudes, incluso de referencias visuales que recordaban películas que ya habíamos visto y que analizamos.

Para mí fue un gran reto trabajar esta película, porque tenía además un guion enrarecido que muy pocos entendían. Quiero decir que a mí me costó trabajo entenderlo, aunque conociendo un poco la manera de pensar del director en las conversaciones previas que tuvimos, poco a poco fui adecuando mi manera de ver la imagen a partir de sus conceptos.

Es una película bien rara, pero a nivel de imagen si está muy centrada, es decir, yo trabajé el diseño de vestuario, hice muchísimos diseños, sobre todo para los personajes protagónicos.

En una carreta de juglares de los siglos XVII y XVIII ya la digresión epocal en determinada forma, tenía algo que ver con el referente de la película *Moliére*, de Ariane Mnouchkine, y en ese sentido tratamos de que la imagen se pareciera, las pelucas, las calzas, los jubones, las grandes camisas de mangas anchas, o sea, todos los elementos visuales que de alguna manera rememoraran este período histórico. Pero nosotros fuimos mezclándolos con algunos elementos de contemporaneidad, que cuando uno ve la película simplemente, los pasa por alto y los asume como un elemento también del siglo XVIII, como puede ser el uso de pañuelos llamados paliacates —pañuelos mexicanos de colores—, los collares de santo, las calzas de los hombres. En ese sentido había muchos elementos que estaban mezclando la contemporaneidad, pero sin embargo conformaban un todo orgánico.

En *Pon tu pensamiento en mí* fue ese el análisis que se hizo de los personajes de la carreta. El personaje de Jesús es el que nos va a dirigir toda la historia, es un personaje ambiguo en su vestuario, tiene elementos del siglo XVIII en cuanto al uso de la chaqueta o jubón, de la camisa amplia con cierre frontal a base de cordones, pero sin embargo, lleva también un *jean*, lleva una melena que en la época que se hizo la película estaba de moda, a la usanza del estilo de los rocieros de los ochenta, pero, de cierto modo, es un personaje bello en cuanto al tratamiento de la imagen. Todas estas adecuaciones de personajes se fueron viendo desde el inicio de la película, en los análisis de guion, de personajes, y después se llevaron a escena lo más fielmente posible; fue bastante consecuente lo que se realizó en los talleres con el diseño sugerido.

También en el tratamiento de la imagen escenográfica —diseño mío—, utilizamos este mismo juego de épocas. Había saltos: de los años cuarenta del siglo XX pasábamos al siglo XVIII, de repente estábamos en los años sesenta con una remembranza de John Lennon. Era una película muy compleja a nivel visual y de conceptos, cada uno de los personajes era una especie de arquetipo histórico que se podía reconocer. Había referencias al Che Guevara. Hubo mucho vestuario del almacén del Icaic, de los almacenes de la televisión, otros alquilados en la Ópera de Cuba este vestuario se usó, sobre todo, para las grandes masas corales, o sea, para las masas de extras y figurantes. Fue una película de mucho movimiento. El vestuario del equipo protagónico sí se hizo a partir del diseño que yo realicé, con algunos elementos que se pudieron adecuar, quizá un mantón de manila de almacén y algunas otras cosas. La escenografía también fue compleja a partir de que yo asumía el espacio, no solamente como un fondo, sino que cada uno de los elementos que conformaban ese fondo me estaba traduciendo determinados conceptos a nivel de imagen. De esta manera cada mueble, cada objeto, cada muñeco o máscara, cada elemento de iluminación, estuvo marcado por un estudio muy riguroso, no solamente por la concepción de época, sino que cada uno de esos elementos fueron diciendo cosas.

Por eso yo pienso que la película se hace más compleja, ya que si de por sí el texto que van diciendo los actores, la trama es enrarecida, yo creo que tanto elemento visual, aunque era una apoyatura, quedó también un poco como lastre. La gente que ve la película la primera impresión que recibe es netamente visual. Ve una fotografía excelente y ve, medianamente, una buena dirección de arte, vestuario, maquillaje y demás, pero la historia como tal se resiente y se pierde.

No sé si nosotros somos culpables o si simplemente no hubo una adecuación real del director en sus conceptos. De hecho, esa película ganó varios premios, uno de mejor dirección de arte en el Festival de Gramado en Brasil, Pérez Ureta y yo también obtuvimos premios en el Caracol de la Uneac. De cierto modo fue reconocido el tratamiento visual de la imagen, aunque quizás hubo una situación un poco conflictiva entre lo que el director quiso decir y lo que nosotros pudimos expresar.

Después de estas dos películas que habían tenido cierta aceptación por el sistema de producción del Icaic, me llamaron para otras. He realizado un total de ocho o diez largometrajes, siempre trabajo como director de arte, he tenido que ver con el diseño de vestuario y he tenido que asumir todos los elementos que conforman la imagen de una película. En este caso, el vestuario es un elemento que ha pasado por mis manos muchas veces, es decir, a nivel de imagen he trabajado el diseño de vestuario en *Pon tu pensamiento en mí*, en *Miel para Oshún* (2001) y otras películas a las que el Icaic ha prestado servicio.

Pero, de cualquier modo, siempre he estado presente en la decisión de conformación de personajes, en la selección de texturas y demás, en la medida en que como director de arte tengo que asumir todos los departamentos de diseño de una película. Como es el caso de *Kleines Tropicana* (1997, Daniel Díaz Torres) que trabajé muy cerca de la diseñadora y tratamos el contraste entre el universo de los años cuarenta, que llevaba un tratamiento escenográfico muy marcado, y el presente, o sea, la contemporaneidad, con alguna gente de la farsa, la comedia.

Miel para Oshún (2001, Humberto Solás) fue para mí bastante incómoda de realizar en el sentido de que no era un guion que me atraía, pero a nivel de imagen me exigía. Es una película de carretera. Había una continuidad de vestuario que estaba presente en todo este trayecto y solamente había dos lugares particularizados a niveles escenográfico y de vestuario; la casa del personaje protagónico (Isabel Santos) y Baracoa, que es el final de la película.

El vestuario era bastante lineal, diseño mío, pero al final se hizo mucho con cosas compradas en tiendas y de los propios actores. Ahí no pasaba nada importante a nivel de imagen, el trabajo era textual, y el diseño era muy fácil hacerlo. Fue bastante incómodo porque el diseño de vestuario no tenía una importancia definitiva. Por otra parte, Solás quería que los actores se sintieran cómodos en sus personajes, que los asumieran como parte de su realidad personal, por eso el vestuario era lo más cercano a la usanza de ellos, todo lo que pudiera acercarlos lo más posible al personaje que interpretaban.

Es una película que yo pudiera pasar por alto a nivel de diseño, porque no sentí que hubiera un despliegue de recursos intelectuales suficientemente amplios como para estarlos mencionando.

Después me he circunscrito al diseño escenográfico que es lo que más me interesa dentro del cine, aunque estoy preparado para las dos cosas, porque he trabajado mucho el vestuario en teatro y danza, en ballet, en ópera también. Las leyes de producción son bien diversas entre la industria cinematográfica y el medio teatral; en el cine solo una parte del presupuesto es para el diseño de vestuario, en el teatro siempre hay más porque supuestamente se va a quedar más tiempo.

Un diseñador tiene que tener una conciencia económica muy despierta, uno puede soñar en ese mundo creativo, pero no puede pensar que va a ser original. Personalmente, creo que desde los años cuarenta en adelante la originalidad está entrecomillada. Uno está simplemente bebiendo de las fuentes, pero en ese sentido uno tiene que estar bien despierto en relación a cuánto puede costar un diseño, a la selección de los tejidos, las adecuaciones incluso, porque no tenemos casi nada con qué trabajar. La originalidad siempre se ve en ese sentido vinculada a lo que uno puede asumir de lo que queda en el país a nivel de materiales. Selecciones de estos, búsquedas en almacenes, sustituciones y transformaciones.

Económicamente hablando uno tiene que estar muy despierto para hacer, por ejemplo, los personajes protagónicos, que siempre van a ser los principales, los que van a tener mayor carga, van a ser más filmados que el resto. Hay personajes de episodios a los que uno puede «pasarles la mano» como se dice vulgarmente, tratar de que estén bien, pero no gastar gran parte del presupuesto en ellos. Hay que investigar también en muchos lugares del país dónde hay elementos, las casas comisionistas, alquiler a personas privadas. El diseñador se convierte en una especie de topo, va buscando en los intersticios de la realidad nacional para encontrar las cosas que se adecuen a lo que quiere hacer.

Llegar a la formulación estética es un conflicto no resuelto en el sistema de producción nacional. Muchos de nuestros directores y hablo con plena conciencia, no creo que tengan una cultura general lo suficientemente amplia para poder asumir estéticamente una película desde preceptos conceptuales bien decididos. En ese sentido ellos solamente asumen lo que se refiere a dirección de actores y se circunscriben a eso. Muchos directores de arte que hemos trabajado con ellos, no quiero decir ningún nombre en especial, nos hemos visto en una situación incómoda pues hemos tenido que ser juez y parte de nuestro propio trabajo, porque no ha habido una retroalimentación creativa con el director. Él simplemente lo analiza de una manera somera, es más intensa en cuanto a concepto de la imagen fotográfica o del tratamiento de los personajes, pero en cuanto a nivel de imagen estética, en cuanto a color, textura, la utilidad de ciertos conceptos plásticos en el lenguaje fotográfico, muchas de estas cosas se pasan por alto, pienso que los hay que no están preparados para asumirlo.

Me ha resultado más difícil el trabajo en cine a pesar de que tengo cierta formación. No he tenido esa confrontación de tener a alguien frente a mí que pueda exigirme determinadas cosas a nivel de imagen. Por eso la formulación estética parte de una manera muy personal y privada. En todas las películas que he realizado, incluso en *Miel para Oshún*, aunque le tengo gran estima a Humberto Solás en ese sentido, creo que la logré de milagro.

Creo que la formulación estética, es más la preparación que uno pueda tener, la investigación del guion, la investigación de la historia en casos de películas de época, la investigación en hemerotecas, en fotografías y demás que uno pueda asumir, o películas que uno pueda ver y demás cosas que uno recuerde como bases de creación. La formulación estética de cada uno de los personajes siempre ha partido de una preparación cultura personal, de cierto modo pienso que es elemental, que todos deben tener.

Pienso, en general, que el diseño de vestuario en el cine cubano ha tenido, como premisa principal, la limitación económica en un país donde es muy difícil conseguir ciertas texturas a nivel de tejidos, donde no hay una industria textil que te ampare este tipo de tratamiento. Casi siempre uno termina siendo un censor de sí mismo, busca lo que uno cree que se puede adecuar, pero nunca me parece que es lo ideal. Hay casos en que se han logrado los intereses, como en *Cecilia* que a nivel de imagen es fastuosa. En la película uno a veces ve el vestuario de almacén y se da cuenta que no es el tejido que lo diseñadores querían utilizar, pero era lo que el país tenía en aquel momento, no era de ese siglo, pero al final funciona y lo asume como tal.

Creo que es una de las películas que mejor tratamiento de vestuario ha tenido. Además de que hay una identificación de concepto muy clara, da la diferenciación de la burguesía blanca, los esclavos y la clase baja; es decir, todos los tonos sepia, incluso el tratamiento del maquillaje está muy pormenorizado en la parte del pueblo, que es todo a base de piel con grasa, la utilización de glicerina de esos colores ocres, rojos profundos. En el caso de la burguesía los rostros pálidos, los trajes oscuros. Yo pienso que el diseño está bien remarcado y es muy rico a nivel de imagen.

También puedo mencionar entre las películas que tienen un gran logro de vestuario *El siglo de las luces.* Claro, qué pasa, que tiene mucho vestuario de almacenes europeos que son los reyes del vestuario en la civilización occidental, y en cierto modo tienen una historia muy fresca. Creo que el vestuario funcionó muy bien, aunque se hizo con diseñadores extranjeros, sin embargo mucho vestuario del personaje de Sofía se realizó aquí en los talleres del Icaic, que lo identifica la calidad, no solamente la textura del tejido, de los encajes y demás, sino también en la propia realización de esos trajes. Los trajes de esos almacenes europeos vienen con patrones de corte auténticos, se toman de museos, de industrias, parten de patrones originales, aquí uno siempre trata de encontrar en una cortadora o en un sastre la adecuación más cercana a lo que uno piensa que sea un traje de esa época.

Yo pienso que en Cuba empezó a reconocerse la labor de diseño desde el inicio. Otra película que puedo mencionar es la de Titón, *Una pelea cubana contra los demonios*, una película donde hay una definición del concepto de la imagen bastante clara. Ese sentido sórdido de la época, todo este misterio de la sexualidad reprimida, todo ese ambiente, están muy bien reflejados a nivel de imagen. Todavía quedaban tejidos naturales que no eran sintéticos, y lograron un vestuario del siglo XVII muy sólido y una escenografía también cercana a los conceptos estéticos de la época.

Lucía también tiene un tratamiento interesante, aunque me parece que hay más una necesidad de fondo histórico que de tratamiento de la imagen, excepto en la secuencia de las monjas, esa atmósfera es bien irreal con el uso de las cofias, el tratamiento del vestuario es muy marcado. En realidad, el resto del vestuario está muy bien ubicado en época, pero no está traduciendo nada más allá, esa es una visión muy personal.

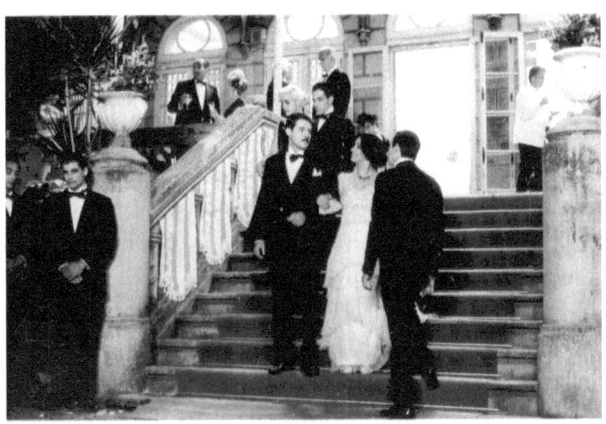

Podría hablar de *Un hombre de éxito* que tiene un tratamiento de vestuario bien interesante, muy elegante, de gran sobriedad. Creo que es una de las películas más logradas del vestuario y la escenografía de la industria cubana.

Es una película que es una muestra de inteligencia de sus realizadores, porque es un período en Cuba muy crítico, con cambios epocales muy marcados. Visualmente es una belleza. Esas son las películas que considero más logradas a nivel de imagen, no solamente como diseño de vestuario, sino en general en el sentido de la imagen plástica.

Yo creo que el conflicto de la utilidad o no del diseño del vestuario, está parte y parte. Una parte el conflicto de la escasez de materiales y de otra parte el rigor del director, de lo que quiera de cada uno de sus personajes. Igualmente, en cualquier parte del mundo el diseño se hace con mucho tiempo de producción y con mucho dinero, y los diseños se prueban una y otra vez, aquí las cosas se hacen de manera inmediata.

Yo creo que el problema con la crítica es más grande de lo que parece, en el sentido que pienso que la prensa nacional es bastante limitada, creo que tiene que ver con la preparación de los periodistas y es una autocensura. Pienso que, aunque el espacio que se les da en la prensa plana es limitado, creo que puede ser un poco más incisiva. Me parece que el crítico debe tener una formación cultural más profunda y no ser epidérmico como acostumbra a ser. De tal manera, cuando hablan de cine, excepto contadas excepciones, hablan de la dirección de actores y ponen al director por encima de todos los demás como si fuera él solo el que ha trabajado en la película. No se habla nada de dirección de arte, de diseño de vestuario, de escenografía, es la fotografía lo que a veces más reseñan, parece ser lo que más conocen los periodistas, aunque para poder fotografiar tienen que haber delante algo, y ese algo es lo que da el resto del equipo de diseño en un trabajo en conjunto. La crítica es bastante parca en el sentido que no menciona para nada el diseño.

Han dado criterios sobre conceptos estéticos que para ellos han sido negativos, sin embargo, si hubieran hecho una investigación más profunda hubieran descubierto que lo que para ellos era negativo, realmente era el principio conceptual que se exigía para llegar a ese concepto final de imagen. Es el caso de *Paraíso bajo las estrellas*, es el caso de *Pon tu pensamiento en mí*, películas en las que hay conceptos estéticos muy definidos, muy marcados, sin embargo, la crítica los vio como un defecto, cuando el objetivo era que se viera esta imagen con todos sus defectos. En el caso de *Paraíso bajo las estrellas* se habló de la escenografía de la casa de la protagonista, que era estridente y tenía una imagen *kitch* muy remarcada, cuando la película está tratando ironías en cuanto a la realidad cubana que es así mismo, estridente, *kitch*, de mal gusto. La película trata justamente de abordar todos esos puntos arquetípicos de nuestra realidad estética y los planteó de esa manera, y la crítica los vio como algo negativo, como un defecto de la película, no como una necesidad de expresión creativa.

Pienso que la crítica ha sido bastante ambigua en su tratamiento de la imagen, siempre es desde fuera, en una visión rápida, como un reportaje sin investigación, y pienso que ese es un mal que toca no solo al cine cubano sino también a otras esferas del arte. No hay una apreciación profunda del trabajo.

Gabriel Hierrezuelo

La Habana, 1938. Diseñador de vestuario y escenógrafo.

Estudié en la Escuela Nacional de Arte (ENA) Diseño teatral. La carrera nuestra, en la que en un principio se estudiaban individualmente el diseño, la escenografía, el vestuario y las luces, se integró todo; nos formaron dominando esas tres especialidades y casi al final se integró el cine y la televisión, ya el teatro estaba. Esta carrera se llamó Diseño escénico. Estábamos preparados para hacer teatro, cine y todo tipo de espectáculo escénico.

El diseño escénico lo concibo como una anticipación coherente entre la dirección de la puesta en escena, no obtenemos un buen resultado sin una relación coherente entre la dirección y el equipo creador. Primero; como punto de partida es muy factible una temprana incorporación al proyecto; segundo; tener un buen guion con una sólida construcción dramatúrgica; tercero; una lógica distribución en los tiempos de prefilmación, cuarto; evitando la ficticia agilidad en el proceso creador, ya que este es un proceso dialéctico donde las inconsistentes premuras afectan el resultado final de la obra artística. El trabajo artístico no puede eludir su compromiso con el lógico tiempo de un proceso de experimentación. Esta etapa es indispensable aún en las grandes industrias cinematográficas, a veces los ejemplos foráneos de alteración de los procesos con buenos resultados responden generalmente a ficticias campañas de *marketing*.

Creo que en nuestro cine no se han aprovechado al máximo las capacidades de los diseñadores y de otros creadores. En mi experiencia personal, al integrarme a las películas que diseñé, sentí en los inicios un impulso creador que iba decayendo con el avance del proyecto dando como resultado un producto más artesanal que creativo.

Desde mi incorporación al cine cubano en *Rancheador* he valorado la relación de profesionalidad de los equipos de los diferentes filmes en que participé y un respeto y apoyo por parte de la producción y la dirección del organismo, a pesar de las inevitables circunstancias que surgen en los procesos de trabajo, las disputas o diferencias que puede enfrentar, hoy me parecen hojarasca. No evado una crítica, asumo y señalo los aspectos que creo necesarios superar, pero desde un punto de vista profesional, señalando lo sustancial a favor del rigor de conceptos que deben avalar nuestra profesión, señalando lo sustancial a favor del rigor de conceptos que deben avalar nuestra profesión. Caer en anécdotas personales que no trascienden el rango de incidentes menores, me parece no práctico cuando podemos ocuparnos de asuntos más relevantes de nuestras relaciones profesionales.

Mi integración al cine vino a principios de los años setenta. Mi primera película fue *Rancheador* (1976, Sergio Giral) donde hice el diseño de vestuario junto con María Elena Molinet, que había sido mi profesora y me ayudó mucho en todos los mecanismos del cine, la organización, etcétera. Mi experiencia en este filme fue muy positiva. María Elena no podía asumir totalmente el trabajo por problemas personales y entonces me llamó, me integró al equipo y compartimos el trabajo como dos profesionales.

No había ninguna diferencia porque yo había sido su alumno, la integración fue muy positiva, así como la experiencia. Yo he trabajado en teatro, donde es más exhaustivo y los directores le exigen mucho más a uno que en el cine. El cine viene siendo una exigencia de tiempo, de organización, pero lo que es la parte conceptual, creativa no es tan rigurosa, lo digo con toda sinceridad.

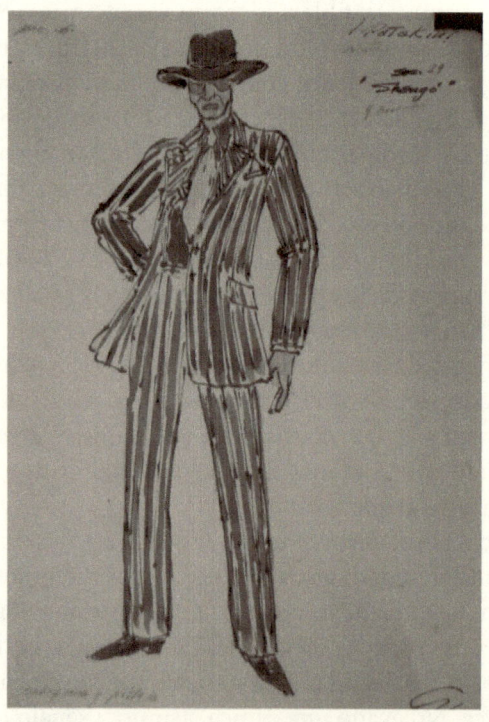

En *Patakín* (1982, Manuel Octavio Gómez) tuve muy buena relación con él, a pesar de no compartir totalmente el enfoque edulcorado que adoptó el filme, sobre todo en lo plástico y visual. Creo que el tratamiento debió ser más atractivo y desenfadado, sin concesiones estéticas que evitaron un riesgo que solo devino en una visión desfasada de una realidad que hubiera sido más sugerente, con el ímpetu y la fuerza de lo arraigado y experimental. Esa aparente belleza no resultaba en esa película, yo incluso pensaba que había que trabajarla con otros materiales. No tratar de ir a tomar las experiencias de otros musicales, respetando que son clásicos, pero que en este caso no correspondían a los propósitos de ese guion basado en una obra de Eugenio Hernández Espinosa y no sé, yo me imaginaba eso de forma más rústica, más primitiva, más acorde con la realidad. En una secuencia sí la traté así. Era en el campo de trabajo; pero había otras secuencias como la de la fiesta, en que la gente estaba como endomingada y yo creo que ahí es donde fallaba el diseño.

Gallego (1987, Manuel Octavio Gómez) fue una experiencia muy larga donde las buenas ideas creativas de un inicio se fueron desvaneciendo cuando se pusieron a hacer arreglos y cambios. Además, las relaciones negativas que hubo en el trabajo, especialmente entre el director y Sancho Gracia, el actor, a quien realmente Manuel Octavio no lo concebía como el personaje. Las circunstancias fueron más complejas. Señalo esta primeramente como parte de un núcleo. El desarrollo de la trama en siete décadas del siglo xx produjo una gran complejidad en la producción.

Nuestros talleres no estaban en condiciones de realizar esa película, como era una coproducción con España se resolvieron cosas allá, sobre todo la ropa de principios de siglo.

El elefante y la bicicleta (1992, Juan Carlos Tabío) fue mi última película. El aceptar una producción compleja en épocas (1920-1980) fue mi error inicial, ya que esta película se asumía con recursos de almacén y con la menor realización posible y esto yo no lo pensé. Lo acepté por el entusiasmo, porque quería hacer la película, pero a medida que enfrenté el trabajo vi las dificultades; porque no se puede hacer una película que tiene décadas tan distantes con estas condiciones.

El que el filme se desarrollara principalmente dentro de un ambiente pueblerino no justificaba la sencillez y, a veces, la pobreza del vestuario. En arte no podemos justificarnos con explicaciones realistas que se distancian de los objetivos estéticos y de una información de época que debe cumplir el diseño de vestuario y la dirección de arte en el cine.

Ya bien sea en un plano americano o en un plano medio, el vestuario debe cumplir cabalmente comunicando el carácter del personaje, la época, los valores plásticos y estéticos que en ocasiones requieren materiales, ya bien sean de almacén, o que posean una riqueza o autenticidad insustituible con géneros indebidos.

Debido a la autenticidad que requiere el cine, la gran pantalla, que multiplica la imagen y ejerce una directa comunicación con el espectador, es más difícil y riesgoso enmascarar una realidad, que en el teatro puede manejarse a través de distintos recursos plásticos, o incluso con enfoques dramatúrgicos que trasciendan la realidad social o de época. Esto no quiere decir que en el teatro se puedan solucionar las cosas a través de enfoques dramáticos o artísticos y que en el cine no. Obviamente eso no es así actualmente, porque una película puede apartarse totalmente de la realidad, de las convenciones, y plantear las cosas desde un punto de vista artístico.

Yo parto de este ejemplo, un tratamiento realista de una época y una sociedad, en teatro o en cine, puede tener un carácter expresionista, surrealista, intemporal, etcétera. Pero en la creación también se hacen mezclas, si hay talento, si hay capacidad para integrar distintos estilos, porque no me gusta encerrarme en un solo estilo de expresión artística, creo que esto también es obsoleto y se puede trascender un tratamiento realista que no va a veces con las posibilidades materiales que se poseen.

Pienso desde otro punto de vista que se puede justificar, el cine no debe evadir la posibilidad experimental que es una constante en el teatro. Esto es algo muy viejo en el cine foráneo, en el cine de Bergman, en el de Hitchcock, principalmente en *Vértigo* que tiene una importancia tremenda en el color, en el diseño, y actualmente en el cine dogma de Lars von Triers, en *Bailando en la oscuridad* y en *Dogville*. Esta es una película totalmente brechtiana en que la realidad es obviada, es un pueblo, y sin embargo no es nada realista la escenografía, en el vestuario es donde más se ilustra la realidad, pero de una forma muy sintética, muy sui géneris.

Esos son momentos en los que te enorgulleces de tener esta profesión que ha sido subvalorada durante años. Espero que algún día eso cambie sobre todo en nuestro país y reconozcan como se merece nuestro trabajo.

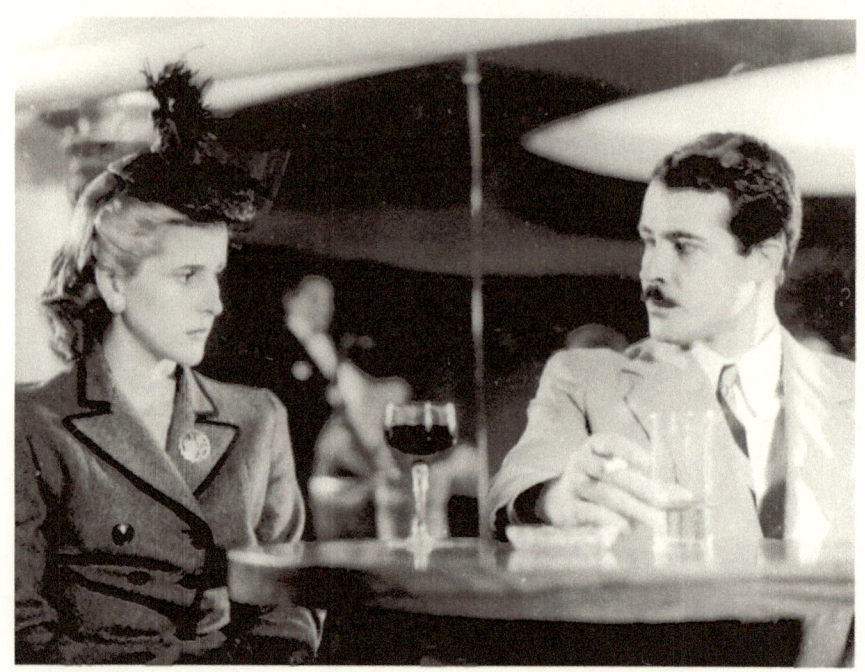

Un hombre de éxito

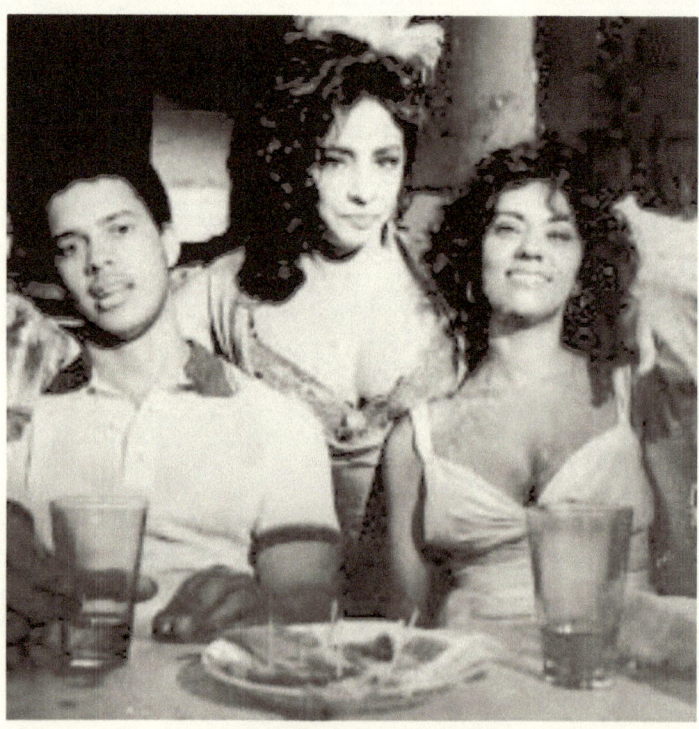

María Antonia: *Alexis Valdés, Daisy Granados y Alina Rodríguez*
Foto © Instagram / Alexis Valdés

Heri Echeverría

Diseñador de vestuario y escenógrafo (Fallecido)

Mi formación parte del trabajo de diseño gráfico y es lo que he hecho toda mi vida. Estudié dibujo comercial en la American School of Commercial Arts y de 1945 a 1950 estudié pintura y escultura en la Academia de Artes Plásticas de San Alejandro. Soy graduado también de la Escuela Profesional de Publicidad en 1957 y después de 1960 tomé varios cursos de apreciación de las artes plásticas, de apreciación de cine y del arte japonés, todos en la Biblioteca Nacional.

Desde muy joven me gustó el trabajo de diseño de vestuario y cuando yo tenía diecisiete años, fortuitamente me relacioné con Alicia Alonso, a quien siempre admiré mucho: le hice unas caricaturas, y se las llevé un día al camerino del teatro. Ella y Fernando se fascinaron con las caricaturas y allí mismo me dijeron que Alicia estaba coreografiando un ballet, que si yo me atrevía a diseñárselo, y yo les dije que sí con ese atrevimiento de la juventud y de ahí salió *Ensayo sinfónico* que se estrenó en 1950. De allí vinieron otros ballets como *Fiesta, Lydia, El príncipe Igor*, etcétera. Luego trabajé para revistas musicales. Ese fue mi comienzo como diseñador de vestuario y escenografía. También lo hago para el teatro. Últimamente he estado trabajando para el Hubert de Blanck.

Mi integración al cine procede de la casualidad, porque en el año 1985, la propia Alicia nos unió a Humberto Solás y a mí para un proyecto de montaje de *Cavallería rusticana*, que Humberto iba a dirigir y yo a diseñar, pero el proyecto no se dio. Yo siempre he admirado mucho a Humberto y me decepcioné fuertemente porque ya no iba a trabajar con él, pero él me dijo que me despreocupara, que estaba preparando una película y que yo le iba a diseñar el vestuario, era *Un hombre de éxito*. Ahí fue donde yo entré con el pie derecho en el cine cubano.

Considero que es mi película más importante, es la niña de mis ojos y creo que es la más difícil, porque, aparte de que significa la confianza de Humberto en mí, que se la agradezco enormemente. Es una película que se desarrolla en tres épocas totalmente distintas una de otra, y eso, sin tener experiencia ninguna de trabajos de cine me parece que es de agradecer toda la vida.

Humberto de entrada es muy exigente. Él tiene sus tabúes con respecto a los colores, tiene una paleta un poco a lo Ponce, Fidelio Ponce de León, o sea, él no es de colores estridentes, yo tampoco, pero bueno eso limita un poco la expresividad del vestuario, pero de entrada le gustaron mucho mis diseños. Hubo algunas ropas que yo diseñé para el personaje de Daisy Granados, como aquellas pantalonetas de playa con el sombrero grande que eran de esa época del treinta, que eran muy lindas, muy desenfadadas, pero Humberto me dijo que eso posiblemente a Daisy no le fuera y nos fuimos por otra onda.

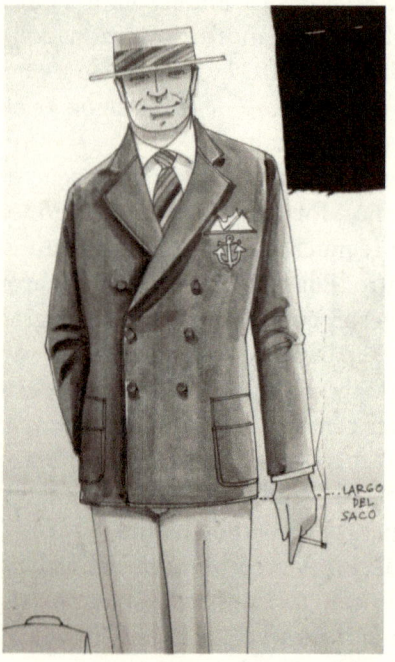

El vestuario es esencial a la hora de definir un personaje, la personalidad de este debe ir acorde con el vestuario.

Un hombre de éxito comienza en el año 1932 y abarca desde ese año hasta la madrugada del 1ro de enero de 1959. Fue difícil porque son tres décadas completamente distintas una de otra: la década del treinta con esa vaporosidad de los vestidos cortados al sesgo para que acampanen abajo y entallen arriba, y las pamelas.

De esa época es, el que yo considero el diseño más lindo que he hecho en mi vida, lo hice para el personaje de Mabel Roch. Yo lo llamo «el lirio». Es un vestido blanco que usa en una comida en un comedor muy aristocrático, la ofrecen para ridiculizar al personaje de Jorge Alí, que es un pelotero que está saliendo con ella, para que ella lo vea en el mundo de ellos, donde él no se puede comportar como corresponde, es una escena en que lo degradan hasta el piso. Ese vestido ya no existe. Le gustaba a todo el mundo y algunas señoras importantes lo pidieron para usarlo en bailes. Es un vestido que fue hecho para la figura de Mabel Roch, que es un maniquí, tan es así, que lo único que usaba debajo era una tanguita, no usaba nada más porque el vestido le descubría la espalda hasta la rabadilla; incluso una maquillista del Icaic me dijo que ella se había casado con ese vestido, que cuando se lo prestaron ya tenía enganches en el ruedo debajo y que lo habían dejado en tan malas condiciones que lo habían eliminado.

En esa película hay una «aristocracia» de familias pudientes que son las protagonistas, con la salvedad del personaje de Jorge Trinchet que es el hermano del hombre de éxito, que va a la guerra de España, revolucionario y está todo el tiempo en contraposición con el hermano. Él participa de todas esas fiestas a regañadientes. Como comulgaba más con la madre, hay momentos en que yo los caso con el color.

En la escena posterior a la que se lanzan las proclamas en aquella gran fiesta, a él lo cita la familia a una reunión y están los dos, él y la madre, vestidos de carmelita, con la misma gama de colores. Cuando ellos se reencuentran en la biblioteca los dos están de color marfil, como un crema, es decir hay una casación entre ellos dos para que el color no los separe sino por el contrario que los una. Ella está en todo momento enterada de los pasos de él porque tienen esa afinidad. Cuando lo matan, es delante de sus ojos, porque ella lo iba a ver a allá donde él estaba escondido. A mí me gusta trabajar con la psicología del personaje.

Yo soy profesor del color, el color como elemento de diseño. He impartido clases en distintos lugares, y hay una clase muy interesante que es sobre la psicología del color, lo que cada color representa, cómo el color afecta inclusive a los animales.

El trabajo con Daisy es el de una prostituta «infiltrada», como el de Rubens de Falco, que quieren llegar a un mundo por encima de ellos. El personaje no tiene un color básico, se usó el rosado, el rosa viejo; como Humberto no me permitía vestirla de rojo, no pude hacerlo con cosas provocativas sino más bien darle un carácter ligero, mundano. El diseño del vestido que ella lleva a la fiesta en casa de los «aristócratas» —ahí yo aparezco por primera vez en la película porque estoy varias veces, el que aparece junto al tío saludando a los invitados soy yo. El vestido de ella tiene lentejuelas, que es hasta cierto punto una cosa frívola, pero ella también está tratando de lucir de acuerdo con ese estrato en el que se está desenvolviendo. De ahí que llegue con una estola de piel y con esa presencia, aunque el tío enseguida la ubica y la pone en su lugar.

En *Un hombre de éxito*, para el pueblo se utilizó ropa de almacén. Para las fiestas del Palacio Presidencial que daban el transcurso del tiempo, usé vestidos auténticos, ropa de Christian Dior, vestidos de firma para los extras de primer plano. Esta ropa el Iciac la había recogido en las casas de los burgueses que emigraron. Tuve la suerte de hacer mucha empatía con Carmelina García, que era la directora de los talleres de vestuario del Icaic. Tuvo cosas muy lindas conmigo, ella me buscó todo lo que necesitaba, inclusive para los diseños de los vestidos de Mabel Roch en las fiestas de palacio para los que no había tela, ya que eran diseño de los años cuarenta. Necesitaba como un *jersey* y ella lo consiguió en un intercambio con la fílmica de las FAR que les entregó unas telas a cambio, o sea que eso dice mucho de ella de su deseo de ayudar, incluso llevaba unas lentejuelas nacaradas, y las costureras hicieron una requisa entre todos los vestidos y me consiguieron las lentejuelas, así hicieron el fajín que quedó muy lindo, y yo se los agradezco.

Yo no falté un solo día de filmación, estaba atento porque no quería que me fuera a suceder ni un gazapo. En la secuencia con los guardaespaldas de Rubens de Falco me fajé con ellos, porque yo le ponía el sombrero al estilo de la época, un borsalino, con las alas hacia abajo, y cuando volvía la espalda ya habían subido la parte de atrás. Cogí a uno de ellos y lo amenacé, que si volvía a subir el ala del sombrero lo sacaba de la película y podía hacerlo porque Solás me autorizaba.

Con César Évora tuve un connato porque él tiene la costumbre de casi todo hombre alto, tiende a encorvarse de espaldas y en la escena del cabaret cada vez que terminaba una toma, yo le arreglaba el cuello de la camisa para que no le quedara descolgado hacia atrás. Una vez me hizo un mal gesto, se lo dije a Humberto y me contestó, «sigue haciendo tu trabajo porque tú eres el responsable de que quede bien y él no tiene derecho a impedirlo y si se molesta yo voy a hablar con él». Tenía que cuidar todos los detalles hasta fijarme que nadie fuera a salirme con un reloj digital, imagínate un reloj de esos en la década del treinta. Puedo poner la mano en la candela porque no hay ni un solo anacronismo en *Un hombre de éxito*.

Yo disfruto mucho más diseñando una película de época que una actual. Me gusta mucho la investigación, la época, las características, qué se usaba, qué no se usaba. Desgraciadamente a estas alturas no han instituido el *Premio Coral* al vestuario en nuestro Festival, cuando yo entiendo que es importantísimo porque lo que te da la época exacta es el personaje con su vestuario. En el año en que *Un hombre de éxito* ganó el *Gran Premio Coral*, Humberto me dijo que el jurado comentó que era una pena que no existiese el *Coral* de vestuario porque esa película lo hubiera ganado.

Pero dieciséis años después todavía no tenemos el *Coral* de vestuario, y esa ocasión maravillosa la perdí.

Cuando Pastor Vega me llamó para hablarme de la película *En el aire* (1988), no íbamos a trabajar con vestuario de almacén, sino que se pensaba diseñar la película. El personaje principal era una jovencita que iba a trabajar en Baracoa en una estación de radio. Había que diseñarla con su personalidad. Era una pepilla pero no una pepilla loca, era una muchacha con fundamento. En contraposición había otro personaje, una muchacha que trabaja allí mismo, más campechana, chea hasta cierto punto, sin que eso la demerite o sea que había una diferencia de vestuario de acuerdo a la personalidad de cada una. Yo diseñé todos los personajes, pero no pude estar presente en la filmación por problemas de alojamiento en Baracoa. Aquí no hubo la experiencia esa linda de vestir al personaje, como yo no pude estar presente.

Venir al mundo (1989, Miguel Torres) se hizo con ropa de almacén y ropa comprada en Flogar y otros lugares. Ahí no tuve necesidad de diseñar, en esa película también hice la escenografía. Hubo trabajos de asesoramiento.

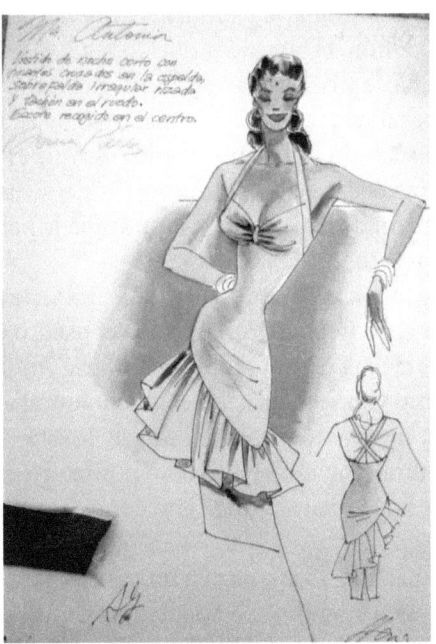

María Antonia (1990, Sergio Giral) para mí fue una realización personal. Conocía la obra, la había visto infinidad de veces en el Mella y cuando Sergio

Giral me preguntó si quería hacerla, yo le dije por supuesto que sí, si esa obra yo la adoraba. Él habló conmigo sobre la gama de colores que quería utilizar y nos reunimos con Alderete que era el director de fotografía para no utilizar blanco reverberante, sino colores tenues, marfiles y los colores de los Orishas, pero no usar tonos agresivos. A Sergio le gustaron mucho los diseños, se hicieron algunos que luego no se utilizaron porque sacaron metraje de la película. Había una secuencia de los años treinta que se supone que fue cuando nació María Antonia, aunque la película se desarrolla en los cincuenta.

Aparecen los padres de María Antonia en una secuencia muy linda que no se filmó. El padre era un tipo Yarini, todo en blanco. Y también la de un vestido de baile muy vaporoso, blanco, para la escena de la ensoñación en que ella aparece con el otro personaje masculino con el que se relaciona, «el pajarero». Este lleva un *frac* negro con las solapas, la corbata y el *sash* en verde. El vestido ese de Alina era un vestido de gran *soireé*, de muchos vuelos, de mucho tul, con flores de mariposa sobre la tela, pero esa secuencia no se llegó a utilizar, aunque el vestido se usó en otra secuencia con una novia en el Hotel New York, ahí estoy yo como el padre de la novia, caminando por la acera con ella del brazo.

Conceptuamos los personajes de *María Antonia* como Orishas, porque María Antonia era Oshún, el boxeador era Changó, el pajarero era Ogún, el personaje de la cantante y bailarina era Obbá, que era la mujer de Changó. Eso me dio una base para los colores del vestuario, tan es así que el personaje de María Antonia está todo el tiempo en amarillo que es el color de Oshún, y hubo algunas otras cosas que se diseñaron y no se usaron después por problemas de duración de la película, eso apoyaba la personalidad de cada personaje en el vestuario.

El personaje de Cumachela representa toda una serie de cosas negativas: es la muerte, según el panteón Yoruba, es un ser oscuro y tiene una connotación que en el ayer, en el pasado, fue como María Antonia en el futuro, si lo tuviera, sería como Cumachela o sea el mismo estrato marginal de una y de otra, por eso hay momentos en que Cumachela está observando a María Antonia y se le ve un dolor muy bien dado por la actriz. Ella la ve pasar y se ve a sí misma, se ve lo que ella fue y está consciente del futuro de María Antonia, de lo que va a ser.

Para vestir a Cumachela yo la veía con un vestido que fue de mucho porte en un pasado, un vestido negro, corto, de gran vestir, pero que está muy estropeado, muy depauperado, un recuerdo de un pasado, de otro mundo. Nada de lo que había en almacén a mí me cuadraba para vestirla a ella y diseñé el vestido y se deterioró después, se avejentó, se destrozó prácticamente y quedó muy bien, daba lo que yo quería, un recuerdo de otra etapa, de otro mundo, de otro estrato, de algo que fue esplendoroso pero que hoy en día es una miseria total y absoluta, una cosa marginal completamente.

El cine cubano tiene una crisis actualmente porque por lógica en épocas pasadas en los almacenes del Icaic había prácticamente de todo, entre comillas, pero había, y eso cuando usted saca y saca y no deposita, como en los bancos, pues llega el momento en que no tiene nada, y con los materiales de vestuario de Cubanacan sucede exactamente igual. Yo tuve la suerte que cuando *Un hombre de éxito* había, no todo lo que yo quería, pero sí una gran cantidad de lo que quería, y algunas cosas se resolvieron por otras vías. Pero hoy en día no es igual, ya cuando yo hice *María Antonia* en el noventa, de *Un hombre...* en el ochenta y seis, ya la diferencia era abismal en recursos, y hoy en día las noticias que tengo es que aquello está hecho un desastre. La calidad depende mucho de los recursos, porque cualquier diseñador que haga un diseño digno de un Oscar, no hace nada si no tiene con que darles corporeidad a esos diseños. No se puede diseñar para seda o crepé y luego hacerlo en saco de harina. Las telas responden a un diseño, así que yo creo que la crisis es grande en ese sentido.

Los diseñadores de vestuario somos «el patito feo» de la crítica de cine, jamás en la vida ha habido un crítico que, aunque tenga el cuchillo entre los dientes para cortarle el cuello al director, al fotógrafo y a los actores, a nosotros ni para cortarnos el cuello nos mencione. Pareciera que los actores trabajan desnudos y en *sets* en blanco, sin muebles ni nada, o sea no hay una crítica, una mención a una buena ambientación a un buen vestuario. Nos obvian completamente. Y la crítica se agradece porque yo recuerdo que cuando siendo un jovencito de diecisiete años hice *Ensayo sinfónico* para Alicia Alonso, tuve críticas de los periódicos y la más bella fue la de Alejo Carpentier, ni mencionaba mi nombre, pero hablaba de uno bailarines vestidos con extraordinaria elegancia, y yo me sentí muy bien, muy realizado, porque Carpentier había dicho esa maravilla de mis diseños. Yo creo que más que falta de interés es falta de preparación, porque en casi todas partes del mundo en la crítica se abarca todo. El Icaic tiene trabajos de vestuario muy buenos, yo sin modestia alguna puedo nombrar *Un hombre de éxito*.

El trabajo de María Elena Molinet en *Lucía* es excelente, muy bello y ahí vamos a un punto sobre el cine de antes y después. Ella tuvo la inmensa dicha de tener a Lydia Lavallet haciéndole los sombreros, esa mujer valía lo que pesaba y mucho más porque físicamente no pesaba tanto, pero tenía un extraordinario talento. Yo admiraba mucho el trabajo de Lydia, era otra época con los materiales, pero aunque no fuera tanto ella lo que tenía en sus manos lo empleó muy bien. A mí me gustó mucho el trabajo que hizo

Miriam Dueñas para *Plácido*, aunque discrepo en el color, me choca un poco la estridencia en algunos personajes. También es magnífica *Cartas del parque*.

De lo actual me es más difícil opinar porque como a mí me fascina el vestuario de época porque conlleva una investigación, un estudio, como me ocurrió a mí con *Un hombre de éxito* que me tuve que documentar de los años treinta, de los cuarenta no tanto, porque yo ya era un muchachón e iba mucho al cine, aunque mi relación con el cine fue casual, por mi encuentro con Solás entré por la puerta grande, y lo que lamento es que el Icaic no se acuerde de mí para nada, lo lamento de veras.

Jesús Ruiz

Cárdenas, 1943. Diseñador de vestuario y escenógrafo.

Hasta los dieciocho o diecinueve años no tenía idea de que el vestuario ni la escenografía existían. En Cárdenas, que es de donde yo soy, no se conocía el teatro para nada, el mundo del arte en general resultaba un mundo muy lejano, muy ajeno a la vida de la gente que vivía en la ciudad, y estoy hablando de la gente que tenía posibilidades, no estoy hablando de personas sin formación, sin preparación, era un fenómeno lejano. Desde niño tuve una vocación espontánea que se fue definiendo con el tiempo por la arquitectura. Yo llegué a la Universidad convencido de que la arquitectura iba a ser la carrera de mi vida, pero en realidad esta se frustró en un curso de nivelación. Cuando era evidente que ya yo no podía matricular el primer año, se creó un vacío, no sabía qué hacer, excepto que no iba a regresar a Cárdenas, porque nada de lo que yo quería hacer podía hacerlo allí, ya era el año sesenta o sesenta y uno. En ese período ya yo sabía que no iba a entrar en la Universidad, pero en ese momento el movimiento de aficionados estaba dando sus primeros pasos. Pasé el curso de instructor de arte en el Habana Libre. Ahí fue donde me puse en contacto con el teatro y fue donde descubrí que había algo que se llamaba escenografía y algo que se llamaba vestuario. Entré en danza que no tenía nada que ver con mi vida ni con mis deseos, pero me puse en contacto con esas dos disciplinas. Había clases de diseño de escenografía y de diseño de vestuario, y claro, como ya yo tenía una especie de vocación y de formación en el dibujo arquitectónico, las clases de escenografía me eran muy fáciles. Cuando se terminó el curso, comencé mi trabajo de instructor de danza, y aquello era terrible porque yo no tenía nada que hacer en danza. Fue en ese momento cuando Rubén Vigón dio su segundo curso de escenografía y vestuario, posterior al de la Biblioteca Nacional donde estuvo Eduardo Arrocha. Este curso fue un intento frustrado, porque los demás profesores, entre los que estaban María Elena Molinet y Salvador Fernández, en realidad no llegaron a desarrollar el curso, dieron dos clases o tres y fue Vigón quien cumplió todo su programa, que era breve por supuesto. Fui el segundo expediente, tenía diecinueve o veinte años y así fue como empecé a diseñar escenografía y después vestuario con el que no tenía nada que ver. No tenía imaginación ninguna y quizás no la tenga todavía para representarme la ropa de nadie, ni me interesa mucho.

Me llegó a interesar el vestuario por la imagen del personaje, pero no tenía mucho que ver con la tela, ni con la ropa misma, sí con la escenografía, que podía ser una prolongación de una visión arquitectónica del espacio. Soy prácticamente autodidacta, porque di esas clases con Vigón, pero no puedo decir que eso es algo fundamental en la formación de nadie, aunque al menos me mostró un rumbo y eso si resultó importante. Así fue como me vinculé con el diseño de escenografía y de vestuario. Empecé haciendo diseño para el grupo de aficionados, no fue malo porque me permitió hacer cosas muy modestas, era como un ejercicio pagado y fui adquiriendo experiencia. Observando en los talleres que en esos momentos nos hacían los trabajitos, fui aprendiendo los pequeños trucos de realización, la forma en que trabajaban los demás. Yo observaba con verdadera necesidad de aprender, y así me fui nutriendo. Así que mi carrera como diseñador empezó ahí.

Era más escenógrafo que diseñador de vestuario, este lo hacía, pero como algo que seguía a la escenografía que no se podía evitar. Una cosa que impulsó mucho mi trabajo fue el descubrimiento del trabajo del Guiñol, el trabajo de muñecos, que me apasionó, y lo descubrí por casualidad, por Raúl Martínez, el pintor, que un día lo encontré en La Rampa y me invitó a ver una obra de los Camejo. Cuando lo vi, me di cuenta de que había visto algo extraordinario, de que aquello era arte y que eran apasionantes las imágenes de aquellos muñecos y claro, eso tiene algo que ver con el vestuario. Los muñecos tienen una imagen completa, están vestidos, y entonces, el interés por el Guiñol y el interés por la imagen del personaje, me hicieron aceptar el trabajo del vestuario como algo, no solo inevitable, sino que algunas veces podía ser placentero, porque estaba haciendo algo que entonces me llamaba la atención hacer, aunque no me gustaba la forma. Eso fue evolucionando, pero no fue hasta el año ochenta en que di mi primer viaje a Yugoslavia, cuando descubrí que realmente el vestuario podía interesarme. Encontré en una exposición internacional, el vestuario tratado de una manera artesanal, la posibilidad de vincular mis manos y el trabajo manual al vestuario, —no solo diseñando si no participando en su elaboración como un trabajo plástico, pero plástico porque salía de mis manos, no plástico porque era parte de la plástica escénica— eso fue lo que me identificó más con el vestuario, entonces ya llegué a tener un interés.

Ya por esa fecha había hecho *Una pelea cubana contra los demonios* y *La última cena* que eran cosas que estaban en la agenda de una persona que diseñaba y yo las asumí con una visión profesional y queriendo hacer el trabajo que un profesional hace. Pero yo no estaba profundamente identificado con el trabajo de vestuario, en realidad yo sentía que eso iba a la zaga del trabajo de escenografía, que es donde más cómodo me sentía y el que más me gustaba y lo hacía en teatro, así fue como empecé y así fue como evolucioné.

Yo había hecho ya trabajos de teatro durante una cantidad de años y había un círculo de personas y de creadores que me conocían. No supe durante mucho tiempo qué quería hacer, pero siempre quise hacer lo mejor y cuando uno trabaja con honestidad, gana cierto prestigio entre la gente que lo rodea. Ya tenía unos años en el medio y había trabajado con Jesús Gregorio, un joven director, que ya murió. Yo estaba trabajando con Vicente Revuelta en el grupo Los Doce, que me apasionaba y que me abrió una de las vertientes del teatro que aún hoy me parece la máxima tentación. Un día mientras estaba trabajando con el grupo Los Doce, llegó Jesús Gregorio a plantearme que realizara el vestuario para la película de Titón *Una pelea cubana contra los demonios*. Él era el asistente de dirección de la película, y Titón estaba buscando a alguien que hiciera el vestuario, María Elena Molinet decía que ella estaba haciendo el trabajo. Pero el caso es que llegué a hablar con Titón, me planteó el trabajo de la película y yo acepté, no tanto por interés, sino porque no sabía decir que no y me parecía que era algo importante. Me parecía que era importante decir que sí, porque era un trabajo en el cine, porque Jesús Gregorio me había venido a buscar y porque yo sabía que Titón era un director importante, pero no porque yo creía que iba a ser el placer de mi vida diseñar el vestuario de nada, sin embargo creo que llegó a ser un trabajo capital, un trabajo importante que me dio una enorme experiencia y de alguna manera me graduó. Me hizo sentir que estaba haciendo un trabajo maduro, en un equipo maduro.

La experiencia con Titón creo que fue única en mi vida profesional y humana. Titón es una persona a quien yo admiré después fervorosamente y por quien siento un respeto profundo y un agradecimiento enorme, en primer lugar, porque tuvo fe. El agradecimiento es por esto, Titón tuvo fe, aceptó al lado suyo a una persona sin formación, solo por referencia y yo creo que cuando la tiene un artista de su talla, es muy importante porque abre el camino de otro artista, en este caso fui yo, pero pudo haber sido otro. Eso repercutió de una manera profunda en mi trabajo por eso se lo agradezco muchísimo, pero le agradezco también a la vida haber estado al lado de un artista de esa talla. Titón, junto a su capacidad creativa tenía un enorme valor como ser humano, era un hombre en todo el sentido de la palabra, era una persona de estas en las que se da el talento junto con la nobleza y la honestidad, con la sencillez con la humildad. Titón fue una lección todo el tiempo, un modelo, y yo no he encontrado nada que haga una sola mácula en esa imagen que yo tengo de él. Mi trabajo con él se extendió a lo largo de varios años y fue muy hermoso, muy serio desde el punto de vista profesional e intelectual.

Tengo memoria impresionista, no tengo buena memoria, una memoria que funciona con imágenes vagas, no soy por eso un buen contador de anécdotas, a mí me quedan impresiones que son muy serias pero que no me sirven muchas veces para decir cosas exactas. Me encontré en Titón a una persona que no le hacía mucho caso al vestuario, no le hacía mucho caso a la escenografía, le ponía una profunda atención a lo que quería decir, a su concepción del cine y de la obra que quería narrar y tenía mucha fe en sus colaboradores. Titón fue a filmar sin haber visto pruebas de vestuario, por ejemplo, y eso es algo que yo no olvido porque es casi temerario. El no intervenía en la elaboración de la ropa, a él no le interesaba mucho ver qué ropa era la que yo estaba haciendo, le interesaba saber que nos entendíamos en problemas de concepto. Entre él y yo había una relación de comprensión; claro él hablaba de la idea que tenía de la película, de la concepción de los personajes y se establecía un diálogo entre los dos que, parece le resultaba satisfactorio, suficiente, porque después veía el resultado de lo que yo había hecho a partir de ese diálogo. Así fui yo a la filmación de *Una pelea cubana contra los demonios*, sin que él hubiera visto prácticamente la ropa, ya que él no la miraba con mucha atención. Yo en ese momento pensaba que era un déficit en Titón, ahora pudiera decir que no era un déficit, era una fe y convicción que iba mucho más allá del evento del traje, era como una cadena de necesidades que tenía para filmar. Ahora yo creo que Titón me pidió cosas que yo no supe hacer en aquel momento, y nunca hubo una queja ni un reproche de su parte, se dio por satisfecho o al menos nunca hubo, un rechazo, ni la muestra más ligera de incomprensión, ni insatisfacción, yo creo que todo corrió suavemente. Titón me planteaba algo así como una actualización del vestuario, como que el vestuario de los personajes no fuera un vestuario historicista, no fuera una reproducción primaria de lo que en un momento determinado el hombre usó. Él quería un traje despojado de adornos, despojado de cosas innecesarias para que uno buscara la esencia y por lo tanto vinculara al hombre de ese momento, con un hombre actual, para que hubiera un puente en la imagen entre ese hombre de 1600 tantos y el hombre que uno es ahora. Siempre he tenido la impresión de que no supe encontrar esa imagen ideal, hice una imagen que a mí me gustaba ver, no creo que sea una imagen como la que quizás él hubiera necesitado tener, pero nunca me dijo nada, así que por lo tanto, la que hice parecía servir, pero yo siento alguna insatisfacción cuando veo las imágenes de la película y las comparo con algunas de las conversaciones que tuve con él.

La información para *Una pelea cubana contra los demonios* fue un gran problema, no encontré documentación del siglo XVII en Cuba. Puede encontrarse toda la información que usted quiera del siglo XVII en otro lugar, pero aquí es dificilísimo encontrar elementos para construir una imagen visual de ese siglo, pues la pintura todavía no era una pintura documental, no había fotografía, ni cine, entonces, si no había pintura ¿de dónde iba a sacar uno la información? Pero sí están, digamos, los documentos de las Aduanas, y por ahí se sabe los géneros que entraban en el país y eso era un indicio de qué tipo de ropa se podía hacer con esos géneros, era evidente. Aún hoy es lo mismo porque el proceso de mímesis, la estructura de ese proceso es el mismo, nosotros reproducimos una ropa cubana, nosotros tenemos una manera cubana de vestir. Si Usted toma determinados rasgos y los separa de la persona que los lleva puestos, si esas mismas cosas se las pone a un dominicano podría decir que es una moda dominicana; no creo que haya una individualización de la ropa en nuestro momento, sino que nosotros seguimos siguiendo patrones externos en sentido general y esto en el siglo XVII era mucho más marcado. La ropa que llegaba a Cuba era una ropa que venía del extranjero, tenía una imagen, y esa imagen descansaba sobre preceptos morales muy fuertes; por lo tanto, no era extraño que una persona se vistiera con un chaleco de terciopelo encima de una camisa, aunque se fuera a asar al sol, porque nadie se atrevía a romper la convención y eso no es difícil de inferir, porque yo me puse saco en agosto, y en ese momento nadie se atrevía a quitarse el saco y en mi casa ni mi padre ni mi abuelo andaban sin camisa con el mismo calor que hace ahora, uno no podía contravenir esas normas de respeto. Por lo tanto, si esa estructura sobre la que descansan las convenciones para vestir, es actual todavía, no hay nada que me haga suponer que en el siglo XVII la gente que llegaba a Cuba de España o de Inglaterra o de Francia, fuera un corsario o un contrabandista tal vez, llegara a Cuba a vestirse de una manera distinta Ahora ¿quiénes eran los que contrabandeaban? era interesante ver como el contrabando era ejercido por holandeses, por franceses, esa gente en el momento que bajaba de una chalupa a lo mejor no tenía puesto eso porque le incomodaba para la función que estaba haciendo, pero el cuello de su camisa a lo mejor no era igual que el de los españoles, porque había maneras nacionales de vestirse y la ropa en ese momento en España tenía trazos bien diferenciados de lo que podía ser la ropa en Holanda o en Inglaterra. Hice una especie de investigación comparada, qué se podía poner en Inglaterra, qué se podía poner en España. Buscaba eso en libros especializados y en las reglas de la Aduana, que eran cosas que se adecuaban para el caso que se estudiaba. Se indagaba la información en libros que venían del exterior y teníamos el sentido común que guía toda búsqueda, toda información, porque la información es una y la interpretación de la información es siempre otra y una información arroja resultados diferentes si pasa por tres manos distintas, pero nuestro sentido común nos decía que íbamos en el mejor de los caminos y que lo que estábamos haciendo era plausible, que no era un disparate, que podíamos haber encontrado personas en Cuba vestidas de esa manera. No estamos hablando de cubanos porque en ese siglo no existían de esa manera, pero sí los que estaban en Cuba y era importante la diferencia quizás con los que llegaban, digamos un contrabandista. En esta ropa podía haber una huella de la vida, de su oficio y esas fueron las pautas generales que seguimos en la investigación, y todavía no he encontrado a alguien que pueda documentar esto de otra manera. Me parece que el recurso que usamos sigue siendo válido ahora a tantos años de hecha la película, tendrían que seguir siendo los mismos.

Cuando yo hablo de rechazo es por lo siguiente. Titón necesitaba una imagen veraz, él necesitaba y lo planteaba, que la imagen de esos hombres y mujeres que estaban en la pantalla fueran la de hombres de verdad, y rechazaba cualquier solución de tipo plástico en la ropa, en la escenografía, que denotara que uno estaba filmando, que uno estaba construyendo una imagen en la pantalla, en la que se viera las costuras del artesano que había detrás, Yo debía ver la pantalla y debía ver la imagen en la pantalla como quien se está asomando a la vida. La vida para él, era el sudor, la grasa que había en el trópico, el calor, las sensaciones estas irresistibles del calor nuestro, quería ver hombres de carne y hueso y la ropa de hombres de carne y hueso, y esa tenía que ser una ropa real, Esto me enfrentaba a mí a un problema. No quiero hacer afirmaciones absolutas, pero pienso que nosotros hasta ese momento no teníamos una realización que lograra eso; por lo menos en el Icaic, teníamos una realización que podía producir trajes, pero trajes que acababan de salir de una costurera, no trajes de la vida, no trajes con la huella de la vida y era difícil plantearse esto. Yo siempre recuerdo entre comillas «envejecimiento», que no es más que el tratamiento artesanal, profundo de una ropa para convertirla en una ropa verosímil. Eso que se conocía como «envejecimiento» tenía una, dos, tres fórmulas y era muy externo no tenía lo que el traje necesitaba tener para ser convincente. Yo tuve en un personaje una gran lección, un personaje que se llamaba Aguabeya, es una anécdota que he contado muchas veces y se la cuento a los alumnos que tengo. Yo hice el traje de Aguabeya creyendo que había hecho el personaje de Aguabeya. Era un personaje que era un loco, un hombre que no tenía oficio, una persona de esas que la gente le grita por las calles, un soñador, quizás un poeta, pero era un hombre común y muy pobre, Titón lo veía como un personaje que no era sucio, porque las personas más allegadas podían lavarle la ropa un día, no era un excrecencia, era un hombre muy humilde, su ropa se rompía y había que zurcirla. Yo me aparecí en la filmación para la primera secuencia que se iba a filmar, que era con ese personaje, con una concepción teatral y creo que superficial de lo que era el tratamiento de la ropa. Cuando Titón vio aquel traje, que lo veía por primera vez, me dijo que aquello era una mierda, que eso no servía. Quizás no usó esa palabra, aunque en el lenguaje sencillo y coloquial de Titón cabía esa palabra, sin que resultara ofensiva ni él tuviera nunca la intención de ofender. Entonces yo lo oí, oí la descripción de lo que quería y le dije que no sabía si yo lo sabría hacer, una muestra de arrogancia y tontería absoluta de mi parte. Yo tuve dos de esos encuentros con él y los dos fueron grandes lecciones. Entonces él me dijo que aprendiera y todavía lo recuerdo con vergüenza. Yo creo que esa experiencia abrió el camino posterior de nuestra colaboración en películas posteriores porque los dos habíamos descubierto a partir de ella un canal de comunicación que nunca se quebró. Habíamos llegado a saber los dos lo que significaba lo que él decía. Había una comprensión profunda de su manera de ver la ropa y eso siguió nuestra colaboración y creo que también la honestidad con que los dos nos tratamos, aún cuando yo fui arrogante, porque yo fui arrogante con él. Esas son las dos lecciones que tuve en mi vida en cuanto a afianzar o a consolidar lo que yo siempre he creído una de las cosas más necesarias en un creador: la humildad. Fue una manera dolorosa de aprenderlo o de confirmarlo, pero me parece que fue muy útil al menos para mí y para otros también, porque esto es algo en lo que yo hago mucho hincapié con otros creadores, con otros artistas, es una experiencia que yo comparto porque creo que es útil.

El segundo de estos encuentros pasó también en esta película. Había un personaje que hacia Maité, una chilena, y yo había hecho un traje para ella y por estos problemas de producción que hay siempre, hubo necesidad de ponerle otro traje. Ese no estaba entallado, no le quedaba bien y yo me molesté muchísimo, porque al departamento de producción lo que le importa muchas veces es filmar y pasa por encima de cualquier cosa. La producción había tomado una serie de decisiones que yo creía que iban contra la imagen del traje y fui a protestarle a Titón, pero él parece que había visto el personaje y que le funcionaba perfectamente bien. Yo le dije que no podía admitir aquello porque era mi nombre el que estaba en juego y él se viró y me miró con aquellos sus ojos azules, casi grises y me dijo: «tu nombre no, el nombre que está en juego es el mío». Dios mío qué vergüenza si pudiera decírselo ahora, le daría las gracias, pero me daría muchísima pena. ¿Cómo una persona que, hacia la primera película, que no tenía experiencia de ningún tipo, que al lado de Titón no era nadie, pudo anteponer su posición a la de él, que además era tan honesto, que era un hombre tan noble? Lo bueno de esto es que yo hice algo mal hecho, que él hizo lo que tenía que hacer, pero que después de eso no quedó la más mínima huella, siguió siendo el mismo y me permitió entonces seguir siendo mejor y eso es una gran lección humana. Por lo tanto, yo tengo mucho cariño por *Una pelea cubana contra los demonios*, por todo lo que significó, aprendí muchísimo, lo primero que podía aprender de cine, lo aprendí allí y aprendí cosas para la vida no solo para el diseño.

Esa película también fue importante porque yo vi en la pantalla por primera vez lo que había soñado cuando leí el guion. Hay dos momentos en esa película en que en la pantalla está exactamente lo que yo soñé, no en el resto de la película, ni en otras películas u obras de teatro, es casi un milagro que se da algunas veces, por lo menos en mi caso. Pero eso de poder ver fuera de uno lo que uno tuvo dentro de sí mismo, es una cosa poco frecuente y son dos escenas Una cuando, no sé si es el Comendador, pasa por la plaza, y pasa tal cual yo me lo imaginé. El otro momento es tremendo cuando fuimos al cine y yo vi los *rushes* de esa filmación y es cuando hay tres personajes en un balcón y se ven de costado hablando, eran tal cual yo los había imaginado en ese momento. Fueron dos experiencias tremendas y yo las recuerdo con mucho cariño

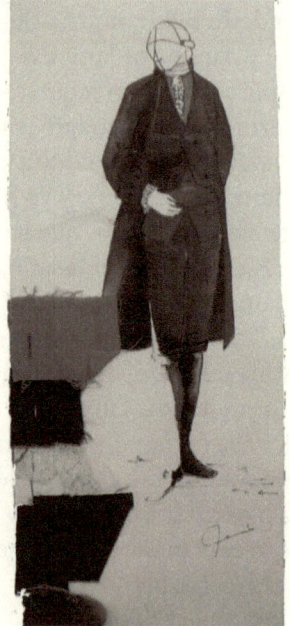

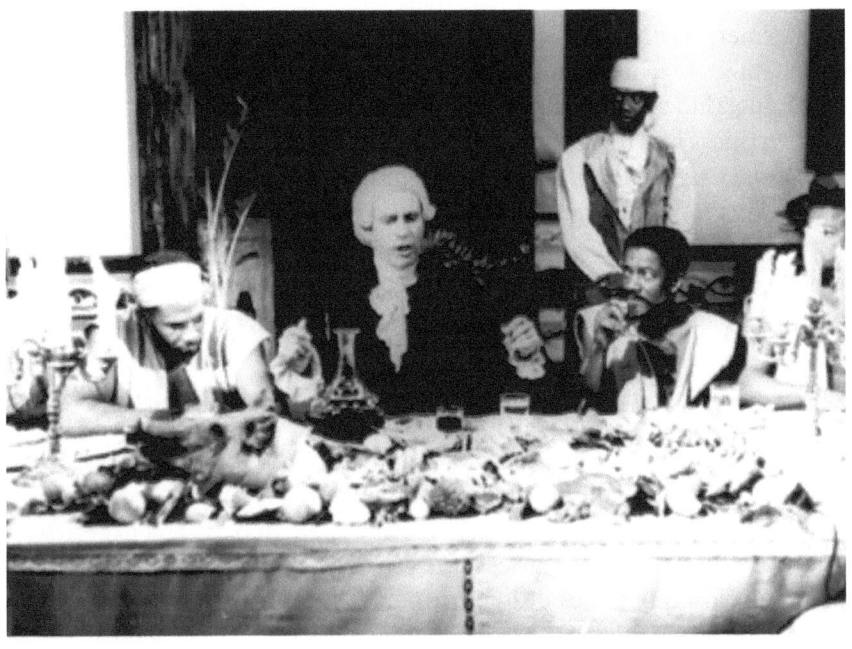

La Ultima Cena (1976, Tomás Gutiérrez Alea) resultó como la consolidación de la experiencia de la primera película, pero era en colores, la otra experiencia era en blanco y negro y yo tengo una tendencia a usar gamas muy cerradas, muy serias quizás, a usar colores apagados. Esto coincidía con la visión que Titón tenía de la película y que tenía Mayito (Mario García Joya, el fotógrafo) con el que me llevaba también maravillosamente. En esta película Titón vio solamente una prueba de vestuario, la de Mirta y Mayito y él hicieron una o dos observaciones de color, que yo tuve en cuenta y me parecía que no había ningún problema y estaba bien en ese traje exactamente. Esta película para mí es importante, no solamente como resultado, como película, una porque creo que tuve la oportunidad de trabajar con Titón en una película descollante en el cine cubano, que no sé ni cómo pasó, pero visto desde todos los ángulos ahora me doy cuenta que fue una experiencia extraordinaria. Así se hizo esa película fundamental, con la pasión que uno pone todos los días en el trabajo, pero sin nada más. Pero fue importantísimo porque tiene que ver con la ambientación de la ropa, su «envejecimiento». Habíamos cobrado conciencia de que el arsenal de recursos disponibles para este trabajo eran estrechos, las fórmulas conocidas eran estrechas, y Titón todo esto se lo tomaba muy en serio. Por lo tanto, una de las cosas por las que tenía que tomárselo en serio, y yo también, era que los recursos eran limitadísimos, el arsenal de tejidos a nuestra disposición era muy, muy escaso y entonces se recurrió a recursos diferentes. Titón hizo contacto con un ingeniero, el doctor Peón, él y yo hicimos unas migas extraordinarias con Peón, era un ingeniero muy sensible, se identificó mucho con el propósito de Titón y mío y nos dio unas clases sobre textiles. Aprendí cuáles eran las características más notables de un tejido, como podía influir la imagen de ese tejido en la pantalla. Con él se hizo un intento de un trabajo más científico y de mayor volumen, que después estuvo seguido de un trabajo artesanal en cada ropa. Nosotros sometimos toda la ropa de la película, pero sobre todo la de los esclavos, a una serie de procedimientos industriales y físicos a veces, guiados por Peón. La tela se sometió a una serie de pasos, de tratamiento químico para degradar los tejidos, para que después, cuando uno fuera a hacer el trabajo artesanal, la parte del vestido que se había roto o se pudiera romper, no fuera como un tejido nuevo, que ofreciera la resistencia de una tela nueva. Esa degradación fue muy importante y es una lástima que todo este proceso no se haya documentado y no haya quedado como una fuente para el estudio de un proceso de este tipo. Es una experiencia que se disolvió en sí misma y este fue uno de los problemas. Pero también coincidió con que dimos después con un señor que había sido dueño de una textilera en Marianao, que se la nacionalizaron, pero él siguió al frente de ella. Hicimos contacto con él que era un apasionado de los textiles y del tinte y se enamoró del trabajo de la película. Toda esta ropa fue teñida por ese señor y por mí en su misma textilera, en unos pequeños cuartos que él conservaba donde podía hacer tintes a pequeña escala y el tinte es uno de los recursos que tiene el diseñador en su mano, porque el tejido llega de una manera, pero usted lo quiere con un valor diferente en el tono del color y es un recurso inestimable. Toda la ropa de la película con toda una gama de colores sutiles, con cambios de un tipo de verde a otro tipo de verde, azul a otro tipo de azul, tabaco a otro tipo de tabaco. A veces en pantalla no se ve porque después actúan sobre la imagen el laboratorio, la iluminación y otras cosas que pueden destacar u opacar ese tipo de esfuerzo. Es decir, no siempre llega a la pantalla. Fue una experiencia extraordinaria.

Toda esta tela y la ropa pasaron por esa textilera para actuar sobre otro punto de vista. Cada uno de los esclavos tenía un traje distinto, pero hacer que cada uno de esos personajes, —eran doce—, tuvieran diferencias dentro de una cosa que tenía un carácter general, que todos fueran ligeramente diferentes, que los tejidos fueran diferentes, que el tratamiento de cada uno en el color fuera diferente y que al mismo tiempo fueran como iguales. Había que lograr que se consiguiera uno de los objetivos que yo aprendí con Titón y que me parece que es uno de los objetivos más difíciles de conseguir en la pantalla: que es que el espectador no vea el traje, que el traje pase inadvertido, aun cuando se esté trabajando en él, o en una serie de ellos meses completos. El objetivo era precisamente que cuando estuvieran en pantalla, yo no viera el traje, es decir que no reparara en él. El traje era parte de la vida y no había por qué fijarse en él. Se puede recurrir a cuanto artificio se pueda imaginar, hacer que algo pase inadvertido porque es justo lo que debe ser, ni más ni menos y que al mismo tiempo pueda tener un significado, una carga expresiva yo creo que es una de las cosas más difíciles de lograr, y ese era el objetivo todo el tiempo en la película para mí y también para Titón. Yo creo que en eso se obtuvo cierto resultado porque el vestuario no es en absoluto llamativo, sino que pasa como vestimenta común, lo que podría ser ahora el traje de la gente que va por la calle, el del noventa por ciento de la gente que pasa por delante de nuestra vista. Hacer un vestuario común de siglo XVII o siglo XVIII y que no llame la atención por nada es un reto y yo creo que es un reto grande. Aún ahora después de muchos años yo sigo pensando que sigue siendo un reto, yo creo que eso es lo más notable de la película en cuanto al trabajo del vestuario, y creo que es el trabajo más querido, el trabajo menos desilusionante. Cuando hice *La última cena* todavía me gustaba hacer vestuario para cine. Después me desilusioné totalmente y llegué a la conclusión de que no quería seguir en ese trabajo, pero todavía tenía esa gran ilusión. Creo que en la pantalla quedó un gran por ciento de lo que soñé y me parece que eso es lo más importante.

En *Los Sobrevivientes* (1979, Tomás Gutiérrez Alea) comenzaron las desilusiones, pero eso es algo muy personal. Es una película que para mí fue mucho más difícil que La última cena. El número de personajes era enorme, era la historia de una familia completa, una familia de la aristocracia cubana, de un cierto tipo de aristocracia cubana, y eso para Titón era muy importante. No era la sacarocracia cubana, era la vida de los patricios cubanos; es decir gente mucho más seria, mucho menos alardosa, menos ostentosa que lo que podía ser el nuevo rico. Titón partía de esa clase de familia que era parte constitutiva de la nación cubana. Así lo enfocaba Titón, por eso se escogió la casa que se escogió y no otra. Yo pienso que tuve una gran dificultad por delante, porque esta película se filmó en 1979 y habían pasado veinte años del triunfo de la revolución. Todo lo que quedaba en los almacenes de lo que había sido de las grandes familias, de lo que se había recuperado por el Ministerio de Bienes Malversados, ya no existía prácticamente, y a los almacenes del Icaic no entraban los géneros que podían ser semejantes a los que se usaban en ese tiempo por un problema de época y también por el nivel de riqueza que podía necesitarse para ciertos personajes. También la información era muy importante, puedo hablar de dos cosas de la información que creo que son fundamentales. La información buscada de una forma meticulosa, segura, y la información que se conforma con los esquemas que se van haciendo habituales y que llegan a darse por ciertos, cuando no tienen nada que ver con las evidencias históricas más serias y en este caso yo llamaría la atención sobre los personajes de los sirvientes. Hay una manera, un cliché, para imaginarse a los sirvientes, los que uno ha visto en filmes extranjeros, las descripciones que uno ha leído en la literatura del siglo XIX o del siglo XX, digamos, de la *belle époque* en Francia e Inglaterra y se conforma con hacer mujeres que tienen toca, delantales blancos muy almidonados, traje negro. En realidad, según la investigación que nosotros hicimos no tenía nada que ver con las familias de este tipo en Cuba, en esto me ayudó muchísimo una persona que había conocido mucho ese mundo, que era muy seria, Isabel de Amado Blanco, ella fue una contribución fundamental para la realización de estos trajes, de manera tal que no traicionáramos el espíritu del que creíamos que debía estar imbuida la película, de una fidelidad a este tipo de familia. En la película se ve a los sirvientes y se ve que no tenían estos vestidos, porque en realidad eran mentirosos, esto no existía, no se hacía así, quizás algún nuevo rico pretendiera vestir a las sirvientas así, pero no era lo común.

Con los géneros pasé muchísimo trabajo porque los personajes vivían en su vida de delirio; para las situaciones se vestían como si hubieran estado viviendo antes del año cincuenta y nueve, entonces planteaban la necesidad de que los hombres tuvieran un tuxedo, un *smoking* y esos *smokings* había que realizarlos y esas camisas de cuello, que por suerte se conservaban, no son las caricaturas que nosotros estamos acostumbrados a ver ahora y los cuellos eran cuellos almidonados, cuellos reales. Con los hombres se pasó trabajo, pero no tanto como con las mujeres, y aquí comienza una de mis grandes desilusiones. Imagínenos la boda, la secuencia de la boda tal como el libreto lo marcaba, tuve que hacer para cada una de estas mujeres un traje de antes del año cincuenta y nueve, en ese nivel social. Recuerdo que el traje de Leonor Borrero fue un verdadero martirio, porque lo único que se encontró en los almacenes del Icaic para esa ocasión fue un traje de encaje torchón, que tenía un color que no servía y tuve que teñirlo. El cuerpo de Leonor no tenía nada que ver con el de la persona que había llevado ese traje antes y por lo que tuve que hacer no menos de siete pruebas. Eso se convirtió en una norma en la película, la cantidad de pruebas que yo hice fue infinita, pero en Leonor fue desesperante, tratar de que aquello se viera como un traje de alta costura con un tejido como aquel, que le luciera a Leonor de una manera digna, fue una batalla de esas que uno no quiere tener dos veces. Después de todo el trabajo con el vestuario de la boda, el resultado en pantalla es el de un actor que pasa las fotos en blanco y negro y lo que uno ve de soslayo es que hay gente en esa boda, eso fue lo que quedó de todo aquel trabajo, las fotos en blanco y negro, es importante que queden las fotos y se puedan ver, pero la boda no está en la película.

En realidad hay tanta distancia entre lo que uno trata de hacer y lo que se ve en pantalla después, que ahí empezó mi gran resentimiento con el cine, ni había una relación entre lo que yo quería y lo que veía, porque el cine es algo que sirve para que el director haga su obra, es el que se expresa, el fotógrafo es su primer traductor, los demás son gente indispensable que hacen un trabajo valioso, pero que están al servicio de esa otra idea, que pasa por la traducción de la fotografía y que es manejada por el que edita y allá va lo que uno hizo. Lo que queda es muy distante de lo que uno hizo. A eso se le sumó mi experiencia con Un señor muy viejo con unas alas enormes.

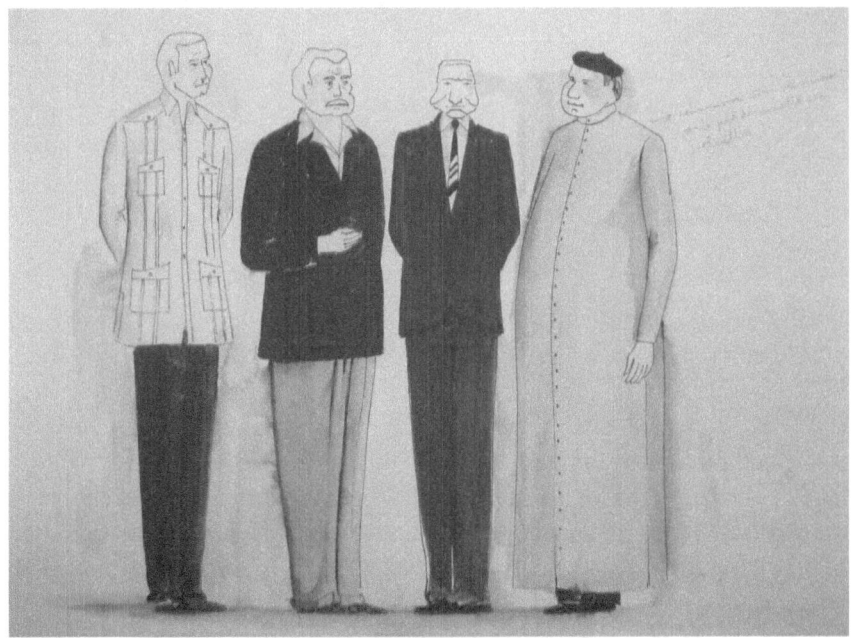

En el caso de *Los sobrevivientes* yo no creo que la involución fuera un gran problema, porque en la escenografía lo que se hizo fue empezar a filmar de manera que la involución fuera aceptable, hubo un ordenamiento para hacerla. Con los trajes no hubo ese problema, porque los trajes que se veían nuevos y relucientes no eran los mismos trajes que se veían después gastados y viejos. Si tuviéramos delante el desglose de las secuencias de los trajes, que fue una cantidad enorme, nos daríamos cuenta que no fueron los mismos trajes, un traje que se veía esplendente, no era el mismo después cuando ya estaban arruinados, entonces se producía un traje en malas condiciones para el momento en que estaban en malas condiciones y uno para cuando estaba bueno, no hubo que trabajar el traje para que siguiera ese recorrido, entonces eso no fue un problema muy grande. Para mí *Los sobrevivientes* fue una gran experiencia porque la hice con otros métodos de trabajo desde el punto de vista del diseño.

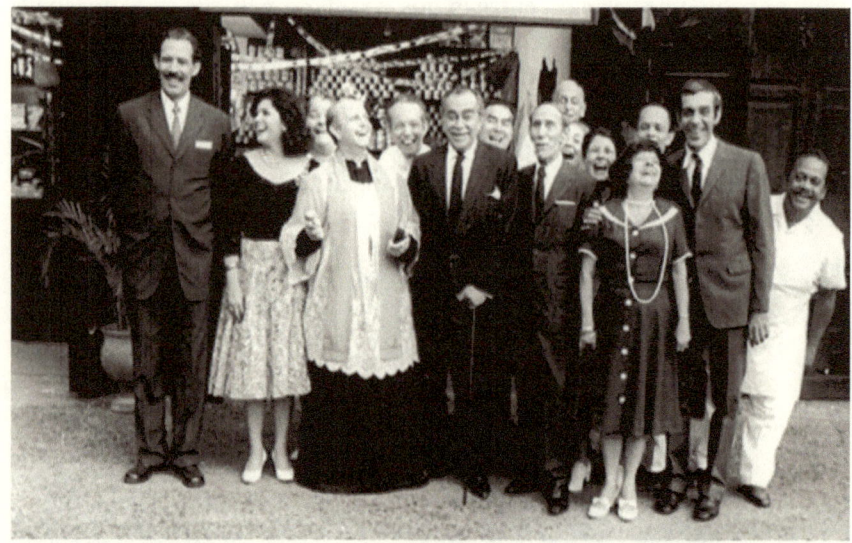

En *Un señor muy viejo con unas alas enormes* (1988, Fernando Birri) no hice bocetos, tuve un acuerdo con el director, mi primer acuerdo era que Pedro García Espinosa, que era el director de arte, no metiera sus narices en el trabajo de vestuario. El segundo acuerdo fue con ciertas pautas de los trajes que podíamos utilizar en cierto número de personajes, yo no iba a hacer bocetos, yo iba a crear los trajes encima de los actores o de los extras, así como de todos los que iban a trabajar en la película y entonces lo que hicimos fue una selección previa en los almacenes con ciertas pautas de los trajes que podíamos utilizar en cierto número de personajes o de figurantes o de extras. Citábamos a esas pruebas en determinada cantidad, si eran cosas muy difíciles llevábamos una o dos personas en cada sesión de trabajo, si eran cosas que podían salir por bloques, llamábamos más. Creo que el método fue eficiente, me sentí a gusto trabajando así, creo que el resultado fue como yo lo había pensado. Esto implica un alto en que debo explicar que bocetar, hacer bocetos a partir de los cuales se persigue una imagen específica, no es diseñar. Bocetar es una parte del proceso de diseño. Hay tipos diferentes de bocetos, cumplen una función, pero es parte de un método; ahora, hay veces en que uno puede decidir hacerlo de otra forma, y este fue uno de estos casos. Diseñar en este caso es tomar una decisión, hacer una selección simple, esto va, esto no va, se construye una imagen, pero se construye *in situ*, así estuvieron hechos el noventa y nueve por ciento de los trajes de la película.

Mi segunda desilusión y no hablo de la boda de *Los Sobrevivientes*, fue en esta película. Recuerdo la creación de la tribu de gitanos, sabíamos que tenían que ser gitanos tropicales de cualquier país de la cuenca del Caribe, eran gitanos pero al mismo tiempo eran naturales del país. Los extras que pasaron por nuestras manos eran bellísimos como tipos y los vestí con un amor enorme. El guion describía la tribu de gitanos, no hubo fotografía de ese conjunto, en la película, aparecen sueltos, individuales y en realidad perdieron toda su fuerza y toda su belleza. Cuando esos personajes estaban vestidos en grupo para mí era una imagen muy hermosa que yo nunca vi después en el cine. Así que con esa película cerré con broche de oro mi relación con el cine, me parecía que no, que yo no quería hacer ese tipo de trabajo.

Hay otra cosa que yo quisiera destacar acerca de la realización del vestuario en el cine nuestro y de sus limitaciones. Es una suerte de evaluación a partir del método de trabajo, de la visión que se ha tenido sobre la realización del vestuario. Titón, abanderado de esta manera de hacer, y yo, porque me interesaba mucho hacerlo como él lo soñaba, hicimos el trabajo de ambientación de los trajes, y es una pena que lo que nosotros logramos en *La última cena* no haya quedado registrado, no haya sido documentado. Es una pena también que el resultado de determinados métodos de dirección, de limitaciones en la concepción, en la realización, y de los procedimientos creativos de la industria, y también las personalidades de alguna gente, hayan incidido de conjunto en que esa experiencia no se aprovechara como tantas otras que supongo que debe haber. Carmelina García, la jefa de los talleres de vestuario, era una persona por quien yo sentía mucho afecto, yo sentía cariño por ella porque era un personaje. Pero independientemente de nuestra relación personal, que fue muy buena siempre, considero que era muy útil en el cine cubano pues era muy fiel. Amaba al Icaic, amaba la realización del vestuario, pero tenía un carácter y una limitación que le venía de esa formación de carácter y de su testarudez. Era una especie de emperatriz, una institución dentro del Icaic y del departamento de vestuario. Ella lo concebía como era, como un almacén y unas costureras sobre las que ejercía un poder férreo, central, y no había un plan de desarrollo, no había idea de convertirlo en un lugar de un alto nivel profesional, y no salió nunca de la estrecha visión de un taller de costura; por lo tanto, no se desarrolló como podía haberse desarrollado en un país que, independientemente de las limitaciones, puede tener una política de desarrollo. Esto afectó el vestuario de *La última cena* y de otras muchas películas, pero para mí siempre estuvo muy claro que no se desarrollaba el departamento de vestuario en el sentido en que podía desarrollarse.

Yo sigo diseñando vestuario y escenografía, pero en los últimos diez años he hecho muy poco trabajo, he escogido mucho lo que voy a hacer. El teatro entró en una crisis que era de suponer porque todo el país la sufrió. Pero el teatro, dentro de las artes, quizás es una de las más conflictivas, porque es costoso, porque requiere de la intervención de muchísimas personas, no solo los artistas, y cuando llegó la hora de los mameyes fue uno de los más afectados.

Yo perdí toda ilusión del diseño de vestuario en el teatro, porque no se puede hacer prácticamente nada, y hay una gran incomprensión entre lo que le piden a un diseñador que haga y lo que no se puede hacer; oí tanto que para mí dejó de tener interés, y ya había cerrado voluntariamente el capítulo del cine, que también entró en otra crisis.

El diseño y la escenografía del teatro en los últimos diez años han sido muy escasos para mí. Además, he hecho escultura ambiental, ese arte que tuvo su evolución paralela al diseño de escenografía y vestuario, y que me permitió seguir trabajando y seguir creando.

José Manuel Villa

Las Villas, 1939 - La Habana, 2011. Diseñador de vestuario, escenógrafo y director de arte. Premio Nacional de Diseño del Libro, 2008.

Tengo una formación muy irregular como escenógrafo y diseñador de vestuario. Me formo como diseñador gráfico, trabajo en publicidad y como decorador de vidrieras. Al triunfo de la Revolución entro al Teatro Nacional como diseñador gráfico y hago trabajos esporádicos de escenografía y algunos vestuarios, pero no como actividad cotidiana porque prácticamente hasta el año 1980 fui primeramente cartelista y después diseñador editorial. En 1978 comienzo en el cine como escenógrafo en *Los sobrevivientes* de Tomás Gutiérrez Alea con el que trabajé en 1983 en *Hasta cierto punto*, donde por un problema de producción me vi obligado a asumir el trabajo de diseñador de vestuario.

Hay directores que ya tienen definido lo que quieren con su historia y son capaces de transmitirlo con facilidad. Otros tienen otro método, quizás más complejo, y requieren de un tiempo mayor para darnos la información necesaria para comenzar el proceso de creación del vestuario. El vestuario de un personaje es precisamente el rasgo más esencial, más primordial que va a caracterizarlo.

Con el vestuario podemos dar la sicología del personaje, su relación social, una serie de detalles sicológicos y físicos del mismo. A través del vestuario damos una época, un carácter, un modo de vida, es lo que permite al actor moverse dentro de ese personaje que en este caso actúa. Creo que si bien el vestuario por sí solo no constituye la caracterización de un personaje es el elemento que más determina en este aspecto además del maquillaje, la peluquería y el set donde se mueve. Pero es precisamente en el vestuario donde el actor encuentra el complemento para su actuación. Yo me he sentido apremiado por algunos directores, ya que no es el vestuario el factor más cómodo de trabajar para mí, y algunos me han resultado más difíciles que otros.

Los que menos trabajo me han costado han sido Guillermo Centeno y Juan Carlos Tabío. Con Centeno *En parte de mi alma* y con Tabío en *Aunque estés lejos*, y no porque no hayan sido exigentes sino porque es con los que más fácil me he podido relacionar intelectualmente.

El más exigente para mí entre todos los directores, aunque no lo parezca, ha sido Juan Carlos porque tiene un sistema de trabajo muy sutil donde te va impregnando de sus intenciones de una manera muy suave y, a su vez muy determinado.

Él tiene muy bien caracterizados sus personajes y sus modos de vestir, y eso te lo va haciendo intuir, te lo va introduciendo de manera muy suave. No es una gente que se imponga, ni tiene el criterio de que te apresures, es una gente que te hace entender muy bien lo que quiere, y como lo sabe, pues te obliga a cumplirlo con gran exactitusted Hay algunos que parecen muy exigentes y a la larga tienen generalmente un poco de dudas, y uno puede jugar un poco con eso y ser un poco más libre. En el caso de Juan Carlos, aunque te da libertad de trabajo, ya tiene tan bien complementado su personaje que te hace trabajar con más exigencia

Entre los filmes que he trabajado hay diferencias conceptuales, lógicamente no es lo mismo un mediometraje como *El Sardina* que *En parte de mi alma* donde los factores filosóficos de los filmes son totalmente opuestos. En el caso de Centeno hay una poética que tiene una capacidad imaginativa mayor que en el caso de *El Sardina* donde había una realidad, una objetividad. Hablar de las tesis conceptuales de una película es muy difícil, estas varían muy grandemente y dependen de los conceptos de cada director. Es el caso, por ejemplo de Titón, un gran profesional, que tenía una gran exigencia en todos los factores de su cine, pero para el cual el vestuario y la escenografía, si bien eran aspectos importantes, no eran los más determinantes. Yo no he trabajado con Humberto Solás como vestuarista, lo he hecho como escenógrafo y lo pongo como ejemplo de lo contrario, para Humberto sí los aspectos estéticos del cine, la escenografía y el vestuario tienen más valor que para Titón. Para este el asunto, la historia, la forma narrativa, es decir la dramaturgia, es lo más importante y lo demás son soportes de ella.

En el caso de Humberto vamos a encontrar que son los factores precisamente estéticos los que van a jugar parejo con la dramaturgia. Eso da el ejemplo de cómo dos directores tienen conceptos distintos y uno tiene que acoplarse a ellos, saber cumplir. En el caso de Titón a mí me costó mucho trabajo *Hasta cierto punto* (1983). Era mi primer trabajo de vestuario, había hecho algunas incursiones en el teatro, pero no tenía una experiencia de vestuario como para afrontar un trabajo con Titón. Fue difícil, porque era una película muy problematizada con muchas situaciones difíciles internamente, que se reflejaban en el trabajo, no solamente del vestuario, sino en otros factores de la producción.

El trabajo más cómodo para mí fue el de Juan Carlos, independientemente de que haya sido exigente. La formulación estética en el trabajo de diseño de vestuario varía en función de la estética del director, como apunté anteriormente, cuando uno trabaja con un director cuyos elementos principales son los plásticos, pues entonces uno tiene un trabajo de más envergadura que cuando trabaja con un director para quien estos elementos son secundarios; es decir, para llegar a ella lo primero es empaparse del asunto dramático, de la dramaturgia, de las intenciones dramáticas del director y del director de fotografía, y después acomodarlas a las de uno, de acuerdo al asunto dramático del cual se trate. Yo llego a ella a través de un análisis de mesa que se hace generalmente con el director de la película, el director de fotografía y, a partir de mis criterios propios, los voy dosificando, amoldando a la personalidad del actor y las características dramáticas que me propone el personaje. Es muy importante el sentido del color, esto es acoplado con el director de fotografía y el de la película, hace que uno vaya llegando a un estudio del uso sicológico del color de acuerdo con el personaje y la situación dramática a que está sujeto.

Los talleres y las confecciones son muy importantes, es decir, a la hora de diseñar un vestuario hay que considerar que sea factible de ejecutar y que esa confección llegue a feliz término. Es decir, uno no se puede proponer ejecuciones con dificultades que puedan llevar al traste el acabado de la obra.

Para mi uno de los trabajos de vestuario más importantes que se ha hecho en el cine cubano, es el de Diana Fernández en *La bella del Alhambra*. Es un vestuario que, independientemente de que tiene la atracción de un vestuario epocal, —siempre la remembranza trae un gran sentido de empatía—, creo que está ejecutado con una gran capacidad profesional y además una gran capacidad imaginativa. Este caso tiene muy bien estudiada la sicología de los personajes, tiene una realización que apunta hacia la individualidad de cada personaje, y a su vez, tiene un respeto hacia esa época y una reinterpretación de la misma. Es decir, hay todo un sentido armónico que logra Diana en este vestuario. Considero que si no el más, si es uno de los más importantes trabajos que se han hecho en vestuario. Puedo destacar el trabajo de Heri Echeverría en *Un hombre de éxito* que también tiene el factor epocal. Este trabajo epocal en el cine es muy agradecido y quizás para el público es más atractivo, si bien tiene la dificultad de la investigación, tiene la comodidad de evitarse la discusión directa con el actor, porque cuando se trabaja con vestuario actual, pues el gusto, o mal gusto, de algunos actores crea dificultades al diseñador. Cada actor, cada persona, piensa que sabe cómo debe vestirse, y a veces hay actores que pasan por encima y se preocupan solo de su imagen en pantalla, creen que ellos tienen la verdad y en ese momento pierden el sentido de la profesionalidad, el sentido de que están frente a un especialista que ha hecho un estudio muy severo para lograr en ese personaje la caracterización dramática, y a su vez, acentuar o disminuir los rasgos positivos o negativos del físico que pueda tener un actor.

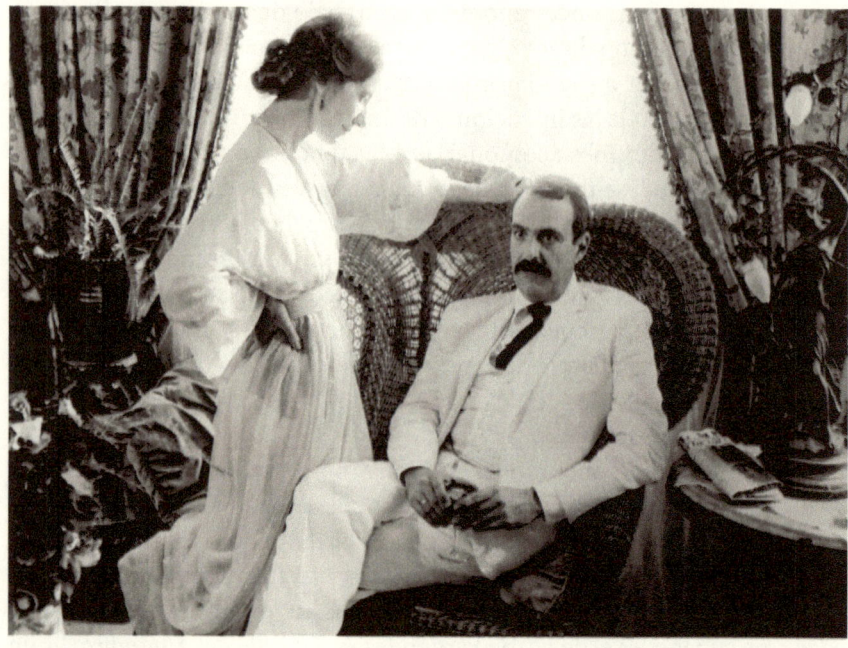

Esto no ocurre cuando trabajas vestuario epocal porque hay un hecho, se usaba de esa forma, y aunque detrás del uso de la forma hay estudios más profundos como la utilización de la forma de una época a la visión actual, porque no somos hombres de la época que estamos reproduciendo y por lo tanto debemos verles con nuestra mirada. Ese es un trabajo muy sutil que debe llevar a cabo el diseñador de vestuario, así impone el acto de qué era lo que se usaba y entonces el actor se siente más obligado a aceptar lo que se le está poniendo, sin considerar que detrás de eso está la ropa que se adecua a su personalidad, a su físico, y además, a la visión contemporánea de esa época. Ese trabajo es muy complejo, más complejo de lo que parece a simple vista, pero al final yo lo prefiero, porque me trae menos problemas personales con los actores.

Para sugerir el vestuario de un personaje, primero hago un estudio de la sicología de ese personaje, ejecutada por el director de la película, planteada en el guion y analizada por uno posteriormente, en virtud de la sicología de ese personaje, su actitud dentro de la pantalla, su elección de la época en que vive, el nivel social. Entonces uno comienza a armar, a vestir a ese personaje, y a ir detallando ese armado a través, no solamente de los análisis personales, sino de la consulta con otros profesionales, de la revisión con los demás componentes del equipo, cómo ven al personaje para ir catalizando esas sugerencias. Finalmente se llega al punto donde uno cree que ha logrado obtener el máximo de su trabajo, si no lo logra es porque no llegó, pero no porque no lo buscó.

Entre mis películas como vestuarista hay una gran diferencia, exceptuando *En parte de mi alma* (2001, Guillermo Centeno) y un poco en *Lejanía* (1985, Jesús Díaz), casi todas mis películas han tenido vestuario contemporáneo. En el caso de *Lejanía*, era un pasado cercano, era casi presente, era un vestuario de hacía diez o quince años, algún vestuario rememorando los años cincuenta y contemporáneo. *En parte de mi alma* ya sí era un trabajo mayor, transitaba por tres o cuatro épocas, una película que tenía la primera decena del siglo, la segunda y la tercera, después la quinta y ya la contemporánea. Es una película que recorría un largo período del vestuario del siglo XX, con breves lapsus. A su vez, tenía la complejidad de que debía ser resuelto con vestuario de los almacenes, no se podía diseñar desde el punto de vista ideal, es decir no se podía partir de cero Había que partir de las existencias de los almacenes, no solamente de la ropa de esa época, sino que sirviese a los actores que iban a trabajarla, que se pudieran modificar en lo posible para que les sirvieran y, sobre todo, la concordancia de todos los elementos que iban a configurar en ese momento, un vestuario que no estaba bajo el control directo del diseñador, sino que estaba bajo la búsqueda y el hallazgo que había que realizar desde un punto, y de ahí tratar de armonizar el resto. Esto complejizó mucho el trabajo, por suerte tuve un buen vestuarista, una persona joven pero muy inteligente y muy capaz en su trabajo que me ayudó mucho en la búsqueda y obtención de elementos. Alguna ropa estaba en tal estado que prácticamente había que persignarse cada vez que el actor o la actriz se la ponían, porque se le podía quedar deshecha en el cuerpo. Eran originales y no había tiempo, ni materiales para hacer réplicas de esa ropa.

El caso de *Los refugiados de la Cueva del Muerto* (1983, Santiago Álvarez) tuvo características muy especiales, dado que era la primera incursión de Santiago en el campo de la ficción y él nunca manejó la ficción. Era una persona con gran capacidad intelectual, pero en un medio que no conocía y se le escapaba. Eso hizo que nos protegiéramos de una manera exorbitante, no solo en cuanto a vestuario, sino en todos los demás aspectos. Yo andaba con una guagua llena de ropa de todas las épocas habidas y por haber, porque nunca sabía lo que ocurriría; además, contaba con una vestuarista con un gran interés y un gran amor al trabajo, pero que era también su primera película. En esas condiciones se hacía muy difícil el trabajo pues no sabías qué iba a ocurrir. Había un guion, pero Santiago te cambiaba una situación no solo de guion, te creaba situaciones en diez minutos, y frente a un espacio donde se iba a filmar otra cosa. Por ejemplo, nosotros fuimos a filmar en una cueva, que sirve de escenario central a la película, a no sé cuántos kilómetros de Santiago de Cuba, con dos actores nada más, y en ese momento, a Santiago se le ocurre hacer un campamento hospitalario en campaña de cuando la guerra de independencia, dentro de aquella cueva. Gracias a que llevábamos de todo, lo hicimos. Esta fue la situación más compleja, pero constantemente eran cambios así, que se salían del guion. Gracias a la previsión pudimos cumplir con todos esos imprevistos. Yo creo que al final fue para mí una gran experiencia, porque me enseñó algo muy importante en el cine, primero, a no temer a nada que se presentara, y segundo, a buscarle solución.

En mi trabajo en el cine, bien podemos discutir mi talento, sí hay algo que no discuto es mi capacidad para resolver problemas en un momento dado, y esto se lo debo a *Los refugiados de la Cueva del Muerto* y a Santiago, porque desde los efectos especiales hasta el vestuario me vi obligado a hacer de Mago de Oz sin la magia del mago y me ha ayudado a resolver problemas con una rapidez que quizás no hubiera tenido sin esta experiencia. Si de algo estoy satisfecho es de mi alta capacidad para resolver rápidamente los problemas.

En el caso de las producciones pasadas y actuales del Icaic, me van a perdonar los compañeros que trabajan en el cine, pero tengo que decir que cualquier tiempo pasado siempre fue mejor. ¿Por qué? Porque independientemente de las condiciones objetivas con que cuenta el Icaic actualmente que están muy reducidas en relación con el pasado, hay una gran pérdida de elementos escenográficos, y de utilería. El vestuario se ha visto muy afectado por el tiempo que ha pasado, por el mal mantenimiento de las instalaciones, por la falta de recursos de sostenimiento de un almacén, además hay una gran pérdida del amor hacia la producción cinematográfica.

Quizás no pueda analizar objetivamente en qué se basa esta gran pérdida, quizás está condicionada a la falta de recursos, que cada día son menores. Se ha llegado hasta el absurdo de no encontrar en los talleres del Icaic elementos que son prácticamente cotidianos, y que conllevan una gran dificultad en el trabajo, no solamente para los diseñadores sino para los técnicos.

Actualmente el departamento de vestuario tiene sus almacenes con ropa de muchos años de producción, que se han utilizado repetidamente, pero que además no tiene condiciones físicas de conservación: el calor, la humedad, el polvo, la contaminación ambiental, la falta de mantenimiento, política de la dirección del Icaic, equivocada desde sus inicios, porque los talleres nunca han tenido una política de mantenimiento. No ha habido nunca un cuidado sostenido sobre estos elementos que se deterioran, además del mal uso, en muchos casos: se prestan, se utilizan mal, se permite que se deterioren. Se utilizan originales que no debían ser utilizados sino copiados. No existe una climatización adecuada, cuestión que debe ser primordial para cualquier industria cinematográfica, y esto trae como consecuencia la pérdida bastante crecida de los factores con que uno debe trabajar.

Además, hay que sumarle que hay menos interés, menos amor, actualmente prima más el factor económico, antes no era así. Claro que hay sus excepciones y hay que darle las gracias a ese personal que conserva todavía ese amor por el cine y que es capaz de hacer maravillas con trapos viejos. Por suerte quedan personas así en el Icaic y van a seguir quedando porque el cine es una vocación.

En cuanto a la crítica en Cuba, en general creo que orienta mal sobre el vestuario. Creo que esto se debe sobre todo a una ignorancia de la que adolecen en el campo del vestuario, y no solamente del vestuario sino de los aspectos plásticos que forman parte de la producción cinematográfica.

Creo que esto es reflejo de una dirección equivocada por parte del Icaic. Históricamente le ha dado importancia principal al director de la película, al director de fotografía, al editor, a la música y al sonido, pero a lo que son los elementos plásticos que forman el escenario dramático: la escenografía, la ambientación, el vestuario, el maquillaje, la peluquería, ha habido siempre una despreocupación. Eso se refleja en la crítica, es más fácil encontrar una cita sobre el espacio ambiental, sobre la escenografía que sobre el vestuario. Creo que en esto prima la ignorancia sobre el valor que tiene el vestuario en el basamento teórico en el uso cinematográfico. Tal vez es necesario que nuestros críticos hagan una revisión de este aspecto, como también lo debe hacer la dirección del Instituto. Es tan importante el vestuario como la dirección de fotografía, y no desdoro a ésta si no que la pongo a paridad, no hay una buena fotografía sin un buen vestuario, ni un buen vestuario sin una buena fotografía, están en dependencia que no se puede soslayar.

El Festival de La Habana es un reflejo de esto. Hace poco se instituyó el premio a la dirección artística que implica varios aspectos, pero ¿por qué no hay una mención al diseñador de vestuario? No es que yo separe, porque un director artístico se ocupa o no del vestuario, suele ocuparse, pero es que el vestuario tiene una característica dentro del cine. Repito que no es la actividad principal mía, pero sé que es una de las principales dentro del cine, una actividad que requiere un ejercicio muy particular y si hay un premio a la dirección artística, pues debe haber por lo menos una mención al diseño de vestuario.

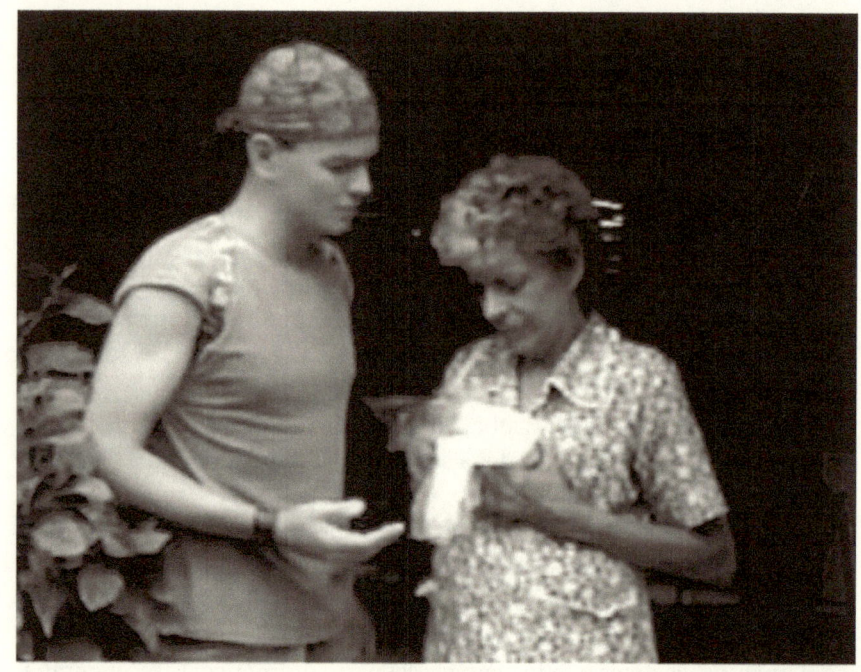

Reina y Rey

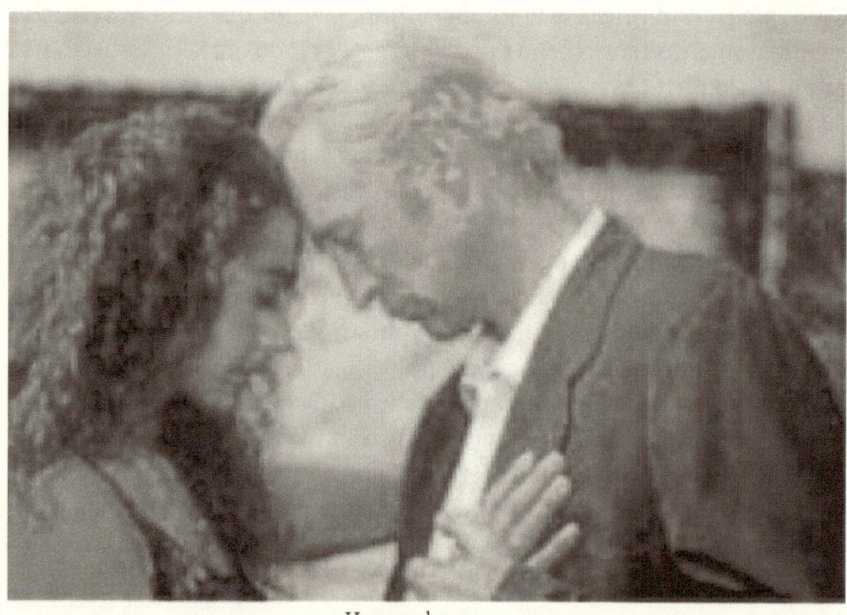

Hacerse el sueco

Liz Alvarez

La Habana, 1967. Diseñadora de vestuario.

Soy graduada del Instituto Superior de Diseño Industrial desde hace veinte y siete años. Mi primer trabajo en el cine lo realicé siendo todavía estudiante, estaba en segundo año de la especialidad de Diseño Gráfico, que fue en un inicio lo que yo había seleccionado estudiar. Después me di cuenta de que lo que más me interesaba era el diseño de vestuario y siendo alumna de la diseñadora María Elena Molinet me fui vinculando a un grupo que ella tenía, el Club Unesco, sobre la imagen del hombre. En mi participación allí con ella en estas reuniones que teníamos muy esporádicamente pude hacer contacto con el director de arte Pedro García Espinosa, que en ese momento estaba preparando una película cubana que se tituló *Vals de La Habana Vieja*. Pasé a formar parte del equipo de esa película como una segunda diseñadora, ayudándolo con la escenografía. Todavía no estaba graduada y fue como comencé en el cine.

En esta película en la que hice el diseño escenográfico, yo era muy jovencita, no tenía ninguna experiencia, Pedro y María Elena fueron mis dos guías para poder hacer este trabajo. Estaba terminando mi carrera y estaba trabajando en las industrias locales. Después Pedro me buscó porque estaba preparando *Reina y Rey*, del director Julio García Espinosa, y otra vez empecé a trabajar con Pedro. Así me quedé en el Icaic. Ahí empecé a hacer mi primer trabajo como diseñadora profesional de vestuario, ya graduada, y fue un trabajo muy lindo. Por primera vez supe cómo se hacía el vestuario. Yo no había trabajado en ningún medio artístico diseñando vestuario y tuve la oportunidad con este equipo de hacer mi primer trabajo. Posteriormente seguí vinculada con el Icaic e hice otro tipo de trabajo en coproducciones, trabajé en *Mejor tarde que nunca*, otra que se llamó *Dónde está mi hijo*, todas coproducciones o servicios con Italia, Francia, fueron varias.

Es muy difícil para el que entra nuevo al medio hacer películas cubanas, porque ya casi todos los directores tienen, sobre todo los más antiguos, un equipo formado ya de años. Yo he podido hacer películas cubanas que me interesan con Daniel Díaz Torres y ahora con Enrique Colina. Aunque tengo catorce largometrajes realizados, solamente tres o cuatro son cubanos, todo lo demás es servicio o coproducción. Pero bueno, así y todo creo que ha sido muy fructífera esta labor. Con Daniel Díaz Torres he trabajado muy bien, creo que es el mejor director con el que he trabajado en el cine en lo que es propiamente largometraje.

Reina y Rey (1994, Julio García Espinosa) es mi primera experiencia como diseñadora de vestuario. Fue una película de mucho trabajo, a pesar de que su guion era muy sencillo, también era muy rico, (era muy fresca la historia de ese momento), y fue un trabajo muy arduo porque había una gran caracterización de personajes. Había que realizar esta caracterización de cada personaje de la misma manera que hace siempre todo diseñador: realizando primero la lectura del guion para poder desentrañar la historia, este trabajo se hace siempre en conjunto con el director, con toda la dirección de arte, y llegar a la caracterización de cada personaje, es un trabajo bastante complejo. Teníamos diferentes personas que caracterizar, teníamos un matrimonio que venía de la comunidad, teníamos una anciana que estaba viviendo en los momentos en que Cuba estaba en pleno período especial, una situación bastante crítica. La película tenía muchos actores y para mí era lo primero que hacía. Al principio pensé que iba a ser muy difícil, pero no fue así, fue un trabajo muy rico, yo estoy contenta con el resultado a pesar de que fue una película que después no tuvo mucho público, aunque gustó mucho en el exterior, porque bueno de cierta forma estaba presente la realidad cubana de esos años. Aquí no tuvo el éxito que tuvieron otras películas cubanas, pero pienso que de todas maneras en algunas personas dejó su marca.

Para mí fue una experiencia muy bonita y la recuerdo con mucho cariño. No he hecho más nada con Julio García Espinosa, pero el día que se me dé la oportunidad creo que lo volvería a hacer.

El personaje de Consuelito era muy complejo, se necesitaba crear una imagen que diera ternura, una persona de la tercera edad, que estaba sola, que estaba triste todo el tiempo, que había sido abandonada en una edad en la que es muy importante tener compañía, tener personas que lo quieran a uno. El dilema es que su única compañía era un animal, un animalito, un perro al que en esa situación económica que existía tenía que alimentar, y eso era importante para ella por sobre todas las cosas y cómo lucha, cómo batalla para tener a ese animalito como ella quería y no tener que hacer lo que ella no deseaba que era llevarlo a sacrificar. Frente a todas estas cosas la visita de esta familia de la comunidad, de los Estados Unidos, que viene con todo lo que sabemos que viene la gente de allá, con toda la presunción, queriendo cambiarle a ella su modo de vida, y ella, aunque no es que quisiera integrarse, sino hacerle a ellos la vida tranquila, ella ve su mundo todo interrumpido por esta gente que llega, y sufre. Fue difícil también en cuanto al vestuario propiamente, como tratarlo. Consuelito es una gran actriz, es una maestra de la actuación, y fue muy receptiva con todas las cosas que le fuimos proponiendo según fuimos trabajando el personaje. Había que crear un personaje de una mujer de nivel medio pero que fuera una mujer limpia, aseada, que la ropa en sí diera la ternura del personaje. Lo trabajamos con colores pasteles, con colores siempre claros, para dar esa suavidad. Hubo que hacer también un trabajo grande de peluquería y de maquillaje, Consuelito tenía que aparentar mucha más edad de la que tenía en ese momento y fue un trabajo conjunto muy bonito de vestuario, maquillaje y peluquería.

El vestuario de ella es realmente contrastante con el de esta gente que llega, toda llena de colorido, de ropa estrafalaria, de prendas de oro, de cosas muy llamativas no solo con relación a Consuelo sino también a la carta de color que se usó en la película, que era todo en colores pasteles, muy grises, ocres, rosa viejo, todo muy apagado. Todo esto tenía también la intención de que cuando este matrimonio entra en escena se viera bien contrastado, incluso la fotografía a partir de ahí tiene una luz diferente a la que se había tratado en la primera parte; luego al final todo vuelve a ser como al principio en cuanto al tratamiento fotográfico y el color. Nos fue también muy difícil la caracterización de este matrimonio que llega, porque se trata de cosas muy propias de allá y fue difícil encontrarlos aquí. Nos tuvimos que servir de muchos lugares, de amigos que nos pudieran facilitar cosas, en este caso de Coralita y de Rogelio Blaín, sin hacerlos esquemáticos, sin que fuera a ridiculizar a estas personas, que fuera creíble desde el punto de vista de la historia y también que hubiera un contraste fuerte entre el personaje de Consuelo y estos dos personajes. El perro, es el único animal al que yo he tenido que diseñarle ropa, la única vez que lo he hecho en cine. Todo el equipo tuvo que hacer un esfuerzo grande para que todo quedara bien. Yo quedé muy complacida.

No siempre se está de acuerdo en todo con los directores, con el equipo de arte; siempre en todos los procesos de diseño, hay diversas opiniones y uno trata de unificar los criterios, pero no tuvimos ningún problema significativo. Yo hice mi trabajo de diseño, es decir, primero estudié la historia como tal, después hicimos un trabajo de conjunto en cuanto a carta de color de la película, con qué color se iba a tratar cada personaje según la intención y la característica de cada uno. Nos fuimos poniendo de acuerdo desde el principio: cómo quería Julio que fuera, cómo lo veía yo, cómo lo veía Pedro, que era el director de arte, el vestuario está muy ligado a la escenografía, a las locaciones. Me pasó una cosa muy simpática, era mi inexperiencia en diseño de vestuario, yo no estuve de inicio en la primera vista de locaciones y no pude verlas todas, no estaba muy empapada de todas las locaciones y la escenografía, y me sucedió que un día llegué al set con la actriz vestida de verde olivo, (una actriz que hacía de una de las vecinas de Consuelo) y cuando llegué al *set*, en la sala, todo el juego de *living* era de color verde olivo igual que la ropa que tenía puesta la actriz. Ahí me entró como un ataque, porque nunca me había pasado, el fotógrafo y todo el mundo protestando. Era mi inexperiencia, porque era mi primera película. Eso me enseñó mucho, me enseñó que yo ahora participo desde el principio, desde ver todas las locaciones, desde ver con el escenógrafo, con el ambientador toda la carta de colores que usan. Eso no me ha sucedido nunca más, fue bastante desagradable, fue como mostrar mi desconocimiento en esas cosas. Y así uno se va encontrando cosas nuevas a lo largo del camino, uno siempre está aprendiendo.

Después hice un cortometraje *Blue moon* (1996, Fernando Timossi) que empezó como un corto y luego terminó siendo una película más larga. Era una película con muy pocos recursos, trabajamos muy duro, fueron solamente quince o dieciocho días de preparación y otros tanto de rodaje. Eran muchos personajes, muchos actores consagrados todos y contamos con muy pocos recursos desde el punto de vista económico. Fue muy bonito, era lo primero que yo hacía con carácter de época, los años cincuenta, cuarenta. Hubo una mezcla de épocas y tuve que ir un poco atrás a buscar en la historia el vestuario, y todas las cosas que sucedían en la Cuba de estos años. Fue un trabajo breve, pero muy lindo, que yo recuerdo con mucho cariño, porque Fernando era un director muy joven, yo también, todo el equipo era bastante joven, experimentando con aquello, que yo considero que era experimental, porque uno no puede hacer las cosas en tan poco tiempo, estos proyectos pueden lograrse así solamente cuando son un poco experimentales.

Posterior a *Blue Moon* hice *Kleines Tropicana* (1997, Daniel Díaz Torres). Es de las películas cubanas la que yo recuerdo con más agrado, y como dije anteriormente Daniel Díaz Torres es el director cubano con quien mejor me he sentido trabajando porque ha existido una empatía.

Daniel es una persona muy suave, es una gente que sabe llegar a uno muy bien, no quiero que el resto de los directores se sientan bravos En realidad he trabajado muy bien con todos, pero bueno tuve ya una segunda posibilidad con Daniel en *Hacerse el sueco*. Hablando de *Kleines Tropicana* fue una película donde había que hacer vestuario de todo tipo, lo mismo para gran carnaval, que reproducir el vestuario de la Gestapo de la II Guerra Mundial, había caracterizaciones de personajes cubanos muy surrealistas. Tenía que representar épocas diferentes y creo que fue un buen trabajo, muy riguroso, de muchos meses, un proceso de creación importante, es la película que yo considero más importante en mi carrera. Con ella obtuve un premio *Caracol* de diseño de vestuario de la Uneac, y no es que lo considere importante porque tiene un premio, sino que creo que trabajamos todos muy duro y fue muy lindo el trabajo. Con muy pocos recursos, siempre en el cine cubano se trabaja con muy pocos recursos que es lo que nos golpea no solo a los diseñadores de vestuario si no a todas las esferas de arte, a la escenografía, porque hay que estar inventando todo el tiempo. Los almacenes de vestuario del Icaic ya no son lo que eran antes, realmente ya uno no puede nutrirse como antes de estos almacenes, y hubo que inventar mucho, hubo que transformar. A veces uno se ve en la necesidad de ir a una empresa a hacer una gestión y te cambian una cosa por otra, y vas así inventando con poquitos. Creo que el resultado de la película fue magnífico desde el punto de vista de vestuario, de escenografía. Yo no sé si me equivoque y dentro de algunos años pueda hacer otras cosas de lo que pueda decir lo mismo, o pueda hablar de la misma manera, pero creo que es la película que más he disfrutado, y no con la que más rigor he tenido que trabajar porque siempre en el cine hay que trabajar con mucho rigor y el trabajo siempre es muy serio, pero creo que sí que es la que más he disfrutado.

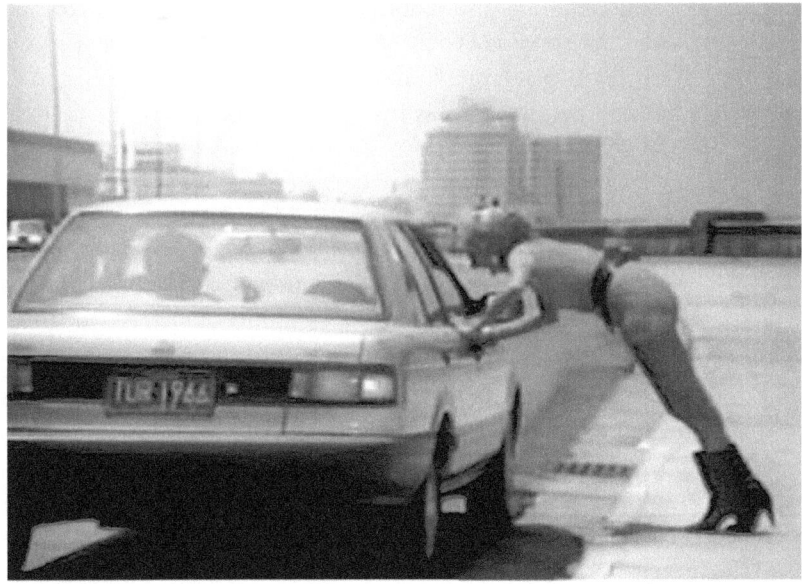

Hacerse el sueco (2000, Daniel Díaz Torres), es una segunda parte de *Kleines Tropicana* con un guion de Daniel y de Eduardo del Llano que es un buen guionista.

En esta película hay como un retomar de algunos de los personajes de *Kleines Tropicana*, incluso Daniel trabaja con algunos de los mismos actores. Esta película tiene una historia que no se si podría marcarse como una comedia, un policíaco, es también una película donde se reflejan los momentos que se estaban viviendo a finales de los años noventa. Fue un trabajo riguroso, la caracterización de los personajes fue muy rica, hay supuestamente un sueco-alemán, que quiere pasar por cubano en algunos momentos. Hay todo un trabajo de lo que es propiamente el centro de La Habana y quería reflejar toda esa parte de lo que es la vida en esa zona. También hay un tratamiento de color acorde con la forma en que la juventud está volcada en estos momentos, desarrollando una vida en la que hacen determinadas cosas por lograr determinados objetivos. Se trabajó muy bien el diseño de vestuario y el diseño escenográfico. Yo siempre lo digo, eso tiene que estar muy vinculado, tiene que tener una estrecha relación, no puede estar cada uno por su lado. Fue una película de mucha preparación, de un rodaje largo como unas ocho o diez semanas.

Posteriormente realicé algunos servicios, *Paco Chevrolet*, una película italiana. Realicé una película que yo considero muy importante en mi carrera, una coproducción Cuba-Francia, que se llamó *Lulú*, una película del director Phillipe de Broca fue una película en la que a pesar de que compartí el trabajo con una diseñadora francesa, trabajé muy duro. Había que recrear toda una zona de la selva amazónica de Venezuela. Tuve que hacer un trabajo de caracterización desde los indios hasta la población de esa zona de Latinoamérica, además tuve que hacer el diseño de vestuario de un grupo de científicos, supuestamente franceses que tenía vinculación con la NASA. Desde el punto de vista del diseño de vestuario fue un trabajo bastante complejo. Había indios, militares, pueblo específico de determinadas zonas, niños que supuestamente eran extraterrestres a los que hubo que hacerles un trabajo en cuanto a maquillaje, peluquería y diseño de vestuario.

Fue una película muy rigurosa, muy larga, donde trabajamos con actores cubanos y actores franceses. Fue un trabajo muy lindo, muy arduo, trabajamos muchos meses, y el proceso de diseño fue difícil porque cuando se trabaja una parte en Cuba y otra en el exterior, uno tiene que estar consultándose todo el tiempo a través de correo electrónico, de *fax*, de llamadas. A veces yo mandaba un sobre con el trabajo de diseño por segmentos y no se entendía, fue un trabajo muy difícil, muy riguroso. Al final salió, porque cuando uno menos se imagina encuentra la solución y cuando te imaginas que te van a rechazar algo como diseño, es el que más gusta. Fueron locaciones muy duras, donde el vestuario era muy importante, estuvimos todo el tiempo bajo la lluvia. Eso es una cosa que casi nadie puede prever en una película, cuándo vas a necesitar vestuario doble, vestuario triple, por fango, por heridas, por muerte, por accidentes, Estuvimos dos meses filmando en estas condiciones de humedad y lluvia. Filmamos cuatro semanas en Cienfuegos, una en Trinidad, otra en Matanzas en el río Canímar, y en el Valle de Yumurí. Fue un trabajo muy complejo. Después lo que hice fue servicios A continuación trabajé en *Entre ciclones* (2003, Enrique Colina). Yo tenía mucho interés en trabajar con Colina desde que oí decir que tenía idea de hacer un largometraje. No pensé nunca que la pudiera realizar porque no tenía ningún tipo de relación profesional con Colina, pero bueno, al final las cosas se fueron dando en cierta forma, el que otros no pudieran hacerlo me facilitó a mí la posibilidad de hacer la película. Fue un proceso también muy complejo; Colina, así como es buen crítico, es muy exigente, era su primer largometraje también, cosa difícil para todo el mundo, y todo el mundo tuvo que ponerse muy a la viva con todas las cosas. Era una historia de la realidad cubana presentada como suele hacerlo él, digamos que con mucho humor. Es el tipo de película que le gusta al público cubano, pienso que en el exterior también va a tener una buena connotación, en el mundo entero les gusta saber de Cuba a través del cine cubano. Esta película tiene un poco de ficción, es una historia creada y recreada a pesar de que hay muchos aspectos técnicos, con muy buenos actores, hubo que realizar una caracterización muy fuerte.

Hay un grupo de personajes que pertenece a una empresa de teléfonos, a la que hubo que crearle la imagen desde el punto gráfico, de vestuario escenográfico, todo completo, definir colores, mandar a confeccionar esa ropa.

Teníamos también supuestamente una actriz española para la que trabajé diseñando su imagen muchísimo tiempo. Hubo muchos tropiezos en cuanto a decisiones y a cambios en la historia a medida que íbamos trabajando en la prefilmación, y a veces, cosas que uno tenía concretas se volvían nada. El trabajo es así y uno tiene que saber ir desechando, ir creando a medida que uno va haciendo un trabajo con el guion completo, el director, el director de fotografía, el director de arte. Había una muchacha cubana, un personaje muy bonito con el que también hubo que trabajar mucho la imagen, porque en cuanto a imagen no era lo que el director necesitaba. El necesitaba una muchacha mulata con determinadas características físicas, y resulta que en el *casting* que Colina preparó, le gustó su actuación, su desempeño como actriz, y trabajar el personaje fue duro porque hasta tuvo que engordar un poquitico para coger unas libras porque era muy delgada, hubo que hacerle un tratamiento en el pelo, porque deseábamos que la imagen fuera de otra forma. Era su primera experiencia en cine, ella es una actriz de teatro y no había hecho nunca nada en cine, fue difícil poder engranarlo todo para que saliera, finalmente salió y creo que con buen resultado. Este personaje es una muchacha de un nivel bastante bajo, la cubana por imagen que todo el tiempo se pone bisutería, lo último que esté a la moda, aunque no le quede bien, aunque sean cosas en cierta manera *kitsch*. Una mujer con muchos problemas de personalidad, enamorada locamente de un hombre, que es Mijail Mulkay. Este otro personaje tiene una vida bastante triste, vive en un albergue porque su casa se ha derrumbado, y empieza a dar tumbos hasta que conoce a una española, que es supuestamente una mujer que tiene negocios en Cuba y empieza a tener relaciones con ella por intereses económicos, porque lo vista, porque lo calce, por determinadas cosas que sabemos que suceden.

La otra muchacha que se llama Mönica en la película y ha tenido relaciones con Tomás, que es Mijail Mulkay, trata de recuperarlo, porque lo está perdiendo y hace de todo por recuperar a Tomás. No he visto la película terminada y no sé al final como ha quedado todo, desde el punto de vista de la edición y demás, pero fue un trabajo de mucha riqueza de elementos. Hubo que incorporarle personajes de ladrones, policías y del elemento más bajo de la sociedad, al que también hubo que hacerle una caracterización bastante fuerte y pasamos lo nuestro para poder conseguir todo lo que necesitábamos, de bisutería, de vestuario. Muchas veces hay que contar con el vestuario de los propios actores, uno a veces tiene que decir ¿tú crees que podamos usar lo tuyo, tú crees que podamos ir a ver qué tienes que pueda servir? A veces uno se auxilia de cosas que tienen los amigos.

Realmente está siendo difícil hacer trabajos como debe ser y como uno quisiera que fuera. A pesar de que ahora hay una apertura de tipo económico en otras esferas de la sociedad, yo creo que al cine, en este caso, no se le está brindando todos los recursos que está necesitando. Yo pienso que quizás en las primeras décadas después de la Revolución no teníamos tantos recursos, o no había tanta facilidad para adquirir en el mercado paralelo cosas que ahora uno pudiera buscar si tuviera presupuesto para hacerlo. Pienso que antes se trabajaba con un poco más de comodidad en cuanto a la búsqueda de elementos, los procesos creativos podían ser más ricos porque uno tenía más opciones. Yo pienso, y no sé si está bien que yo lo diga ahora, aquí o no, pero pienso que el Icaic tiene que replantearse muy bien el rescatar todos esos almacenes que tiene, lo mismo de vestuario que de utilería o de escenografía, porque eso ha estado muy a la deriva en los últimos años, quizás la escasez de recursos no ha permitido darle a eso el tratamiento que requiere.

Yo, por ejemplo, si quisiera algún día hacer una muestra de lo que he diseñado para las películas, estoy segura que voy a pasar por Cubanacán y voy a encontrar de diez cosas, una o dos, porque la necesidad obliga a los diseñadores que vienen detrás a tomar esto y transformarlo, deja de existir la pieza porque es el tejido que necesita, y lo transformas y lo llevas a lo que quieres para la película que se está realizando en ese momento. Sobre todo, con la ropa de época, queda muy poco que uno pueda aprovechar, también porque han pasado los años y allí no existen las condiciones necesarias para darle a eso el resguardo y la protección. También pienso que es el momento de preparar gente, de preparar personas, no sé si a través de cursos que ofrezca el Icaic, o no sé si ahora con todos estos sistemas educacionales, hay más posibilidades. Ahora en el ISA se puede estudiar Diseño Escenográfico. Pienso que es hora de empezar a preparar gente, no solamente para lo que es vestuario si no para todos estos departamentos. Para el diseñador la vestuarista es muy importante. La vestuarista no solo que tenga conocimiento de diseño, de historia, la vestuarista tiene que estar preparada de una forma muy integral. Hace unos años se preparó un grupo de vestuaristas a las que María Elena Molinet y Miriam Dueñas le impartieron unas clases, pero estos procesos no tienen continuidad, no se están cuidando. Todas las vestuaristas de más años y experiencia se han ido retirando por la edad. Todavía hay algunas que se han mantenido ayudando a la parte joven que está ahora trabajando, pero yo pienso que aunque hay algunas buenas de las jóvenes, todavía no es lo que el Icaic está necesitando, pienso que estos cursos deben estar conformados para que las vestuaristas tengan nociones de todo, de la historia del traje, escénico. Hay muchas formas y recursos de trabajar los vestuarios que deben ser conocidos Algunas no conocen los diferentes métodos que hay para ambientar para envejecer, lo que necesita lograr una propuesta de diseño de un personaje determinado, yo pienso que estos nuevos cursos que se impartan a las vestuaristas o a las que se van a formar deben incluir todos estos elementos que se han mencionado.

Creo que el Icaic tiene todavía buenas vestuaristas, que se deben aprovechar sus conocimientos para formar nuevas especialistas. A esas especialistas hay que darle mucha importancia, porque como decía antes, el trabajo del diseñador está muy ligado al trabajo de las vestuaristas.

Acerca del proceso de como tal, podría hablar un poquito en sentido general. Diseño es todo. Hay quien piensa que diseñar es simplemente lo que uno crea en un papel, en un boceto para después confeccionar. Diseño es todo, diseño es desde la selección que uno pueda hacer en un almacén de cosas que ya están, que ya existen, hasta ir a determinada tienda y seleccionar y comprar, porque estas dos opciones que yo llamo proceso de almacén y proceso de compra, también forman parte del proceso de diseño y para llegar a esto uno ha realizado lo que es el proceso de diseño. A veces no tenemos los recursos para realizar un diseño y nos vemos en la necesidad de buscar en tiendas lo que más se parece a lo que nosotros queremos, o se nos presenta la posibilidad de comprar el tejido, no el que estamos necesitando justamente, pero algo que se acerca a esto. Desde que se tiene el guion en la mano y uno hace la primera lectura con el equipo de dirección, uno debe salir claro, o como pudiéramos decir, lo más enterado posible, de cuál es la historia, de qué es lo que quiere el director. A partir de ahí viene todo el trabajo conjunto con el equipo de dirección, incluye la dirección de fotografía, saber con qué material fotográfico se va a trabajar, con qué tipo de película, qué tipo de sistema, si es digital o no, porque las nuevas tecnologías requieren de cambios y de tener en cuenta elementos que a uno a veces le parece que no tienen importancia, hay tipos de tejido que en formato digital pueden verse de una forma que no es la que fotográficamente interesa Lo mismo pasa con los colores y otros elementos, que a veces estamos trabajando con una época determinada y hay que cuidarlos muy bien, porque hay que tener en cuenta los lentes que se van a usar. Hay que cuidar ciertos recursos porque uno piensa que las personas no van a darse cuenta, pero sí, porque la cámara es traicionera y si estás trabajando una película del año cuarenta.

No puedes utilizar recursos del 2003 por muy pequeños que sean, a veces es un botón, a veces es un cierre, porque cada época tiene su característica, y el trabajo debe ser muy riguroso en toda esta etapa del diseño de los personajes.

Yo acostumbro a hacer la caracterización, en base a lo que el director quiere que sea; hago mi caracterización propia de cada personaje y trato siempre de discutirla con el director, con todo el que quiera dar su opinión y a partir de ahí trato de ir diseñando personaje a personaje, con un trabajo que tiene que corresponder con la historia. Si empieza de una manera, y por la trama sufre algún cambio sicológico, hay que tener muchas cosas en cuenta al hacer un diseño de vestuario, una caracterización de un personaje, esta etapa primera requiere de investigación según del tema de que se trate. Se trabaja muy relacionado a todo lo que es arte, porque uno está muy vinculado con muchas cosas que son importantes. El diseñador nunca trabaja solo, y en el diseño siempre se proponen varias variantes, aunque ya uno tenga la que más le convence, la que más le interese poner, para que el director tenga la oportunidad de decir esto no me gusta, me gusta más aquello, y tener opciones de dónde asirse. Posteriormente a esto viene la etapa como decía antes, si es de almacén o de confección, La etapa de confección es muy bonita, por supuesto hay que contar con un buen equipo de personas con las que uno tenga entendimiento. Los diseños tienen que ser muy claros, para que la persona que los va a trabajar, desde que empieza la etapa del tejido hasta la prueba de vestuario donde el proceso de confección queda ya concluido, entienda bien, sepa lo que uno está buscando. El diseñador debe estar constantemente donde se está haciendo la confección, y la parte más importante antes de la prefilmación es donde el director va a ver la prueba de vestuario, yo acostumbro a hacerla por personajes, desde el principio de la película, así como una secuencia, para dar la caracterización del personaje de comienzo a fin de la historia. El trabajo del diseñador no es solo el diseño del vestuario, es el diseño de la imagen de ese personaje, y que incluye accesorios, maquillaje y peluquería.

A veces estos se divorcian, pero los maquillistas y los peluqueros también son artistas, creadores, el trabajo del diseñador debe ser conjunto con ellos. Deben conocer de épocas, de estilos, de recursos que tienen que manejar en las diferentes circunstancias en las diferentes caracterizaciones. La imagen que se entrega de un personaje es una imagen completa que va de la cabeza a los pies. Es algo que yo siempre trato de tener en cuenta, aunque hay peluqueros y maquillistas a los que no les gusta tener al diseñador encima de ellos y que estén proponiéndole, pero este es un trabajo que tiene que ser en conjunto. A veces hay un diseñador que le gusta como luce un personaje del cuello hacia abajo y no le gusta como luce la cabeza, por eso tiene que ser en conjunto, para que todos queden satisfechos y haya coherencia desde el punto de vista del diseño o de la caracterización.

El diseño del vestuario es uno de los aspectos importantes del cine como parte artística y soy de la opinión de que antes, con menos recursos, se lograban mejores cosas: no me estoy refiriendo si ahora los diseñadores son más o menos capacitados, inteligentes o están menos preparados, es un problema de recursos. Hay que volver necesariamente a la palabra «presupuesto» que se le dedica al vestuario, pienso que con un poco más de recursos las cosas podrían salir mejor, y pienso también que por este mismo problema de recursos no se hacen películas de época como se hacían hace algunas décadas. Yo no participé en *Roble de olor*, no tengo idea, no he visto nada, pero sé que se pasó mucho trabajo que hubo necesidad de mucho presupuesto para hacer la película, pero aún hubieran necesitado más de lo que tuvieron, porque las películas de época necesitan de muchos recursos. Una película actual te da la posibilidad de que como estás viviéndolo, o a lo mejor es de tres ó cuatro años antes o tres ó cuatro años después, como tienes un margen, te puedes auxiliar de cosas que tienes a la mano, que si no están a tu alcance están en tu entorno, usualmente las tienes cerca.

No es lo mismo cuando vas a trabajar en una película que tiene carácter histórico; necesitas recursos para investigar porque no lo estás viviendo, es algo que sucedió hace décadas, con determinadas características históricas, sociales, y políticas de esa época, y necesitas, no solamente el recurso de tener el tejido para confeccionar, o de tener el zapato apropiado de la época, necesitas recursos hasta para investigar, necesitas tener acceso a la información

En Cuba la moda no está actualizada y, en específico, los diseñadores no tienen información de la moda, no te informas de la moda en general, no ya del trabajo en el cine, lo que te llega es de la moda internacional. Te puedes encontrar una revista de un año o dos anteriores, pero también te puede llegar una revista que es de «pasarela» que es otra cosa, que no tiene que ver con el cine. No existe, para los diseñadores, una manera de estar informados como debe ser, que yo pienso que es muy importante.

Yo empecé diciendo que soy graduada del Instituto Superior de Diseño, allí no hay la especialidad de Diseño de vestuario escénico, o sea, lo que es hacer diseño de vestuario para teatro, cine, televisión, o sea, de diseño artístico. Yo soy graduada de la especialidad de Diseño de vestuario, tuve la suerte de tener entre mis profesoras a María Elena Molinet, y a Miriam Dueñas, que de ellas me nutrí, y ya cuando estaba terminando mi carrera, las cosas que hice fueron bajo la influencia de ambas, en este caso más de María Elena, que tuvo un poco más de contacto conmigo, y todo lo que sé lo he aprendido con ellas y con la experiencia de catorce ó quince años que llevo haciendo cine. Pero ahora creo que se va a crear en el ISA la Facultad de Diseño escenográfico y de Diseño de vestuario escénico.

Pienso que los primeros diseñadores eran empíricos o graduados de Historia del Arte, de Teatrología o de carreras artísticas que tenían más bien que ver con dramaturgia o con otras especialidades pero que se pueden vincular a los medios y se fueron haciendo especialistas en diseño de vestuario ya de cine o de teatro. Yo tengo la esperanza de que el ISA eche a andar, a formar diseñadores escénicos. No considero que tengamos la experiencia que pueden tener María Elena Molinet, o Raúl Oliva, pero pienso que tengo un trabajo y que con lo que conozco puedo ayudar a formar gente nueva que hace mucha falta.

Lorenzo Urbistondo

La Habana 1947-2012. Diseñador.

Empiezo mis estudios relacionados con el mundo del arte, del cine, del vestuario y del Diseño en la Escuela Nacional de Arte en el año 1967 y cuando en 1969, se abrió la Escuela de Diseño Industrial Internacional y me trasladé para esa escuela. Allí estuve desde el 1969 hasta 1973, casi el 1974 cuando salgo como diseñador industrial. Matriculo en la Escuela de Arquitectura y estuve tres años en Curso de Trabajadores, lo dejé porque unido a mi trabajo como diseñador y todo lo que exige esta escuela en cuanto a trabajos de proyecto, yo prácticamente no dormía. De ahí estuve unos años desde 1973 hasta el 1983, relacionado directamente con lo que es Diseño industrial en mobiliario, accesorios, arquitectura de interiores, trabajé en varios lugares. Después, en 1983 pasé para Contex como diseñador industrial y en el año ochenta y cuatro ya empiezo como diseñador de Moa partir de una petición de la presidenta de Contex que me pidió al Comité Organizador de ahí, y empiezo a hacer la dualidad como diseñador de modas y diseñador industrial. A Orlando Rojas lo conocía hacía muchos años y él me conocía como diseñador, le interesaba mucho como me desenvolvía en el diseño de las confecciones y me pidió que trabajara en *Papeles secundarios* (1989, Orlado Rojas).

Esa fue mi experiencia más maravillosa. Entré por la puerta grande al cine aquí en el ICAIC porque si de algo yo estoy satisfecho y orgulloso es de haber trabajado en *Papeles secundarios* no solo por mi trabajo, sino por el propio resultado de la película. Yo creo que es una de las mejores películas del cine cubano y me enseñó a trabajar en equipo para el cine, yo creo que la experiencia de dirección y de equipo, se ha repetido en alguna medida, pero no así con la base conceptual de tarea tan sólida que tuvo esta película antes y durante la filmación. Yo pienso que he hecho otras películas con directores como Chijona, Miguel Torres, y otros, pero si me van a hablar de mi preferida es *Papeles Secundarios*, no sé si es por todo lo que me enseñó, por el resultado de la película, pero yo creo que para mí es fundamental. El trabajo allí fue muy difícil, muy difícil pero muy bien guiado, muy seguro, desde el trabajo de mesa que hacíamos, el director de arte Fabio Garciandía, el de fotografía de Raúl Pérez Ureta, -no me acuerdo quien fue el escenógrafo-, ya Raúl, el escenógrafo y yo sabíamos de antemano cada secuencia, cada toma, qué color iba a tener la escenografía, la luz, la ropa. Todo se hizo desde el story board, o sea, ahí no hubo casualidades, sí improvisaciones lógicas producto de la cantidad de materiales, Así se hizo todo con el story board, y felizmente fue así hasta el final, por supuesto, como en todo hubo sus escollos, pero se salvaron. Yo creo que se siente la solidez conceptual que tuvo *Papeles Secundarios*. Allí se trabajó con la caracterización de personajes, de definición de personalidades, con cada personaje de la película. Es una película compleja de interioridades, donde los personajes son, no vamos a decir que retorcidos, pero sí convulsos, no comunes, y eso había que demostrarlo en el vestuario. El vestuario es parte de la personalidad del actor, parte de lo que se quiere dar, pero no mediante la actuación sino de la imagen que se quiere dar. La imagen tenía que apoyar todo el desarrollo de personalidad que tenía cada uno de los personajes en la película.

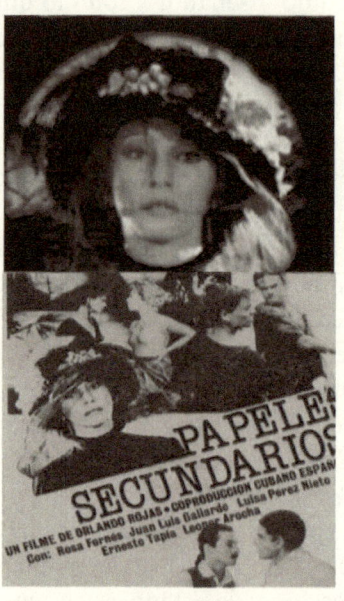

Yo le tengo que agradecer mucho en el trabajo a Elvia Rondón que para mí es inigualable, las demás también son muy buenas pero para mí Elvia es una vestuarista excelente, y digo esto porque lo que nosotros hacíamos con el vestuario, o sea, un vestido, una pieza por ejemplo podría estar en tres momentos de la película y podía ser la misma pero distinta. Si esa persona empezaba con un vestido, a mitad de la película ya ese personaje había caminado, se había desarrollado, todavía más revuelto, y el tono de ese vestido se había pasado por un tinte un poco gris, para acentuar los conflictos y los dramas del personaje. Al final de la película casi todo el vestuario tiene un tono gris, todo se agrisó, tal como se agrisaban los personajes en su desarrollo. Eso se hacía con el vestuario, con la fotografía, con la luz, la escenografía, de manera de acentuar el drama y los conflictos guiados por el propio guion de la película Eso fue una experiencia tremenda porque a mí como diseñador me obligaba a buscar los colores apropiados, las telas apropiadas, y si no existían pues casi construirlas. Se tiñó todo lo imaginable de todos los colores, pues si no estaba el color apropiado, digamos, predominaba un fushia agrisado, había que buscar una tela que se le pareciera pasarla por rojo, luego por gris, para luego coserla. Papeles tiene un trabajo de diseño y confección yo creo que muy complejo. También tuvo su momento de época en la parte de la representación de Yarini que tuvo su momento de color, pues estaba en la cuerda de color de la película, también agrisada, fue un trabajo que nos molió, pero que también nos dejó mucha satisfacción. Orlando enseña mucho, con él hay que estar muy bien preparado para trabajar el vestuario, por lo menos en mi caso. Porque Orlando se da cuenta, hay un detalle que nadie ve, entre 50 extras, pero que está mal y él lo ve, tiene mucho ojo, mucho gusto, sabe lo que quiere y eso lo obliga a uno, como dicen ahora, a evitar en todo lo posible el error, a evitar un señalamiento, a cumplir con la exigencia que él tiene como director. Esto por supuesto lleva a un rigor de trabajo y a una tarea difícil para lograr la tela adecuada, la confección adecuada, el diseño adecuado, que fluyan como fluyen los personajes en el guion, o sea que es un trabajo de mucho rigor.

En *Las Noches de Constantinopla* fue algo muy similar, no se llegó al equipo a que se llegó en Papeles, pero de cualquier forma ahí está el concepto de Orlando, con la misma exigencia, con el mismo ojo, y claro la película no tiene la misma complejidad de los personajes de *Papeles Secundarios*, pero sí tiene otras complejidades como trabajar el aspecto de los transexuales. Yo pienso que el tour de force de la película está ahí, que se propone en convertir a un hombre en mujer sin llegar a hacer una caricatura de eso, no se trata de travesti, si no de muchachos que se disfrazaban, que se vestían, que trataban de ser bellos como mujer siendo hombres para lograr una coreografía. Hacer una caricatura es muy fácil, hacer una persona que en un momento determinado puede aparecer como un equívoco, una cosa ambigua, que era la base de *Las Noches de Constantinopla* en estos dos muchachos pues también fue muy difícil. Están construidos con un diseño que no parece una caricatura, los aflojé como hombres, les hice lo que les tenía que hacer, porque sobre todo los hombros y los brazos son muy distintos de los de las mujeres, no taparlos mucho, descubrirlos, pero no querer subutilizarlos, ni hacerlos vulgares, esta cosa de los travestis que es tan burda finalmente en la mayoría que algunos hasta resultan repulsivos.

Y bueno, se trataba de eso, no se trataba de travestis sino de personas que se transforman, por eso son transformistas transexuales. Eso yo creo que fue lo básico en cuanto a la tarea de diseño en *Las Noches de Constantinopla*. Por supuesto lo de siempre, estudiar el personaje, definirlo como persona.

A mí me gusta, y siempre se lo pido a los directores, hacer la historia de la vida de cada uno de los personajes. Los personajes tienen su credibilidad, pero para hacerlos más creíbles yo les invento una historia. ¿Cómo son? ¿Quiénes son? ¿Qué problemas tienen que no aparecen en pantalla? Las personas no son ajenas a todo su entorno individual, familiar, afectivo, eso define su personalidad y su expresión como imagen. Para que una persona sea coherente, la imagen que proyecta tiene que corresponder con ella como persona, principalmente con su personalidad, y luego, de hecho el director le hace una personalidad a ese personaje en función de cómo cree que es, por lo tanto tiene que vestirse así. Por eso me gusta tejerles una historia, incluso estudiarla, una historia con respecto a personas que uno conoce: cómo son, cómo se visten, cómo se desarrollan, cómo se peinan, de esta manera lograr parámetros para llevarlos después a un diseño, para llevarlos a la pantalla. En sentido general, en todas las películas que he hecho, los personajes principales cambian por el desarrollo del personaje en el guion. El personaje de Verónica Lynn que al principio se ve una señora cerrada, ya al final, siendo la misma persona porque tampoco puede convertirse de la noche a la mañana en otra persona, se hace más ligera, y así voy jugando con la personalidad de cada uno y el desarrollo dentro del guion de la película en aligerarlos u oscurecerlos. La misma hija, la que hace Verónica López, es una mujer que es casi monja, y a medida que ella se va descubriendo, se va transformando, y el vestuario tiene que reflejar su actitud, su forma en pantalla; pues la imagen tiene que reflejar todo eso. Por eso yo pienso que el vestuario es fundamental en el cine, porque el vestuario es la imagen, es la imagen de la persona, se puede tener un actor, lo para, no dice nada, no abre la boca, y sin embargo puede estar comunicando cómo es esa persona, y de verla puede imaginarse como es. La persona tiene una lectura en sí misma, sin hablar. El actor tiene un lenguaje propio en su forma de vestir, de ponerse la ropa, no es simplemente la manera de ponerse un pantalón y una camisa, sino cómo se la pone, si más austero, más cerrado. Una camisa en un actor puede resultar más desenfadado o más formal de acuerdo a cómo se la ponga, cómo se pone la camisa con el pantalón, la camisa dentro del pantalón, si la saca un poco, si los pliegues están perfectos es una persona meticulosa, etcétera. Los detalles en el vestuario hablan de la persona, del personaje, por eso yo creo que el vestuario en el cine, —bueno de hecho en el cine americano se le da una importancia tremenda—, lo ubica donde está, a nosotros yo creo que en eso nos falta un poco, mucho. La imagen de la persona está básicamente dada, primero que nada, por el vestuario. Porque se. para un actor en un momento de silencio y ya le está comunicando con su imagen, bueno si habla perfecto, pero ya a partir de que usted lo vio, ya hay una expresión corporal, una imagen, que está dada por el color, como se pone la ropa, como son los zapatos, si están sucios, si están limpios, todo eso habla del personaje, y eso está dado en el diseño de vestuario.

Las otras películas que he hecho han sido con Gerardo Chijona, como director, con él que trabajo muy bien, muy bien. Es otra persona diferente a Orlando, cada uno con su personalidad, su estilo, su forma de trabajar, pero Chijona es también una persona que sabe mucho lo que quiere. Yo he hecho Adorables mentiras y Un Paraíso bajo las estrellas.

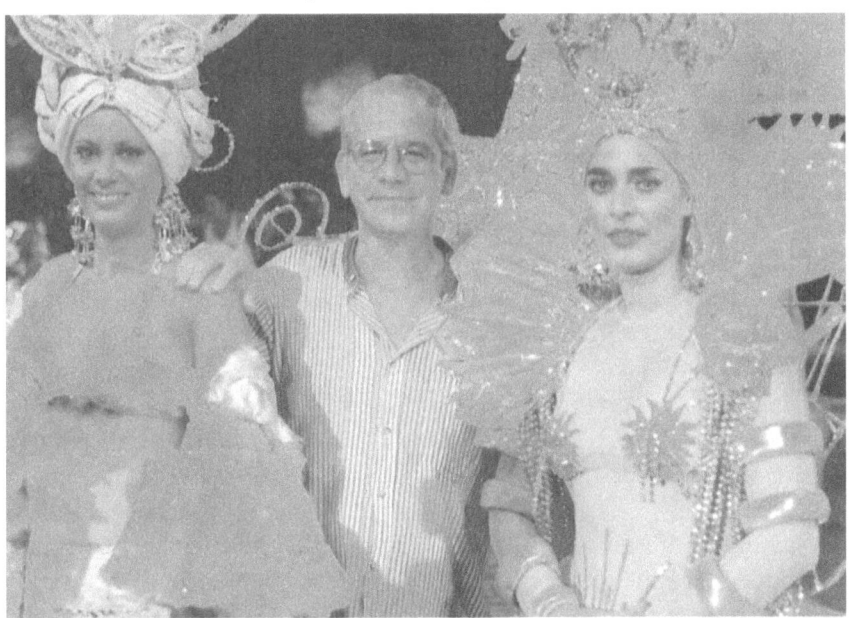

Gerardo Chijona director del filme Un Paraíso bajo las estrellas, vestuario Erick

Ahí por supuesto los requerimientos de los diseños son diferentes. Pero el enfoque a la hora de ver el guion, de ver un personaje es el mismo. Es una personalidad definida a partir de la incidencia del director, de lo que quiere, de lo que está en el guion, y a partir de eso crear una historia, relacionar esa historia con otras historias, y vestir a personas. Yo a los personajes los veo como personas en la vida real, con sus problemas indicados en el guion, lo que quiere el director, más lo que yo le añado. En *Adorables mentiras* (1991, Gerardo Chijona) la doble vida, la doble moral existe, pero yo no recuerdo muy bien ni siquiera la trama de la película, no tuve tiempo de repasarla.

Ahí el trabajo más serio fue con Isabel Santos, de imagen, porque ahí está la cosa independientemente del trabajo con el físico del actor. Isabelita es una muchacha bonita de cara, pero bajita, muy estrecha de hombros, con la cabeza un poco grande, ¿cómo hacer?, porque Isabelita en esta película es una mujer de imagen, una mujer bien vestida, bella, bien torneada; es una mujer digamos de fashion. Cómo trabajarle el físico, cómo hacer que crezca como persona, tiene que usar hombreras para ensanchar los hombros, el pelo cortico, para reducirle la cabeza, y yo creo, bueno a partir de ahí ella usa mucho el pelo corto porque se dio cuenta cuales son las herramientas que tiene que tener para mejorarse. En ese trabajo se hicieron telas a mano, yo hice estampados a mano porque bueno, es otra cosa a la hora de crear un personaje así, hay personajes y personajes. Hay personajes que son comunes, que son más populares y allí hay de dónde sacar, pero cuando se, tiene un personaje que pretende estar a la moda, entonces allí viene el conflicto. Yo pienso que es una de las dificultades más grandes que puede tener un diseñador en el cine cubano a la hora de hacer una película contemporánea. Nosotros estamos en un país donde la desinformación sobre el mundo de la moda es muy grande, sin embargo, hacemos un cine que pretendemos vender, o sea, que lo vean otras personas, y si supuestamente estamos hablando de una persona que está a la moda en el año 2000, es el 2000 en Cuba, que no es el 2000 de España. Nosotros tenemos una moda que llega aquí con 2 años de atraso, o sea estamos en 2002 y lo que usamos aquí es lo que se usaba en el 2000, en el 99. A la hora de hacer una película contemporánea con un personaje contemporáneo, que supuestamente tiene posibilidades como fue el caso de *Adorables Mentiras*, con el personaje de Isabelita hay que tener un cuidado muy especial en hacer creer que este es el 2002 que la película es del 2002 para un cubano, sin que se le separe mucho la realidad, y hacer creer a un español que esa película está en el 2002, que no sea una mujer fuera de moda. Los apuros que yo paso a la hora de hacer un personaje contemporáneo y actualizado son muy grandes. Porque el personaje se nos separa, se nos va de la realidad, lo puedo hacer con un fashion, una mujer de moda, pero se nos va, no es el concepto, no se puede hacer, eso es una película con la mentira. El caso de la ropa es igual, se puede tener una persona con recursos, con gusto, con sensibilidad para vestirse, que sabe dónde está la cosa aquí, pero ni mucho menos va a ser una persona en España en el mismo día. Es muy difícil, luego cuando tienes dibujado ese personaje, definido, entonces buscar la tela y allá va eso, es donde viene el problema, que generalmente no existe. En el caso de *Adorables Mentiras* muchas telas se pintaron a mano, porque se necesitaba un estampado y un estampado sólido. Todo el tejido es de tienda o de Contex, que se lo vendía al Icaic. Pero el cine contemporáneo, que es el que yo más hago, da mucho trabajo con la confección, mucho trabajo con el tejido. El enfoque del personaje no tanto. Yo tenía una comunicación muy fuerte con Chijona y con Orlando, nos desarrollábamos muy bien, de acuerdo a mi manera de enfrentar los personajes. Yo logro descubrir al personaje y después lo trabajo, pero el asunto no está ahí, el asunto está en producir el personaje, llevarlo a la realidad, de pronto hace falta un color rojo vino y no existe esa tela en ninguna parte, Aquí vuelve atrás otra vez, vuelve con el fotógrafo, vuelve con el escenógrafo para ver que no es un rojo vino sino un azul prusia. Es una lucha, pero bueno, este mundo del cine tiene una serpiente que a uno le encanta y a pesar de todo uno insiste en hacer otra película cuando le meten la idea en la cabeza, pero es así.

En *Paraíso bajo las estrellas* (1999, Gerardo Chijona) el *tour de force* fue la ropa del cabaret, porque fue Tropicana, y este tiene su estilo, su personalidad muy bien definida en cuanto a imagen, y la película se insertaba dentro de Tropicana y mi función estaba ahí, cómo hacer un vestuario digno de acuerdo a los requerimientos de la pista de Tropicana sin ser lo que es el vestuario de ese cabaret. Yo logré algunas cosas sobre todo en el número africano, el número de la tumba no me acuerdo como se llamaba, el de Oshún se parece un poco a las cosas de Tropicana, pero yo no quería que se pareciera; en primera, porque no creo mucho en ese diseño, no creo que el cabaret tenga necesariamente que tener tantas plumas, ni tanto brillo, o sea, tiene sus códigos, pero yo no los utilizaría, es decir, yo los utilizaría de distinta manera y fue lo que intenté hacer. Pienso que uno puede tener otros códigos, más sugerencias, puede tener otro tono, pero no es un cliché de carretilla, llenar las mujeres de plumas, de esto de lo otro. La película era otra cosa porque, además su concepto tampoco era el concepto de Tropicana, la personalidad de Tropicana desde el punto de vista estético. El asunto estaba en cómo lograr una imagen ampulosa, linda, de espectáculo, colorida, sin llegar a ser lo que en este momento es la pista de Tropicana, o sea, darle otra expresión, otra estética al momento del espectáculo. Creo que se logró tanto con el número africano como con el de los muertos, todo con un juego de colores, con una expresión contemporánea. El resultado fue tal que la administración de Tropicana quiso incluir ese número dentro de su programa, en un show que está preparando, porque a Santiago Alfonso, que es su director, le gustó como se vio en pantalla, le gustó mucho.

Por supuesto, Thais tuvo mucho entrenamiento en la danza, pero también tuve mucho trabajo con Thais en cuanto a maquillaje, en cuanto a posiciones, en cómo hacer con esta ropa. Pero Thais tiene una figura básica, delgada, bien formada. Jacqueline Arenal era otra cosa. Había casi acabado de parir, yo le hice un traje para Oshún solamente con una malla muy bordada, con una cola y un sombrero, y le dije tienes que ponerte dos enemas antes de entrar en la filmación, y se los puso, porque lo que ella tenía que hacer era recoger la barriga y ella lo sabía. Yo la ayudé mucho, y quedó muy bien.

Hablando del desarrollo de los personajes en el resto de la película y su vida cotidiana dentro de ella está el caso de Thais, En un momento determinado por exigencias del guion y del director, Thais está muy desbarrante, pues bueno se le hizo su ropa, eso se encadena con lo que estaba diciendo del concepto a la hora de hacer un personaje contemporáneo. Yo traté de que fuera muy contemporáneo, una muchacha que descubrió un mundo y se transformó en una persona con mucho swing, muy adelante, muy contemporánea, y ahí está el problema. Desde el punto de vista de moda, a mi es muy fácil hacerlo, pero llevar esa moda a la película, al día de hoy, que no sea un extraterrestre, es muy difícil. Saqué un conjunto que le funcionó, muy sensual. En el caso de los hombres me pasa otra cosa en esta película de corte contemporáneo. Cuando un personaje por exigencia del guion, necesita tener un *look*, tener una imagen contemporánea, y eso no corresponde con la persona en su vida cotidiana en la calle, es un conflicto. Eso me pasó con Albertico Pujol en Sueño Tropical. Hay personas que tienen un don natural, que todo lo que les pongas les queda bien, pero a Albertico no todo le queda bien. Es un problema en su persona, en su físico, que no luce la ropa, y la película necesitaba una persona bien adelante, bien contemporánea. De lo que yo pasé en esa prueba no tienes idea, de cómo enseñarlo a coger postura, porque no es solamente lo que le queda bien, sino que también tiene que tener su posición, su actitud con la ropa. Yo hago mucha insistencia con los actores en la prueba de vestuario, en que se crezcan, no como actores sino como personas, tienen que tener una actitud interior, saber que están vestidos como los modelos cuando están en la pasarela. Un modelo le luce o le desgracia cualquier ropa de acuerdo a la actitud personal del modelo. Con un actor tiene que hacer el mismo trabajo que con un modelo con respecto a la ropa. Y si esa persona tiene que tener un *look* determinado, contemporáneo, llevarlo adentro, y el actor no da eso, pues pasa así como gris, se ve bien pero le falta brillo a la persona.

Vestir a una mujer es más fácil, vestir a un hombre con un *look* contemporáneo es muy difícil, sobre todo aquí, porque no les puedes poner cualquier cosa; bueno, si es una persona sobria es más fácil, pero si es una persona más adelante, más atrevida, no es fácil como diseño, buscar la tela, ¿dónde está?, y gente que la confeccione con calidad. Es una pena como están los talleres del Icaic, yo uso la ropa de ellos, mucha de la ropa de *Papeles Secundarios* es del Icaic, pero como mi formación y desarrollo es en el mundo de la confección, es a partir de la moda, me cuesta mucho trabajo ver una ropa mal hecha, que a lo mejor en pantalla no se nota, pero pienso que aunque los calzoncillos no se vean, para tener una imagen completa, uno tiene que estar limpio desde adentro. Por ejemplo, nosotros cuando tenemos un desfile de modas, que se lo merece, perfumamos a las modelos, el modelo se lo siente, lo mismo pasa con los actores. Si se coge cualquier confección de *Adorables Mentiras* o *Las Noches de Constantinopla*, fue espectacular. La hacen las mismas costureras de Contex que trabajan conmigo. Yo armo mi mismo tinglado, mi taller, porque el Icaic tiene muy buena mano para la ropa de época, pero muy poco corte para la época contemporánea. No tiene por qué tenerlo, eso se adquiere con la habilidad diaria de moda de pasarela, de hacer ropa para vender, de trabajar con el modelaje de cómo son las cosas cada año. Las cosas por lo general cambian en detalle, porque esa camisa es de hace años, pero este año cambia un poco más, el cuello es un milímetro más abajo. En los talleres del Icaic hay muy buena mano de obra, pero debe dársele tecnología, moldes actualizados, el taller de Cubanacán está muy descuidado. Es una pena. Los almacenes están muy bien, muy organizados, pero para mi gusto hay demasiada ropa, yo quitaría un poco de ropa vieja, porque ahí se guarda todo. Claro, hay películas que requieren una camisita vieja, pero yo creo que hay mucho, cuando hay extras y uno tiene que escoger, me pierdo, me pierdo ahí, es demasiado. Pero bueno ese es un criterio mío. Así como está lo mejor que tiene el almacén, sobre todo es la sombrerería. Ahí hay que renovar la ropa, poner cosas nuevas, porque todas las películas se están haciendo con la misma camisita. Llega un momento en que uno va a escoger, ya lo usé todo, y eso transpira, no es lo mismo usar una camisa que tiene quince años, es un problema de imagen, huele a viejo, lo que usted ve no es lo mismo. Eso es comunicación, eso es imagen y eso es lo que sucede un poco con los talleres, por eso yo digo, que botaría un poco de cosas de allí. No disponer de un almacén para uno significa mucho trabajo. No tener un almacén de tejidos, donde uno llega se sienta, escoge, y no tener un catálogo de tejidos donde escoger, conspira contra el trabajo de vestuario de la película., Lo ideal es tener un lugar, un taller donde llegar a las 8: 00 a.m. y esté todo el desarrollo de la confección. Si no es así se triplica el trabajo en detrimento de la calidad de la imagen, porque cuando usted tiene el taller y usted tiene una percha, usted empieza a montar el personaje ahí mismo, pero actualmente no se puede hacer.

Yo boceteo, hago los diseños en escala, hago la imagen y luego la llevo aparte ya proporcionada, chiquita que es lo que doy al modelista. Un poco yo hago la imagen de la figura para ver cómo queda, pero cuando le entrego al modelista, le entrego la pieza sola, con todas sus proporciones, su descripción pieza por pieza.

Mi vida aquí en el Icaic son dos películas con Orlando y dos con Chijona, y la de Miguel Torres, *Sueño Tropical* (1991). A mí mi trabajo en esta película me gustó. Cuando vi la película vi a las personas en correspondencia con el personaje, lo que pasa es que ahí se cambiaron cosas, los actores hacían lo que querían. Es una película en que no hubo rigor ninguno de dirección, eso fue un desastre. A mí me gusta que me exijan, y me gusta Orlando por eso, y me gusta Chijona por eso, ellos saben lo que quieren y me lo exigen y yo se los agradezco. A uno, independientemente de la cosa profesional, le tienen que exigir también. No había una definición debida que te obligara a tener determinada actitud con nadie, no había una relación del personaje con su imagen. La persona tenía que salir vestida para no estar desnuda, y eso es muy diferente a tener un personaje que vistes, que creas según lo que se entiende de ese personaje. Si está malhumorado esa mañana, se viste de esa manera, hay un trabajo de caracterización, de una personalidad definida, una manera de desarrollar que no hubo en *Sueño Tropical*. El problema es que estaban vestidos porque desnudos no se les puede sacar. Fui al estreno y salí antes de que se terminara la película.

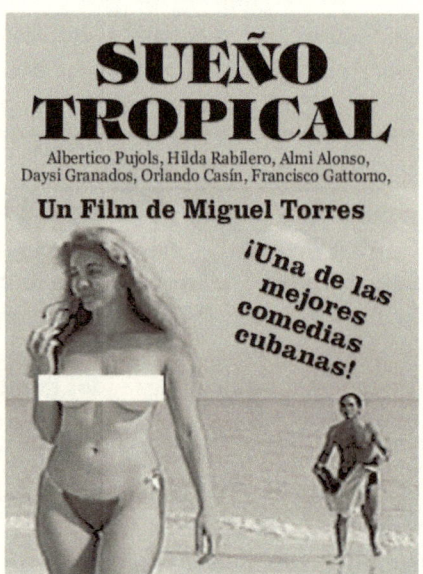

No he trabajado teatro, pero espectáculo sí. Hice el *show Paraíso* en el Internacional de Varadero y ahora estoy haciendo el vestuario del grupo

Síntesis que está nominado para el Grammy, estoy haciendo el traje de gala con que se van a presentar en la nominación.

Yo quiero insistir en Cubanacán. Esos talleres hay que levantarlos, hay que devolverles su brillo, su función, no tiene sentido que un diseñador ande por toda La Habana contratando costureras, teniendo un taller. Pero no da, le falta especialización, le falta sobre todo para las películas contemporáneas, le falta tecnología e información. A uno le da mucho miedo trabajar con eso, pues la ropa huele a viejo, porque no le puede exigir otra cosa porque no lo hacen en su vida cotidiana. Siempre al frente de un taller debe haber un diseñador, un tecnólogo, no solo un administrador, porque no se desarrolla. El taller de Cubanacán necesita una persona que lo saque, que lo salve. Y el Icaic ganaría en la calidad de las películas. Nadie cose contemporáneo en el Icaic, todo se hace fuera, pues las costureras que saben el corte que uno quiere están en la calle, no están en el Icaic. Ahora, la de otra época la saben con los ojos cerrados. Pero necesitan información, adiestramiento, necesitan actualización para un tipo de película contemporánea, tecnología y materiales. Otra cosa que me gustaría hacer es una película de época, me encantaría hacer un siglo XVIII o algo así.

Pienso seguir en el cine. Es un bicho raro que a uno se le pega, aunque pase trabajo. Fui el jefe de Diseño de Contex. Me fui y ahora estoy de *freelance*. Yo soy miembro de la Uneac y todos mis contratos los hago por la Uneac, he hecho mil cosas, y me siento realizado.

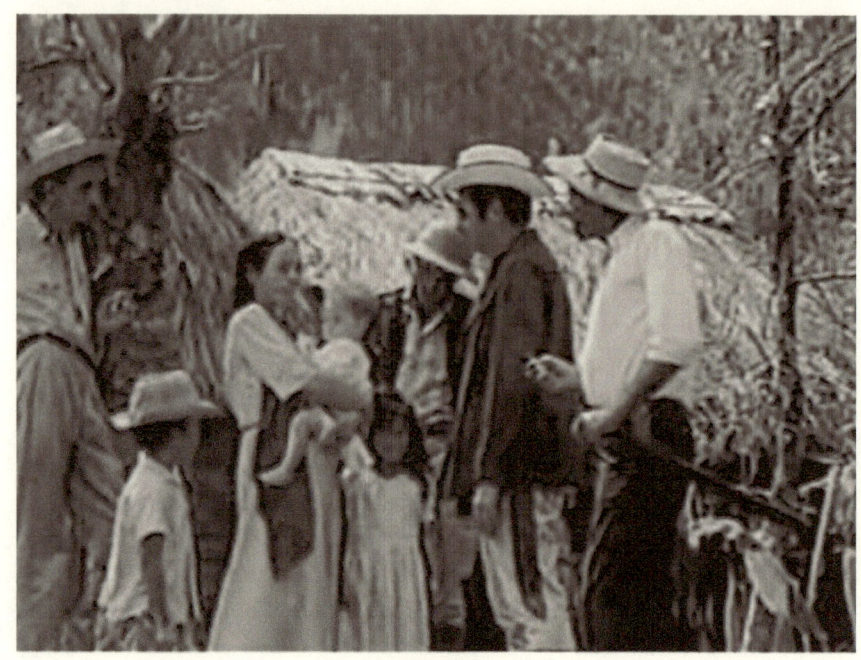
Los días del agua

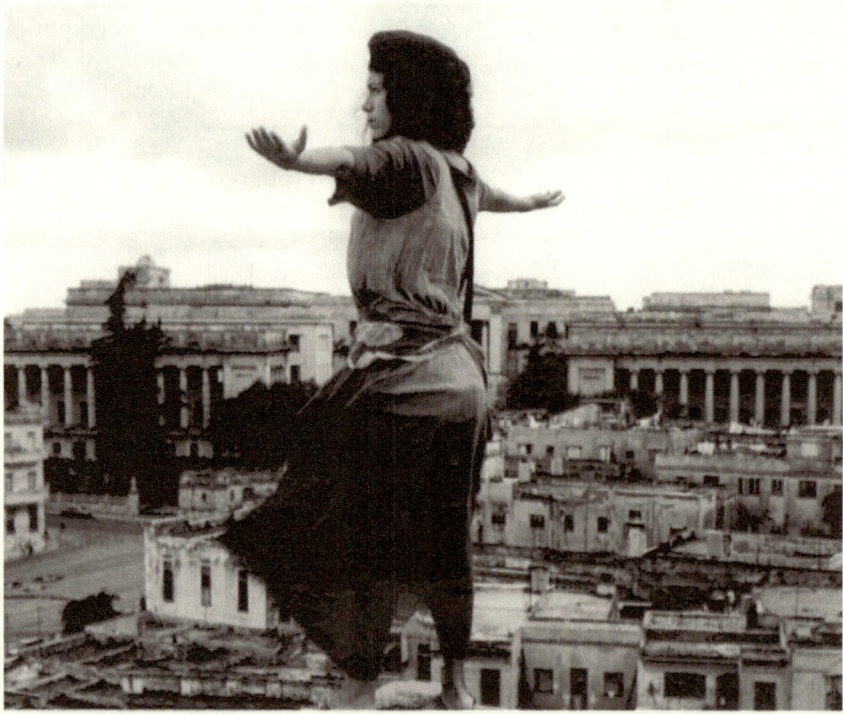
Madagascar

Miriam Dueñas

Pinar del Río, 1944. Diseñadora de vestuario.

El diseño me interesó desde que era una niña. Empecé estudiando pintura en la Escuela Elemental de Artes Plásticas de Pinar del Río en el año cincuenta y ocho, me gradué en el sesenta y tres, después de la alfabetización, vinieron las becas para los que habían sido alfabetizadores, entre ellas estaba la de Arte Dramático de Diseño de Vestuario, yo pensé que esa era una parte de mi sueño que estaba realizada. Vine para la Escuela Nacional de Arte y estudié en la Escuela de Artes Dramáticas en la especialidad de diseño de vestuario, estuve entre los primeros graduados de esa escuela que fuimos cinco en el año sesenta y ocho. Esta etapa de la Escuela de Arte tuvo que ver mucho con mi formación, sobre todo María Elena Molinet, la profesora de Historia del Traje y de diseño que era estrictamente lo que yo tenía como perfil de carrera. Ella creó una motivación muy importante no solo en mí sino en todos los alumnos. Tuvo una fuerte influencia no solamente en el momento de la captación, si no después, a la hora de encausar nuestra vida, nuestros intereses artísticos, los intereses creativos porque se mantuvo muy cerca. Ella y Raúl Oliva fueron profesores que se vincularon mucho a los alumnos, Salvador Fernández también. María Elena parece que se dio cuenta de que a mí me interesaba el cine y me llevaba a filmaciones de *Lucía* donde vi como era el trabajo del cine y esto fue creando un interés muy particular hacia esta manifestación artística, a pesar de que mi mundo de trabajo es el teatro.

Realmente ese fue un momento decisivo en mi vida yo tenía muchísimo interés en hacer una película, porque ya había visto como se trabajaba en *Lucía*, ya era una admiradora del cine de Solás, era una admiradora del cine de muchos de los directores que teníamos en ese momento. Cuando estudiaba iba mucho a la Cinemateca y en la Cinemateca vi muchas películas, conocí a algunos directores, los conocí muy de cerca, hice amistad con ellos, me parecía que esta gente podía ser valiosa en mi vida creadora, me parecía que podía llevarme hacia puntos de vista que yo en la docencia no había recibido. En el momento en que yo terminaba mi carrera, María Elena Molinet había ido a hacer un adiestramiento docente y también para los proyectos de almacenes que había en el Icaic, había ido a Checoslovaquia y yo me había quedado al frente de las clases de Historia del Traje por ella.

Me mantuve muy en contacto con la Cinemateca, que era en ese momento un centro de efervescencia de creadores, donde se veía la mejor cinematografía, donde uno podía estar al tanto de los cines debates, de todo ese mundo del cine que para mí había sido atractivo toda la vida, pero estaba muy lejos de poder entrar en él.

Cuando van a hacer *Los días del agua*, la película de Manuel Octavio Gómez, le habló a María Elena para que en esta película, que era una película muy grande, que tenía miles de diseños, miles de extras, alguien trabajara con ella. Entonces María Elena pensó en mí y comencé a trabajar en enero del año setenta.

Empecé a dibujar junto con María Elena, asistí a las reuniones con Manuel Octavio quien me pareció una personalidad bastante fuerte y bastante interesado en hacer un proyecto muy grande. Diseñaba junto a María Elena, yo por supuesto de la mano de ella, pero muy rápidamente logré mi independencia, tenía muy poca experiencia, pero ella me dio bastante libertad para poderme pronunciar. Hicimos una división que después a mí me resultó favorable, al principio me costó trabajo, me sentí discriminada y hasta lloré cuando ella me dijo: «Tú vas a hacer toda la ropa de pueblo y yo me voy a ocupar de las clases altas y de los personajes y algunos personajes de menos nivel social tú también los vas a hacer» y yo lloré porque me sentí como que quería hacer otras cosas, después me senté y pensé que era soberbia mía. Yo cuando joven, era muy sensible, muy susceptible a muchas cosas de relaciones personales, me tenía que imponer para que eso no me creara un estado de tristeza, de angustia. En realidad, ella había sido mi profesora, yo había estudiado muchísimo, tenía mi creatividad por supuesto y tenía también mis enfoques, mis puntos de vista y ella me los aceptó, los respetó todo el tiempo, y trabajamos muy bien. Tengo muy buenos recuerdos de esa época, donde poníamos dos mesas de dibujo, una al lado de la otra, allí en casa de María Elena, y diseñábamos el vestuario ahí, era como a cuatro manos.

La película tuvo cerca de trescientos diseños o más, no tengo la memoria exacta y me dio la posibilidad de entrar en el mundo del cine, que es un mundo realmente estresante pero muy aleccionador; te da realmente la medida del personaje, te da realmente la dimensión del trabajo y esa posibilidad fue esencial en mi vida. Yo tenía veinte y ocho o veinte y nueve años y realmente estaba muy temerosa, pero la filmación me dio mucha experiencia, la experiencia de las pruebas de vestuario, a las que iba con María Elena y veía como ella tenía que acometer la prueba con los actores, con el director, con el fotógrafo sobre todo, que era Jorge Herrera, que además de ser una persona muy inteligente compartía muchas opiniones en el mismo espacio de trabajo. Iba al taller de vestuario, veía las muestras, me llamaba y yo sentí como que me tuvieron en cuenta, en la película yo no estaba como una ayudante, como una colaboradora joven con poca experiencia, yo sentí como que me distinguían y eso realmente me estimuló y me dio la posibilidad de decir que sí, inmediatamente después cuando me llamaron para hacer *El extraño caso de Rachel K*. La dirigía Oscar Valdés, un director que yo conocía porque había hecho un documental muy bueno, *Vaqueros del Cauto*, que me había hecho llorar en el cine y era un director bastante distraído, a quien yo casi no le había podido dirigir la palabra porque me imponía un poco de respeto.

Era una película de época, del veinte y pico llegando al treinta, que tenía muchísimos personajes y que yo tendría que asumir sola, iba a diseñar un vestuario de época por primera vez. Una de las cosas que más difícil me resultaron fue establecer una relación con Carmelina García, jefa de los talleres de vestuario, porque era una personalidad muy estricta en el trabajo y a pesar de que yo jamás fui una persona poco estricta, porque yo creo que sí, que siempre fui estricta para el trabajo, por lo menos yo me desgastaba y me moría porque todo me quedara a la perfección, pero Carmelina exigía, yo no sé qué es lo que me exigía, y me costó mucho trabajo. Esta película casi me desangraba, porque Oscar Valdés me había dicho que quería una película de época, una película con rigor histórico, con bastante fidelidad histórica, porque el hecho había ocurrido. Él me había mostrado unas fotos que se hacían en la época de la crónica roja donde salía el caso de Rachel, que era una corista que había tenido relaciones con la gente del poder. En ese aspecto delegaba mucho en Sergio Giral, asistente de dirección. Sergio me ayudó muchísimo a enfocar la imagen plástica, que para mí era lo que tenía importancia en la película y era eso lo que yo quería profundizar, qué cosa era lo que Oscar quería en cada escena. Había escenas que me parecían muy realistas, y otras que me parecían que no eran tan realistas, que había cierta estilización, cierta manera de enfocarlas, y además me daba la impresión de que a veces él no quería tantos contactos con los aspectos históricos, con los aspectos de veracidad. Me pusieron un sastre muy bueno, que también contribuyó mucho a que el trabajo fuera perfecto, porque uno solo no es nada, yo siempre digo que el cine es un trabajo de equipo, realmente de unas coordinaciones increíbles, y tenía un buen equipo de costureras del Icaic, que son las que trabajaron durante tantos años, todas muy vitales, muy entregadas a su labor.

Con Sergio, con Jorge Haydú, el camarógrafo, fue que conocí cómo eran los movimientos de cámara, porque yo había estado en la filmación de *Los días del agua* pero la hice como un cohete, era como un meteoro allí, y con tantos extras en *Los días del agua* no pude acercarme a la cámara, como lo hice en *El extraño caso de Rachel K*, donde tomé conciencia de lo que es en el cine la cámara. Aquella conciencia me golpeó de una manera tan tremenda mi punto de vista del cine que tuve casi que llegar a ciertas conclusiones alrededor de mi trabajo, porque ya trabajaba en el teatro en La Habana y podía ver a través de las obras que había hecho, que no eran muchas, como en el teatro realmente me podía realizar con el vestuario de otra manera y tenía más tiempo, pero la premura del cine, el enfoque de la cámara en el cine y las exigencias que me hacía la cámara en los materiales, eso me llevó casi a una crisis, porque con Jorge yo aprendí cuales eran los planos de una cámara, qué cosa era un *dolly*. Entonces los primeros planos era algo que yo tenía como un aspecto básico y esencial, que lo había estudiado en *Los días del agua*, los había visto, pero ahí en el momento de *Rachel K* es cuando yo vi como la cámara determinaba, qué era lo que de mi trabajo tenía valor, la dimensión de la cámara era quien daba el enfoque de mi trabajo, no es como en el teatro que es el ojo del espectador, o sea, me daba otra manera de enfocar.

No puedo decir que sea más difícil o más fácil una película en blanco y negro o en color, porque cada cosa tiene sus coordenadas, tiene su análisis. El trabajo del vestuario en el cine tiene que ver más con la dramaturgia, la dramaturgia del guion, o sea de ese texto, con el enfoque que haces del personaje, con la manera en que narras lo que hace, lo que dice, lo que va sintiendo el personaje, como se va desarrollando desde el punto de vista de la dramaturgia y la historia de cada personaje en pantalla. Entonces el vestuario tiene que trabajar en esa narración, si esa narración es en blanco y negro, en verde, en azul, tú tienes que trabajar... Esos son presupuestos conceptuales, manera de enfocar estéticamente un trabajo y eso entra dentro del análisis estético que tú le hagas a la película.

Las dificultades en una película una nunca sabe dónde están, a veces el personaje más difícil no es el más difícil para hacer el diseño, para realizarlo, a veces el personaje más fácil, el que está menos tiempo en pantalla, es sin embargo el que más trabajo te cuesta. A veces mientras menos actores tiene una película, más difícil es, porque tienes que centrarte mucho más en el diseño. Tú sabes bien que no hay otros puntos de referencia, porque cuando uno está diseñando piensa mucho en el espectador, porque el espectador está centrado en esa imagen o cuando hay un solo vestuario en la película hay gente que piensa que es más sencillo. Por ejemplo en *Cartas del parque* donde Juan tiene un solo vestuario desde el principio hasta el final, que se quita el saco, que se queda con el chaleco nada más, o con la camisa, o que está más sucio o que está más limpio y todo eso te trae una cantidad de trabajo, que hasta te es más engorroso hacerlo, es trabajo con el desglose, trabajo con las pátinas, trabajo con el tratamiento del vestuario, para que realmente sea veraz, sea creíble que esto está más gastado o que sudó y tienes que tener una serie de vestuarios dobles, triples, hasta cinco vestuarios, o diez; yo he tenido que hacer diez camisas para un solo vestuario. Tú no sabes cuál te es más dificultoso, porque las dificultades no están en la época o en la actualidad, a veces las dificultades están en la narrativa, en la narración que tiene que dar el vestuario, en la manera en que lo tienes que enfocar, en los riesgos que puedes tener, porque puedes tener también riesgos en las filmaciones, pueden ocurrir accidentes y debes protegerte para que el vestuario pueda tener una imagen creíble o sea que tienes que lograr que el vestuario se mantenga de una manera perfecta todo el tiempo, o puedes relajarte, es decir relajarte desde el punto de vista que no tienes que tener ese cuidado sobre el vestuario y eso también implica un trabajo, ahí uno no puedes determinar.

Después de *El extraño caso de Rachel K*, trabajé con Manuel Octavio Gómez en *Ustedes tienen la palabra*, (1973), que era una película que yo tenía mucho miedo de aceptar porque no tenía ninguna gracia para mí. Cómo voy a trabajar en una película que todo es ropa de campo, que todo se vuelve un análisis de la producción en la agricultura. En realidad, era una película muy profunda desde el punto de vista político y económico, una película que yo no sé por qué, no se ha puesto nunca más, porque yo creo que todavía es válida y que sería muy interesante volverla a ver. Me fui a hacer esa película con él y tuve la gran experiencia de hacer una película en blanco y negro, todo el mundo con camisa de caki, de esa de *dril* gris, de trabajo, y pantalón de caki gris, de trabajo; tener que hacer las pátinas, el desgaste, y hacer el trabajo del vestuario, de lo que cada ser humano le aporta al traje con sus características. Es como un uniforme, porque bueno esta es una época en Cuba en que la gente se vestía así en las oficinas, en los años setenta y setenta y pico. Por ejemplo, hay un personaje cuya característica es que tiene la camisa más cuidada, más planchada, el otro menos dañada, el otro más desgastada, el otro porque usa bolígrafos, otro porque tiene un tabaco en un bolsillo, o sea que los análisis de cada personaje, la narración de cada uno iba más en el propio actor y en algunos elementos del vestuario porque la historia era prácticamente igual para todo el mundo, porque así era sencillamente la ropa de trabajo, tiene las necesidades que tiene que cumplir esa ropa, tener algunos bolsillos para guardar algo y tener una tela dura, rígida que tenga alguna prestancia, un poco de cuerpo y ya. Manuel Octavio, por supuesto, tenía bastante exigencia de que cada uno de esos trajes tuviera un carácter a pesar de esa uniformidad, de la igualdad.

Con *El otro Francisco* (1974, Sergio Giral), trabajé otra vez en blanco y negro, y trabajé con el temor de tener en mis manos, por primera vez, una película de gran presupuesto, era una película del siglo XIX, que tenía una dotación grande de esclavos, lo cual no significaba un trabajo grande porque podía encontrar alguna ropa de almacén que me podía cubrir esta dotación, pero tenía los personajes, diferentes clases sociales, que llevaba mucha tela, la utilización de corsés y ropa de hombre, de hacendados, con una fiesta también, o sea, que tenía un trabajo de bastante envergadura.

Sergio sí es un conocedor de la imagen, muy exigente en relación con esta y, bastante meticuloso. Tener una persona, que se mete tanto en tu trabajo y te exige tanto, fue como una prueba de fuego, a veces él y yo discutimos de una manera fuerte por puntos de vista en los que yo no estaba de acuerdo, pero siempre fue de una manera positiva.

Esa película la recuerdo como algo muy positivo, a pesar de que tuve errores en el trabajo, que yo todavía considero errores, como por ejemplo, corpiños que no me gustó nunca como quedaron, corsés que no me gustó nunca como se vieron, sobre todo el trabajo de vestuario de Margarita Balboa, las texturas nunca me parecieron buenas, yo pienso que esas no eran las texturas, yo no la he podido ver ahora al cabo del tiempo, pero cuando la vi en el momento que se estrenó, estuve muy molesta con formas de la ropa que no me fueron totalmente agradables. Es uno de los trabajos, que yo recuerde, donde me he sentido más defraudada, cuando lo vi en pantalla hay cosas que me parecieron falsas, o sea las cosas que yo después logré, lo que yo creía que ya había logrado en otras películas, no me estoy refiriendo ya al trabajo de cuidado de época, sino estoy hablando del conjunto de la imagen relacionado con el carácter y también del trabajo de la imagen de la ropa y la estructura como se integra al personaje y la textura, como se integra eso al traje, la textura del traje, de la tela, como se ve en pantalla esa película no me dejo muy feliz, hay cosas que me parece que son falsas, hay cosas que me parece que no debía haber utilizado esas telas.

En Margarita Balboa, esas telas no me dan el lenguaje que yo creía que me podían dar en pantalla, yo no quería que fuera muy oscura la ropa de ella, no quería develar algunas características que al director no le interesaba develar, no quería que fuera oscuro. La textura del traje que para mí está muy vinculada al carácter y te ayuda mucho al personaje, hay veces que la textura de un traje es más importante que su propia estructura, te aportan más la suavidad, la dureza, la rigidez, te aporta más que la estructura, que el diseño que le hagas. Es tan importante en el vestuario masculino como en el femenino, en cualquier tipo de vestuario y en el cine sobre todo, como la cámara se acerca tanto a los primeros planos, la forma, la caída de la tela es muy importante.

Después trabajé en el año 1976 en *La tierra y el cielo*, de nuevo con Manuel Octavio Gómez. Esta película era sobre las comunidades haitianas que estaban asentadas en Camagüey y tuvo una realización muy buena. Es una película que después más nunca se puso, ni siquiera como homenaje a Marta Jean Claude, que fue su protagonista.

Con esta película estuve muy cercana a la parte de las filmaciones, porque la filmación del *bande rara* que es la parte de comparsa, de fiesta ritual, se filmó en Camagüey, en el mismo asentamiento original de haitianos, donde se da la historia de esta mujer que llega a Cuba y se introduce en ese mundo. Tuve la experiencia de este *bande*, de cómo se hace, de cómo se visten ellos.

La relación con Manuel Octavio fue bastante fuerte, él estaba muy enfermo, le daban unas crisis de asma muy agudas y estaba muy molesto con el lugar, cómo había que trabajar en el lugar donde estábamos hospedados. Tuve que diseñar los trajes para todos, todo lo que apareció en pantalla fue diseño mío. Sin yo saberlo esta era la última película que hacía con Manuel Octavio, porque discutimos bastante. Después seguimos una amistad muy bonita, pero no fuimos lo suficientemente profesionales para vencer aquellos encuentros que fueron bastante fuertes. Después me fui cinco o seis años, yo me fui del cine y me dediqué al teatro hasta el año 1982 en que voy a hacer *Cubagua* con un director latinoamericano. En esta película trabajamos trece o catorce cubanos solamente.

Plácido se hizo en el año 1986 y es otra vez de época, más o menos en la segunda mitad del siglo XIX y otra vez con Sergio Giral. Aquí trabajamos un equipo muy bueno, de muy buen entrenamiento, o sea, un equipo que tenía experiencia de otras películas. En *Plácido*, él y yo estuvimos muy bien coordinados, él entendía muy bien mi trabajo como lo había demostrado cuando era asistente. *Plácido* tuvo dos o tres vestuarios y muchísimo trabajo. Tuve que dar atmósferas, calidades, y sin embargo, todavía le encuentro defectos, todas las veces que he visto la película, encuentro defectos. Yo metí la época de una manera perfecta, es decir, no la estilicé; en otras películas le he hecho una actualización a la época, pero esa película no la trabajé con criterio de actualización y después me pesó, pero Sergio me dijo que no.

En definitiva, la película exigía un rigor histórico. Cuando trabajas en una película el vestuario, cualquier cosa, cualquier imagen humana siempre pones un elemento de actualización porque estás trabajando en el año 2002 y te estás refiriendo a una época anterior, los años cuarenta y cincuenta siempre hay una actualización, porque los materiales no son exactamente los de la época, aunque encuentres los más idóneos, los más parecidos, siempre vas a introducir algunos materiales que no son. Una película del cuarenta hecha en el cuarenta con el rigor histórico del momento, no es lo mismo que ahora cuando la quieres abordar porque vas a encontrar otros materiales, otras tecnologías, yo como trabajo es que a veces trato de atemporalizar la imagen. Aunque sea de 1850, estoy hablando ya de *Plácido*, no trato de darle al cuello la exactitud, la altura exacta de la época, sino bajarlo un poco, o ponerlo como se usa hoy en día, por ejemplo, como una camisa de hombre o si hay un personaje que lo admita y hay un momento que lo admita, o si están en un momento de la mayor naturalidad que la imagen humana puede tener, en ese momento que no se vea que época es.

Ahora esto como era una película histórica sobre un personaje histórico, él me exigió, que fuera rigurosamente histórica, aunque yo creo que un personaje como Plácido, con las características que tenía Plácido, que era un poeta que tenía una relación amorosa en la película y en la realidad, porque él tiene su esposa y tenía esta relación con esa mujer que se ve en la película que era una burguesa de la alta sociedad habanera y todo esto en este medio en que él se mueve pues creía que por estas características se podía haber actualizado. Yo he visto otros personajes, inclusive muy universales que se han llevado al cine donde se le han hecho actualizaciones, o sea que no creo que porque estés tratando un personaje histórico tengas que ser rigurosamente histórica. Esos son los presupuestos conceptuales que el director te deja manejar o no y que en definitiva tienes que saber utilizar.

Por qué estoy hablando de este tema ahora en *Placido*, bueno porque yo entendía y después un día lo comenté muchísimo con Villazón, e insistía con él en que el traje muy rigurosamente histórico a él no le quedaba bien, porque él tenía los hombros bastante caídos y esta era una época en que se marcaba bastante esta caída de hombros, entonces con el traje podías ayudar un poco a que no quedara tan caído de hombros, podías poner una hombrera, pero entonces cuando ponías una hombrera se te creaba una desproporción con la figura de él que no era agradable, de la medida de los brazos con relación al tronco, con relación al largo de las piernas y todo eso lo valorábamos él y yo delante del espejo en la prueba del vestuario, y yo siempre quedé molesta con esto, a mí me parecía que un traje natural con un toque de referencia histórica hubiera sido mejor que hacerle un corte rigurosamente histórico, creo que eso se puede entender. Bueno, esas son mis memorias de *Placido*.

Después vino *Cartas del parque*, (1988), que me puso en contacto con Titón, Tomás Gutiérrez Alea, que ya había conocido en los años 1960 y 1970 y que realmente yo estaba loca por trabajar con él, cuando me lo dijo fue uno de los momentos de mayor felicidad que yo he tenido, porque ya sabía que iba a aprender mucho, y así fue. Aprendí muchísimo con Titón, a profundizar más en la narración del vestuario, de lo verosímil o no que puede ser un traje, de la correspondencia real que debe haber entre el traje, el actor, el personaje y la escena o sea una verdadera correspondencia por todos esos puntos de referencia, y además de eso, una verdadera disposición del diseñador a sustentar eso en todas las secuencias, porque con él lo tenías que mantener hasta las últimas consecuencias. Era capaz de preguntarte de cualquier detalle, y por qué eso y por qué lo otro, por qué esto es así, o sea que es un director muy exigente, pero que respecto a lo que llaman el guion de hierro no es algo que yo sintiera. Cuando trabajo con Titón así como cuando trabajo con Fernando Pérez, —que es el director con quien más me gusta trabajar, con el que he trabajado más cómodamente—, lo que yo siento es que hay un orden, un análisis hecho donde todos los aspectos del trabajo son tan pormenorizados, que no es posible tirarle una ficha de menos o de más. Muchas personas piensan que esto es un guion de hierro y yo no lo pienso así, porque para mí un guion de hierro es aquel que no te permite hacer nada fuera de lo que está escrito y descrito, y esa no ha sido mi experiencia en el caso de Titón. Lo que sí hay es un orden, una organización del trabajo, se preveía todo y si tú querías había un margen para salirse de lo previsto.

Cartas del parque ocurría de 1911 al 14, el grueso de la película se iba a hacer en los portales de La Vigía, en Matanzas. La ropa del personaje Juan, que hacía Víctor Laplace, era un solo vestuario, iba desde el principio hasta el final con algunos cambios, un traje con chaleco, color arena y a eso se le hizo todo un tratamiento de desgaste, así él podía estar con la camisa y el pantalón, o con el chaleco, o la camisa abierta y la camiseta, o el traje más viejo o el traje más nuevo o menos gastado, así se movió durante toda la película. A este traje se le hicieron pruebas de cámara al inicio de la prefilmación, pruebas al traje ya desgastado, al traje teñido y se sabía cuándo se podía trabajar en un exterior o en un interior con él, con cada uno de los trajes, es decir, con cada uno de los valores que se le dio al color arena. Sin embargo, hubo un día en que a Titón no le pareció bien el color arena con que se iba a filmar en un exterior y era que el Valle de Yumurí tenía una luz extraordinaria, una luz muy propia como casi todos los valles y muy en particular los pegados a la costa como este, que está a la orilla del mar y aquello fue tremendo. El traje relumbraba demasiado, no hallaban cómo lograr que no relumbrara tanto y se paró ese día el trabajo y yo me tuve que ir a toda máquina a teñirlo, en una tintorería, a darle un tono más oscuro. A veces en medio de una filmación, decía cosas que con otros directores no podía hacer: «Titón mira, con tu permiso, esto aunque estaba en el diseño ahora no me convence». A veces coincidíamos y otras veces me llamaba y me decía, «eso estaba, pero vamos a quitarlo», o «vamos a cambiarlo». No sé a qué le dirán un guion que tenga características más o menos rígidas, eso no fue lo que yo sentí.

Por el contrario, esta película *Cartas del parque* tuvo muchas variaciones. Es la película con la que más cantidad de extras se trabajó en una semana, se le dio servicio a mil y pico de personas en los portales de La Vigía, con la ropa de los extras. Yo llevaba un *stock* de vestuario para vestir en un día ciento diez, cien, noventa personas. Se cree que los extras no se trabajan con un vestuario diseñado, cuando el diseñador trabaja el *stock* –lo que hay en almacén para los extras– el diseñador se imagina los distintos personajes relacionados a la secuencia, a la escena, al lugar, al contexto donde se filma la película. En estos portales de La Vigía donde se desarrolló casi toda la película, que es esta historia de amor donde la muchacha va a que el escribano le escriba las cartas y se las haga lo más amorosas posible, todo el movimiento de ella en esos portales donde hay una serie de negocios y un ambiente de diversas personas, hay todos los tipos de personas. Empecé a diseñar: vendedores de cualquier cosa, mujeres que iban donde los escribanos a que le escribieran cartas de amor, o de otro tipo, gente que iba a comprar cosas para la casa, o sea, que era un público muy variado.

Tuve que empezar a imaginarme cuantas personas podían estar allí, y esto con la asistencia de dirección, con Ana Rodríguez, que trabajamos muy unidas. Titón hacía equipos muy unidos, por lo menos las veces que yo pude trabajar con él, tenía equipos de trabajo realmente muy coherentes. Una vez me dijo que él buscaba eso en la gente, que se relacionaran, que se conocieran.

Se había considerado ese *stock*, para distintas personas, distintos tipos, y ese *stock* por ejemplo, tiene diseños (blusas, vestidos o chaquetas de color) que después puedes intercambiar. Siempre buscas una estrategia donde te sea posible intercambiar algunas piezas, para poderlos variar.

Pero hay algo que yo todavía no he podido superar, el trabajo de camisería de hombre, ha ido como sufriendo un deterioro, porque el cine te enfoca mucho toda la parte superior, entonces toda esa zona de arriba, lo que es el torso en el cine es importantísimo, todos los planos, los acercamientos van ahí. Los planos generales más o menos te encubren muchas cosas. La camisería ha ido sufriendo una depauperación, por los cortes, por los materiales, por las entretelas. Cuando yo trabajo una película de época lo que a mí me enferma es lo que ya yo sé que va a venir, el gran problema de la camisería. Titón quería hacer una película de amor, que fuera verosímil, por ejemplo cuando estaba Juan sentado en los portales haciendo sus cartas, ahí tenía que tener un cuello duro, porque era lo que se usaba en la época, un traje modesto porque no era un hombre de una condición elevada, hecho con dril, era la época en que los trajes se hacían con driles o sea que él iba a estar con un traje propio de su grupo social pero el cuello tenía que estar bien cortado.

Otra de las problemáticas más serias que he encontrado es la de los sombreros. Han sufrido todo tipo de deterioro. En cuanto a la realización, eso en Cuba desapareció muy tempranamente, yo me acuerdo que empecé a trabajar en el cine en los años setenta. Y ya eran muy pocos los lugares en que se hacían sombreros. Realmente ha habido una bastante buena conservación de todos estos elementos pudiéramos decir históricos, de la vestimenta, hubo bastante buen cuidado en el Icaic. Pero todo esto fue desapareciendo.

El Icaic en cuanto a sombreros de mujer tiene un *stock*, tiene un almacén de sombreros, junto a su almacén de vestuario, donde puedes ir y ver lo que se adecua al diseño, al personaje, a lo que has concebido y después transformarlo. Pero la humedad de este país, el clima fue haciendo que ya en el año 1988, cuando yo hice esta película, muchos sombreros de paja de Italia, de fibra de paja, de lo que yo requería para este personaje que era una muchacha joven, de clase media y requería sombreros muy ligeros, bueno pues fuera muy difícil encontrarlos en este almacén y que estuvieran en buen estado.

Los sombreros a mí no me quedaron todo lo suaves que yo quería siempre quedé disgustada porque los tuve que someter a procesos para renovarlos un poco, para lavarlos, no se enceraron lo que se hizo fue como un barniz muy suave y esto los endureció un poco.

Titón todo el tiempo te estaba pidiendo verosimilitud, que tenía que creer en lo que veía, ¿por qué este vestido es así?, yo tengo que tener una respuesta coherente, ¿por qué está vestida de azul?, yo tenía que tener una respuesta, ¿por qué tiene un cuello blanco?, yo tenía que tener respuestas para todo, porque yo estaba trabajando con un director al cual no podía meterle gato por liebre. Otro no te averigua tanto, pero él si averiguaba, iba a las pruebas de vestuario. Las pruebas me ponían en una tensión extraordinaria, porque además era una persona que uno respetaba desde el punto de vista de su inteligencia, de su talento y de su entrega. Hay muchas maneras de uno acercarse a una personalidad, esa manera inteligente de hacer análisis la respetabas y tenías que tener respuestas inteligentes y era todo el tiempo un nivel de exigencia.

En el caso por ejemplo del personaje que hacía Amelita Pita en esta misma película *Cartas del parque*, Amelita tenía que ser aquella mujer que se había envejecido en aquel prostíbulo, donde mismo estaba Mirta Ibarra.

Ese prostíbulo que tuvo una atmósfera bastante buena, fue un trabajo tremendo encontrar el vestuario de ese prostíbulo, tanto de Mirta como de Amelita. Todo ese fue un trabajo donde se probó el maquillaje, donde se probó el vestuario, donde se probaron todas las alternativas de la ropa de la fiesta del burdel, y además, con la presión de que teníamos a Víctor Laplace con ese mismo recorrido de vestuario, un mismo diseño que iba transformándose. Esa ropa tenía que tener un lenguaje, en cada una de las escenas, no podía ser de esas cosas que uno ve a veces y dice «pero esto es falso». Si estaba sudada tenía que estar sudada y tenía que tener la impronta de ese tiempo, de ese momento en que él estaba en ese medio, dentro del burdel, distinto a cuando estaba dentro de su habitación y todo eso requirió mucho cuidado. María es una muchacha que se enamora de Pedro y cada tres minutos estaba en los portales haciendo una carta de amor, y le tenía que tener cinco o seis vestidos para ir a los portales, después a María en la casa, después cuando se empieza a citar con Juan, y ese mundo te exigía una cantidad de vestuario tremendo, un mundo que tenía otra intimidad, otra atmósfera, una película que por imagen me gustó mucho.

Bueno saliendo de esta película donde se tuvo que realizar tanto vestuario, zapatos, porque el zapato del treinta era muy redondo en la punta y también el tacón era como una cotorrita, entonces hubo que fabricar zapatos que quedaban de *Los días del agua* que se podían parecer mucho con los del once, con esa puntera, porque eran mucho más afiladitos en el once. El zapato en el cine casi nunca se ve, pero cuando se descubre te hace tierra, yo tenía el guion técnico, y en los encuentros que ella tiene en el Valle del Yumurí, que son muy lindos, los encuentros que ella tiene con Juan, pues hubo que fabricarlo porque no todo lo que había en el almacén me servía para la cantidad de personajes y para la cantidad de ambientes.

En el año 1989 me llama Fernando Pérez para hacer *Hello Hemingway*, que es una película que también tiene bastante vestuario, bastantes personajes entre 1957-1958. La historia ocurre en un mundo humilde, de mucha pobreza, aunque también había las imágenes de la embajada, las clases en el instituto. Fue mi primera película con Fernando Pérez con quien ya había tenido relación porque fue uno de los asistentes de *Los días del agua*. Es un director muy sensible y hay algo que el diseñador agradece, puedes tener delante de ti un director muy talentoso pero que no te trasmite energía para el trabajo, que te hace encontrarle un encanto particular, mucho más allá de lo que tu profesionalmente puedas hacer.

A mí me pasa con Fernando que él me dice solo dos cosas del personaje y yo ya empiezo a soñar como en voz alta y a decirle lo que yo creo, y empezamos a coincidir, y cuando no coincidimos, él tiene como una manera muy suave de hacerme entender. Yo siento que hay una corriente espiritual pudiéramos decir, de sensibilidad, que nos acerca muchísimo, es alguien con quien yo no quisiera nunca tener que dejar de trabajar y las veces que he trabajado con él en *Hello Hemingway*, *Madagascar* y *La vida es silbar* he tenido momentos muy felices, inolvidables.

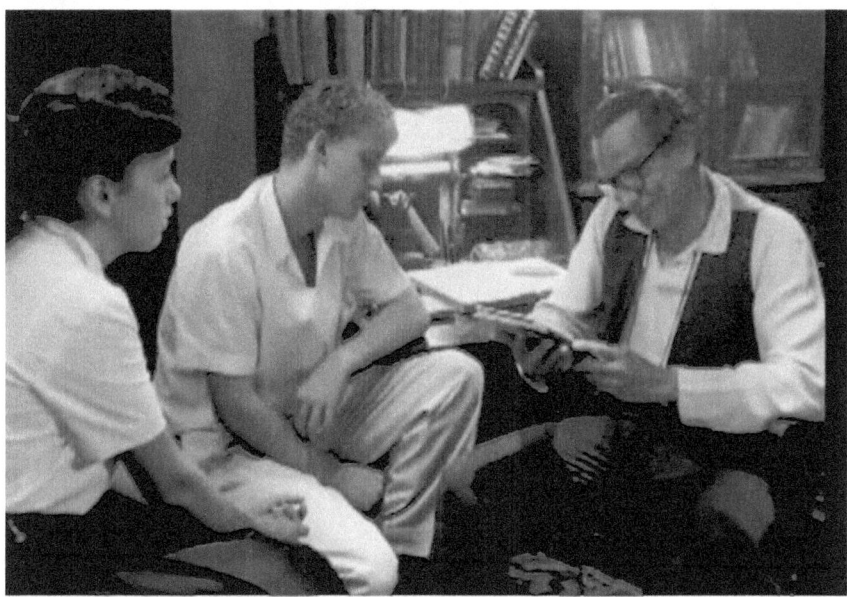

En *Hello Hemingway*, además de todo esto me unía que era una época que yo había vivido, no había vivido la vida del personaje, una muchacha que tiene todas las dificultades para lograr las aspiraciones de su vida, pero había muchos puntos de contacto con mi vida en esa época en que yo era también un poco como Laura. Tenía muchos puntos de contacto con ella, incluso, cuando yo diseñaba su ropa recordaba ropa que yo tenía, ropa parecida a esa. Mi origen es humilde, bastante humilde, no tanto como este personaje, pero me había puesto mucha ropa parecida. Fue una película que yo diseñé y me tocó fibras que yo había vivido, que yo había experimentado en vivencias de mi vida personal, la trabajé con mucho cariño, tengo muy buenos recuerdos de esa época.

Siempre que yo hablo del diseñador en el cine digo que el trabajo del cine es un trabajo de equipo, es un trabajo donde todo el mundo tiene que poner todo su interés, toda su pasión y todo su talento, y en esa entrega tiene que haber también afecto y familiaridad. Y cuando pasa esto en las películas uno trabaja mucho mejor, trabaja más cómodo, trabaja con más familiaridad en el buen sentido de la palabra, ahí donde todo el mundo se quiere ayudar, donde todo el mundo está por la causa, por la causa de que la película quede bien.

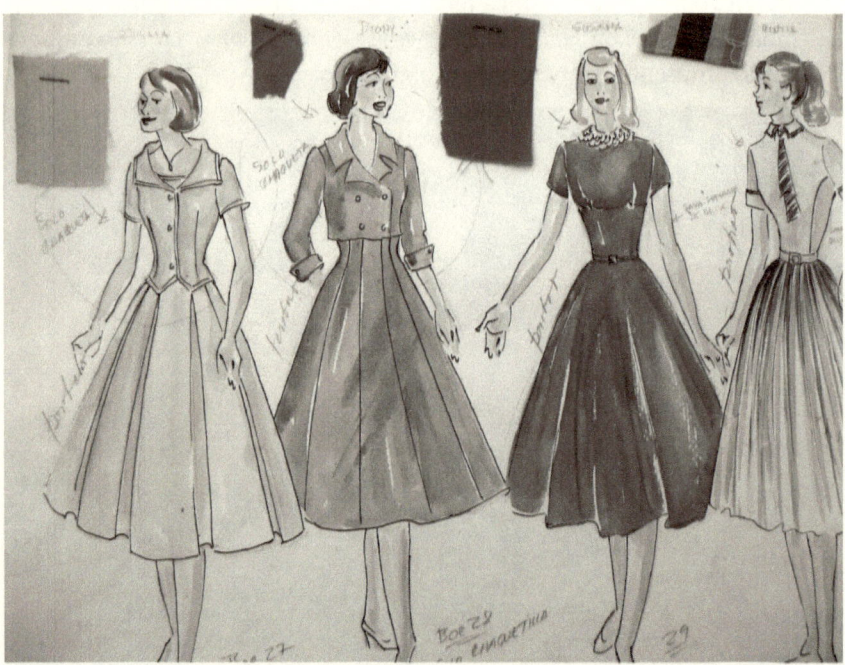

Ahí están los diseños, se hizo casi toda la ropa porque no se había trabajado una película de los años cincuenta con tanta gente joven, porque esta película tenía mucha gente joven. Es la historia de un grupo de jóvenes del Instituto de La Habana con distintas opciones y además está la historia paralela de esta muchacha, la protagonista, y está el acercamiento a la personalidad de Hemingway, escritor que yo nunca había tenido en ninguna película. Hubo que buscar los parecidos con la imagen, hacer pruebas de maquillaje, y buscar un *casting* que se le acercara a la personalidad de Hemingway, que no se ve tanto en la película, pero si se trabajó mucho para no crear ninguna imagen falsa. En Fernando hay una búsqueda en este sentido de que el vestuario tiene que dar la imagen del personaje y tiene que narrar las acciones del personaje. Es como Titón, hay un interés en la verosimilitud y la credibilidad de ese vestuario, en él también hay una insistencia en ese aspecto.

En el cine hay otro aspecto que la gente no entiende, en el cine son muy pocas las veces que después que realizas un vestuario lo usas acabado de hacer, porque ese apresto que tiene la tela, la condición de nuevo que tiene un traje en el cine casi siempre se rechaza. Cuando uno dice ambientar, el público dice ¿qué cosa es ambientar? Ambientar no es que la ensucies o la manches, ambientar es también lavarla para que la ropa no parezca nueva, recién estrenada, porque esas cosas a veces se ven, y si no se ven se sienten, y si no se sienten el director las percibe, y hay directores que no lo toleran. Porque la ropa tú te la pones y va cogiendo como tu cuerpo, como tu forma. No es lo mismo la ropa nueva en un perchero, en una tienda, en un almacén, o acabada de hacer, que cuando ya se usó, se lavó, se planchó. Eso se tiene que sentir, y hasta los mismos actores te agradecen que la ropa tenga eso. En el teatro el actor se tiene que acostumbrar, pero en el cine el actor te agradece que esa ropa ya no esté nueva, que tenga un desgaste. A mí hay actores que me han pedido la ropa para llevársela para usarla, o al contrario he tenido que pedirles ropa a los actores.

Madagascar (1994, Fernando Pérez) es una película que yo pienso, —no sé qué pensará Fernando—, que cada vez que la veo considero que es el testimonio fílmico más importante, más crítico del momento del período especial. Es un testimonio tan tremendo que hasta se respira el aire de aquel momento, sin ser una película de corte realista porque pudiéramos decir que tiene un tratamiento poético, hay un tratamiento en la atmósfera. La escenografía es impresionante, la fotografía también, desde mi punto de vista hay aspectos de la fotografía que yo no los había visto tratados en el cine cubano de esa manera y además con tanto rigor.

En el vestuario, que es lo que uno tiene que trabajar, este clima de las películas de Fernando, por supuesto en *Madagascar* se creció, esa camaradería esa hermandad se elevó porque era un momento muy difícil, nosotros no sabemos cómo es que se pudo hacer esa película, Recuerdo, que había momentos en que yo lloraba porque estaba dando una serie de elementos casi sígnicos, se creaban como signos, claves de lo que estaba pasando, porque ni siquiera la película te habla abiertamente. Hay claves contundentes y momentos realmente fuertes.

Toda la problemática que está sucediendo con esta muchacha que es un poco mutante, que está tratando de buscar un camino de buscar una verdad, es ese tipo de adolescente que tiene toda esta necesidad de esta búsqueda y la madre también va por este camino. Esta mujer tenía que ser muy creíble y tenía que ser muy cierto todo lo que tuviera, tenía que ser muy modesto, también tenía que reflejar toda esa atmósfera que tenía la película y sobre la que Fernando estaba constantemente llamando la atención y diciendo que él quería que toda esta poesía que había en las imágenes y todo esto que él estaba buscando se viera en el vestuario Él no quería un vestuario realista, quería un vestuario donde se pudiera transpolar todo ese mundo poético, y que esa realidad saliera un poco del mundo del realismo, que no fuera realista si no que trascendiera un poco. Yo me daba vueltas para ver cómo podía lograr una ropa que no fuera común y corriente, de una mujer cubana de aquel momento que era tan crítico, ¿qué era lo que teníamos?, los vestidos de lienzo, lo que cada uno podía. Uno no puede engañar la realidad, el diseñador no puede engañar en el cine, si trabajas una película del momento en La Habana tienes que buscar elementos de la realidad, pero también tienes que llevarlo al plano del arte, eso no es un documental que pones la cámara y filmas lo que está. No, tienes que trascender esa realidad y llevarla al punto artístico. Cuando me vi en esa circunstancia no fue nada fácil, tuve una idea que empecé a generar, se la planteé a Fernando y él la aceptó. Era en el caso de la muchacha, el personaje tenía mutaciones, y cada mutación de ella, desde el punto de vista espiritual, sentimental, tenía una manera, una demostración en la imagen. No era fácil, pero yo podía trabajar distintas imágenes en esta muchacha. Lo vemos como cuando ella fue rockera, tenía toda una serie de imágenes que podían estar trascendiendo ese mundo de la realidad para dar su imagen. Cuando ella empieza a ser religiosa también tenía una serie de elementos y era una misma persona. Cuando empieza a ser caritativa, humanista, humanitaria y anda en todo este mundo del pintor, se fue trabajando a ver qué es lo que le quedaba mejor, qué le quedaba peor, qué iba con la escenografía, cuál era el momento de color. En general había mucho negro en el vestuario de ella, en las diferentes fases que tenía, pero la madre era otra cosa. La madre tenía otro mundo, entonces yo lo que hice con ella fue buscar una estructura.

Yo tenía un criterio, en Cuba, por el calor, por el clima, la gente usa ropa holgada, haya la moda que haya, Nosotros aquí siempre, siempre tenemos algo que cae sobre el cuerpo, y eso identificaba a esta mujer con muchas mujeres. Esto le iba muy bien a Zaida, la actriz, y Fernando estuvo de acuerdo. Pero ¿de dónde yo sacaba toda esta ropa que trascendiera un poco la realidad esa que yo quería? Tenía también una atemporalidad, que tiene también en Cuba ese tipo de ropa. Ahora ¿cómo lo conseguí? me fui al ropero de mucha gente, y empecé a ver qué es lo que tenía «aquello» que no puedo decirte qué es, ese toque, algo poético que tenía el vestido. Y así se hizo fue muy bueno, a mí, el trabajo en pantalla me gusta.

La ropa de otros personajes fue de almacén y toda se trató, se ambientó, se le dio lija, se tiñó. Por ejemplo, la ropa que se pone Laura en el momento en que hace de rockera, toda vestida de negro, esa no se metió en un tinte, se tiñó pero como un degradée, y eso fue un trabajo como si fuera a hacerse el vestido más exquisito del mundo.

Después que terminé *Madagascar*, la otra cosa que trabajé con Fernando Pérez es *La vida es silbar* (1998), fue mi graduación. Los diseñadores chocamos con problemas económicos que van mucho más allá de lo que vale la tela, porque cuando nosotros estamos dibujando tenemos en cuenta ya aspectos económicos, desde el momento en que estamos creando las ideas. En el caso de *La vida es silbar* que teníamos muy poco presupuesto, como ahora, que los diseñadores tenemos muy poco presupuesto para trabajar, y si hay materiales no hay variedad, y en el cine esto es algo importante lo que yo siempre digo cuando doy clases de diseño, Hay dos aspectos que tienes que ver en el cine, tienes que dar unidad y diversidad, no te queda otra alternativa. Fue una película que se hizo con la ropa de los actores casi completa. Le dije a Luis Alberto García, «dile a tu mujer que tal día voy por tu casa que me saque toda tu ropa que voy a escoger la de tu personaje». Yo hacía un diseño que Fernando aprobaba, hacíamos el trabajo de mesa y Fernando decía: «si esa es la línea», ahora esa línea yo tenía que encontrarla en los *closets* de los actores. Esa es mi experiencia de esa película, estuve en casa de todo el que trabajó, revisando, se hicieron cinco o seis trajes de los diseñados. Se le hizo algo a Coralita Veloz que es la que tenía un personaje más especial que no tenía mucho que ver con ella.

Todos los trajes del ballet vinieron del Ballet de Camagüey y yo le hice algunas transformaciones. Toda la ropa que usa Claudia Rojas, era de ella, la recogimos, la llevamos para Cubanacán y la metimos en el sistema. Es decir el cine cubano se ha hecho ya de un sistema de almacenaje, y las vestuaristas todas lo conocen, además del desglose que se hace con el nombre de los actores, de los personajes, con toda la descripción de las piezas que usa por secuencia, y en cada percha se le pone el nombre y se le pone además a cada traje una señalización con una etiqueta que indica la secuencia y el nombre del actor, y la ropa que traíamos de la casa la metíamos en el sistema ese de la señalización. Después se le entregó todo a todo el mundo, por supuesto hubo quien lo dejó, Pero bueno esta experiencia fue atípica, porque también tuve que hacer pátina, romper cosas que era de la gente, o tuve que arreglar, que adaptar, ropa que tuve que teñir, ropa que le inventé a Claudia Rojas porque no había. Todo el tiempo era ropa actual y cada uno tenía su caracterización.

A veces una ropa actual te cuesta más trabajo que una de época, y a veces es al contrario. Lo único que pasa con la ropa de época es que tienes que tener el cuidado de que el trabajo de época se mantenga, que quede al nivel que tu requieres, claro porque el trabajo de época tiene diferentes puntos de vista. A veces trabajas con una fidelidad rigurosa, a veces no, pero de todas maneras requiere mucho más cuidado que cuando vas a hacer un trabajo actual. Por ejemplo, en una película actual yo me puedo tomar la libertad como creadora, como diseñadora, de no ir a algunas filmaciones, sin embargo en una película de época estoy ahí al pie del cañón, porque cualquier detalle te lo puede entorpecer, te puede aparecer cualquier gazapo en cualquier momento, se puede desvirtuar la línea de un peinado, te puede echar a perder el trabajo, o un elemento anacrónico, te puede echar a perder el trabajo. Todo puede suceder, aunque por supuesto tienes un equipo de vestuaristas, de asistentes, tienes los *scripts* que ayudan mucho con la imagen también en el momento de cuidar las filmaciones. A la hora de crear es lo mismo, porque tienes que pensar en un personaje, tienes que pensar en el contexto, tienes que estar pensando toda la dramaturgia de esa puesta en escena, estar al tanto de todas las necesidades físicas que tenga el actor, o sea, las mismas consideraciones para la época que para la actualidad.

Cuando llega el momento de los materiales ya tienes que tener otras consideraciones, tienes que buscar materiales que tengan mucha más relación con la época, tienes que cuidar de no poner materiales que tengan fibra sintética que no existían en la época. Bueno, época ya es cualquier cosa. Los años ochenta ya son época, los noventa es época. Época es lo que no sea la actualidad, y eso es algo que la gente no entiende. Por ejemplo, los años setenta ya es época, aunque nosotros los vivimos y nos parece que fue ayer. Entonces tienes que empezar a cuidar la imagen, porque la imagen es un sistema que empieza desde el pelo hasta los zapatos, tienes que tener en cuenta todos esos elementos de acuerdo al momento que estés trabajando, y desde luego, al contexto, a la película. Lo único que te exige cuando la película es de época es tener en cuenta el aspecto de los materiales, el de la tecnología, pero bueno también la actualidad tiene tecnología.

En *Fresa y chocolate* (1994, Tomás Gutiérrez Alea) que es una película actual, por ejemplo, con el tratamiento que se le dio al personaje de Diego, nos pusimos de acuerdo desde el primer momento. Pensamos que no tenía por qué ser esquemático, evitar elementos que la gente de una manera arbitraria lo identificaría como un homosexual. A Titón no le interesaba esto, sino que fuera él interiormente, que con los diálogos, con todo el contexto creado en la película se viera esta conducta, no hacerlo llamativo por lo llamativo. Por ejemplo, a Perugorría, que le queda muy bien el color negro y que a mí me gusta muchísimo como le quedaba, no podía ser un personaje oscuro. Diego no tenía por qué serlo, no se trataba de esto, pero bueno, pude hacerlo en algunos momentos, después trabajé varios colores con él. Por ejemplo, en el momento en que él está con el kimono, había una variedad de kimonos tremenda, y hubo alguien que me decía, «yo creo que una persona como él, como trata de atraer al otro, como está en ese mundo del homosexual, como trata de seducir a la pareja, yo pondría ahí un kimono con dragones bordados en oro».

A mí me parecía que era absurdo, yo quería un kimono más sencillo, entonces le mostré a Titón un kimono que era pintado a mano, bastante sencillo y le pareció bien, se lo probó y le quedó perfecto, y así fue de la manera que actuamos con los personajes en este caso. Por ejemplo, el personaje de Mirta que venía de otra película *Adorables mentiras* de Gerardo Chijona, a mí no me interesaba verlo y repetirlo, yo quise tirarle otra mirada, darle la mirada de esta Nancy dentro de esta problemática en *Fresa y chocolate*. En los diseños que yo había hecho tenía muchas telas de rayitas, de óvalos, de pinticas, pantalones ajustados, blusitas muy *sexy*. Sin embargo, en esa escena de la cena lezamiana, yo le había dicho a Titón que veía que ella en ese momento tenía un vestido, como el vestido ese que a toda mujer le gusta tener cuando quiere atraer a un hombre, en el momento que se enamora de alguien, bueno pues eso fue como la realización de un sueño.

Yo me fui a México con un presupuesto para comprar la ropa que hacía falta para la película, porque no había camisas de ese momento. Yo siempre me propongo como un trabajo paralelo de síntesis, que en esa simplificación haya cierta atemporalidad, o sea, no poner la época de una manera tan destacada. En este caso de *Fresa y chocolate* yo creo que lo logré, el tratamiento de la imagen en los actores, yo pienso que se mantiene todavía fresco.

David es un campesino, un muchacho que viene a La Habana con pocos recursos económicos. Por lo tanto, Diego tiene camisas de seda, camisas con terminaciones de cuellos perfectos, que se compraron especialmente para él, no tienen tanto tratamiento de lavado de desgaste como las de David, este lleva camisas de más uso, con terminación menos perfecta, eran más ajustadas. Todos estos elementos yo los fui reuniendo hasta que llegamos a la prueba, en que a David le quedaba más ajustada y eso era bueno para él, para que se le viera más el cuerpo y fuera más atractivo para el otro y también para la otra. Es un personaje muy jovencito y también puede ser muy atrayente: tiene unos ojos muy atractivos, había que buscarle una serie de colores que le hicieran un buen reflejo en el rostro, porque fuera el más modesto y el más joven no podías abandonar eso, al contrario, había que mantenerlo. Bueno ese fue más o menos el trabajo que hice. Trabajé con Mirta Ibarra, que colaboró muchísimo, a pesar de que ella y yo llegábamos a un acuerdo después de largas discusiones. En mi trabajo yo siempre consulto con los actores, pero de una manera afectuosa y profesional. Mirta a veces quería imponerme algo que a ella le gustaba mucho, pero Titón me decía «tú no le hagas caso, Miriam, tú haces lo que tú creas». Ya yo había trabajado con ella en *Placido* y en *Cartas del parque* que tuvo menos participación, inclusive todo lo que ella filmó lo hizo en una semana, y el vestuario no era tanto como en este caso que tenía más días de filmación. Además, tenía una presencia grande en el *set* porque Titón ya estaba enfermo y ella se preocupaba e iba mucho, era su compañera. La estancia de ella en el equipo de trabajo fue muy relajante, porque Titón no se sentía bien y ella le servía como de un apoyo afectivo en filmaciones muy largas, las filmaciones en La Guarida fueron muy largas.

Después de *Madagascar* hice la comedia *Quiéreme y verás* (1994, Daniel Díaz Torres) que es la primera comedia que diseño en el cine. Fue un trabajo muy interesante de la imagen, yo creo que si en la película hay algo que llame la atención, es el tratamiento de la imagen.

En esta película trabajé casi todo con almacén, se realizó muy poco. Creo que se hizo un traje de hombre nada más porque había un atentado en cámara y había que tener una protección., Todo lo demás fueron arreglos, reparaciones, sombreros que se llevaron a horma, que se llevaron a limpiar porque era una película que tenía la actualidad de los noventa y también de los años cincuenta y pico. Cuando se hacía la retrospectiva se iba al momento cuando estos mismos personajes eran más jóvenes y al momento en que ya no eran tan jóvenes, y el vestuario iba variando, por eso trabajé bastante con almacén. Hay un trabajo muy fuerte cuando trabajas en la búsqueda en el almacén que no es igual que cuando diseñas, haces el dibujo, y después buscas la tela, la cortan, la hacen, el actor viene se la prueba una vez, dos y ya, pero las pruebas de almacén...

Todos los diseñadores sabemos que la ropa interior te conforma la figura y te da un resultado en la imagen, mejor o no, por ejemplo en un traje del siglo XVIII o XIX que no tenga un corsé debajo, por bien hecho que esté el traje, pues no está bien, si vas a trabajar esas épocas las estructuras exigen esto. Hay otras épocas que te exigen un tipo de ajustador y lo tienes que mandar a hacer o inventarlo o un afinador o una faja. Ninguna mujer elegante, o de la clase media alta en los años 1940 y 1950 andaba sin faja, suelta, y si no la tienes debes buscarla. O sea, que el trabajo de diseño no es solo el trabajo de mesa, el trabajo intelectual, técnico, creativo, si no que a veces tienes que ir a detalles a un conjunto de detalles. Por ejemplo, quien te puede negar que una ropa interior no conforma una actitud determinada, no te sientas igual cuando tienes un corsé que cuando no lo tienes. Esto por supuesto ayuda al actor igual que te ayuda a ti a la imagen del traje, no se puede obviar. Por ejemplo, un pelado como el que tenía Isabel Santos en *La vida es silbar* le ayuda tanto al personaje como a la gestualidad del personaje, una mujer no mueve igual sus manos ni su cabeza cuando tiene el cabello corto que cuando lo tiene largo. Todo este estudio de la imagen lo tiene que hacer el diseñador.

En el Icaic casi todos los diseñadores diseñamos el maquillaje, el peinado, porque ¿quién mejor que yo podía decir si Micheline Calvert en *Hello Hemingway*, que hacía de una secretaria en la Embajada Americana deba llevar un moño o no con el vestuario que tiene?, ¿Quién mejor puede decir que peinado o que pelado debe tener Diego o que pelado tiene David en *Fresa y chocolate*?

Además, lo peor que tiene el cine es que, en otros medios que no sean filmados, tienes la posibilidad de cambiar, de mejorar. Por ejemplo, en el teatro una cosa no te queda muy bien y al otro día fuiste y lo mejoraste, pero en el cine cuando se filma trato de estar ahí sentadita mirando hasta el último momento, y si puedo cambiar algo o mejorarlo ahí estoy hasta el último momento para hacerlo. Esa pasión por estar hasta el último minuto no se me ha quitado y a veces me tengo que ir, y con qué pesar me voy, porque digo «y si pasa algo y no estoy ahí», independientemente de que trabajes con buenos equipos. He tenido la suerte de trabajar con equipos extraordinarios, buenos anotadores que tienen mucho que ver con nuestro trabajo. Porque a veces a mí un anotador me ha llamado la atención de un detalle que a lo mejor a uno se le había ido entre tantas cosas. Siempre he tenido equipos que me han ayudado mucho, pero yo tengo ese celo de estar siempre ahí porque es eso de que «el ojo del amo engorda el caballo».

Nosotros siempre hemos tenido buenos diseñadores, Cuba ha tenido la suerte, y creo que es como una gracia, de tener una buena cantidad de creadores de la plástica y de la imagen, Tú ves como en Cuba la pintura se ha desarrollado y tiene muy buenos exponentes. En el caso de la escenografía, que es un elemento importantísimo de nuestro trabajo, yo creo que no he hecho la alusión que debía haber hecho de la escenografía, pues es el contexto donde se mueve nuestro trabajo, es decir, que el diseñador lo tiene muy en cuenta, cada vez que uno diseña tiene que considerar en qué ambiente está, no es solamente el traje, el actor, el guion. Pienso que Cuba ha tenido mucha suerte, y las primeras películas del Icaic yo no las veo hoy como casos desafortunados en la imagen, esas cosas que uno ha visto donde existe un tratamiento falso del vestuario, no existe en el cine cubano. Siempre tiene, por supuesto, la impronta del momento en que se hicieron; es inevitable que cada película tenga esa impronta.

Aunque en el país no se le ha dado, y eso sí lo pienso yo, la importancia que el diseño tiene, y el ISA estuvo muchísimos años cerrado en esta rama, luego no hay una consecutividad de formación profesional de diseñadores, en Cuba contamos con un grupo de diseñadores de un trabajo meritorio, profesional, serio, cuidadoso y celoso. Aunque siempre hay quien se destaque más y quien se destaque menos, y aunque siempre hay directores a quienes no les interesa la imagen de los personajes, aunque también hay directores a los que les interesa más la cosa espectacular en el vestuario y no el vestuario enfocado de una manera dramáticamente acertada, pero la realidad es esa, existe un grupo de valiosos diseñadores. Ya no vamos a hablar de época, porque por ejemplo en *Las noches de Constantinopla*, que es de la actualidad, se puede decir que es una película de complejidad en la imagen y tiene muchísimas soluciones de la imagen muy buenas, pero teníamos a un director, Orlando Rojas, que nos tenía acostumbrados a interesarse por los valores de la imagen plástica en el cine.

El espectador de ahora, sobre todo en este país, tiene un nivel de exigencia superior porque es un espectador más entrenado. Yo pienso que Cuba es un pueblo de cinéfilos, puede ser un pueblo de deportistas, de músicos, pero es innegable que también es de gente que asiste al cine. Aquí además de ver el cine cubano tenemos los Festivales de Cine que pone a la gente en contacto con la cinematografía de otros países y esto educa mucho el gusto del espectador. En general yo pienso que el cine cubano es un cine afortunado en la imagen, *Lucía*, *Cecilia*, Una pelea cubana contra los demonios, hasta las películas que tienen un trabajo, digamos, más de síntesis en el vestuario, menos enriquecido, o que no son comedias, o que son dramas tan fuertes como *La última cena*, *Maluala*, *El otro Francisco* o *Plácido*. En cada una de esas películas te das cuenta que estas ante un mundo de profesionales de la imagen, te podrán gustar más o no, podrás estar más o menos complacido, pero lo que si no puedes negar es que hay un grupo de profesionales entregados al trabajo, que tienen un dominio de lo que están haciendo y que tienen un dominio de la atmósfera. En películas más actuales, como digamos Miradas, te das cuenta de que hay un tratamiento muy justo de la atmósfera, y del ambiente.

A lo largo de los cuarenta años del cine cubano ha habido un grupo importantísimo de creadores muy profesionales y esto por supuesto le ha dado al cine cubano un rigor estético. Y algo que quiero agradecer es que se haga este trabajo, porque a la vez que se dejó de hacer la carrera en el Isa yo creo que ha habido poco interés en las autoridades que tienen que ver con que este trabajo se estimule, que estos creadores sean estimulados, para esos creadores no ha habido nada. Te puedo decir que en cuarenta años que llevo en la profesión, si buscamos las críticas, vamos a encontrar muy pocas o quizás ninguna que hablen del vestuario, más bien ninguna.

Veremos si con el tiempo todos estos críticos, estos especialistas que tienen que ver con el mundo de la prensa, del análisis de la crítica cinematográfica, hablan un día de la imagen, de los que crean la imagen, como dice Enriquito Pineda: «de los que visten el cine», porque en definitiva yo creo que hay un grupo grande que se ha entregado, y creo que algo hay que hacer con toda esa gente antes que desaparezca. Nosotros solo aparecemos en los créditos. En definitiva, yo creo que somos un grupo enamorado de nuestra profesión, ahí está María Elena Molinet, está Derubín Jácome, está Jesús Ruiz, yo misma me incluyo entre los que somos defensores y enamorados de nuestra profesión, y seríamos capaces de ir a donde quiera para que esto se tome en consideración, pero como uno está metido en su trabajo y nadie se ocupa. Ni siquiera el Festival de La Habana, nuestro festival, se ocupa de premiar un vestuario o una escenografía.

Una vez le comenté a Alfredo Guevara (fundador y presidente de Icaic hasta 1999) en una reunión en que estábamos después del estreno de *La vida es silbar*, en diciembre de 1998: «Alfredo usted sabe que en la revista *Cine Cubano* jamás se le ha dedicado un artículo a los diseñadores, ni al diseño, ni a nada que se le parezca, ni a la escenografía, ni al vestuario, somos como que ignorados, ¿por qué se nos ignora si más del 90 por ciento del cine es imagen?, ¿qué cosa no es imagen menos el sonido?, todo lo demás es imagen en el cine la cámara se mueve a través de la imagen, y ¿por qué somos tan ignorados? ¿Qué es lo que pasa con nosotros?».

Han pasado más de veinte años y todavía no hay respuesta a esa pregunta.

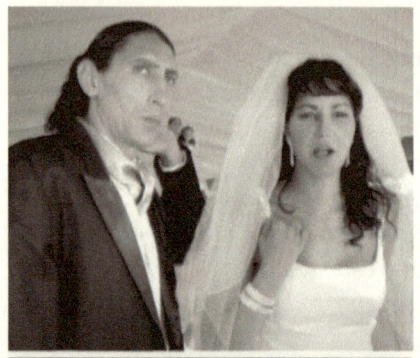
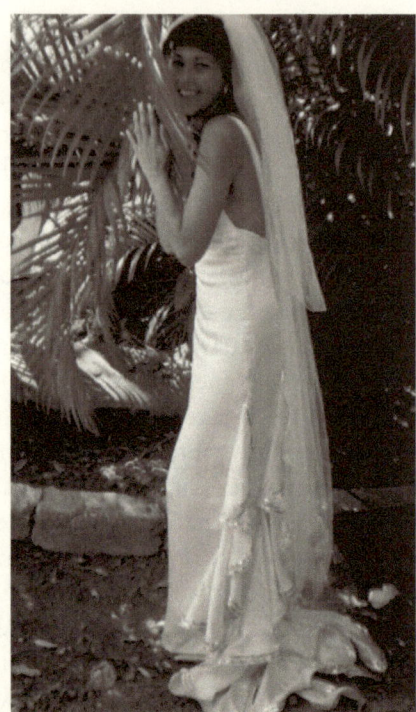
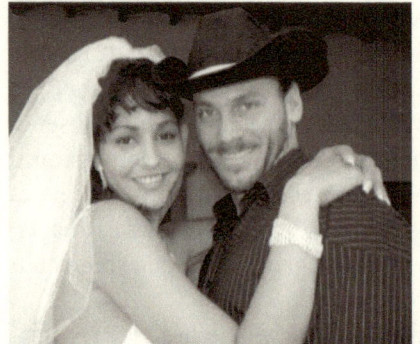

El cuerno de la abundancia

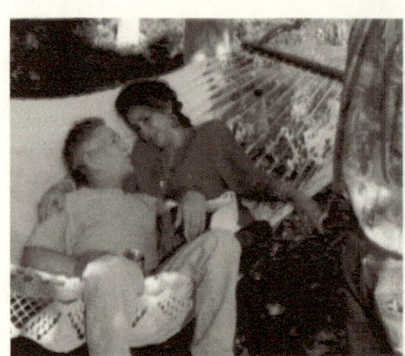
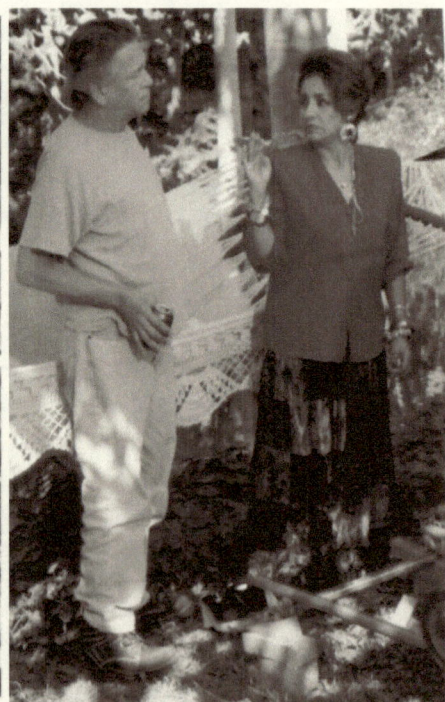
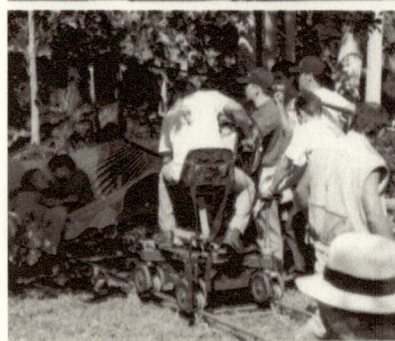

Las profecías de Amanda

Nancy González

Pinar del Río, 1944. Arquitecta y diseñadora de vestuario.

Antes de graduarme de Arquitectura, cuando me faltaba solo una asignatura, con la tesis de grado lista y calificada con cinco puntos, de repente, interrumpí la carrera por seis años. Por razones «ajenas a mi voluntad», ejercí como profesora de Diseño en la Escuela de Diseño Informacional e Industrial, centro de estudios que sirvió de base para el Instituto Nacional de Diseño, así que soy fundadora de ese Instituto. Era miembro del Consejo de Dirección. Como profesora, integraba un equipo con Oscar Ruiz de la Tejera, también arquitecto; Edmundo Desnoes, reconocido escritor, coautor junto a Tomás Gutiérrez Alea del guion de *Memorias del Subdesarrollo*, filme basado en una novela de Desnoes y Jorge Alberto Carol, que era entonces un joven pintor talentoso.

Nos dimos a la tarea de inventar un sistema de enseñanza de Diseño en Cuba, que no había por entonces. Lo llamábamos «aprender a aprender». Me había convocado Iván Espín Guillois, que era el director de esa escuela para que empezara a dar clases. Me explicó que no necesitaríamos el título de arquitecta y desde marzo del año 1970, de regreso de una estancia familiar, de un año, en Europa Occidental, me vinculo al diseño, en la entonces Escuela de Diseño Informacional e Industrial de La Habana (EDII). Aún pertenecía al Ministerio de Comercio Interior (Mincin).

Salí del mundo del diseño y me gradué de arquitecta. Ejercí en varios organismos como la Academia de Ciencias; Consejo Nacional de Cultura; Centro Nacional de Conservación, Restauración y Museología del Ministerio de Cultura, donde pedí licencias sin sueldo y comencé a aceptar contratos con el Instituto Cubano de Arte e Industria Cinematográficos (Icaic). Tuve la suerte de participar en seis largometrajes, con directores destacados.

Es decir que, al cabo de muchos años, ya en mis cincuenta, por primera vez acepté trabajar en cine en calidad de diseñadora de escenografía y dirección de arte en el largometraje *Reina y Rey* dirigida por Julio García Espinosa, en sustitución de Pedro García Espinosa, que pidió ser librado para participar en una exposición de pintura en Venezuela. Fue mi primera experiencia y confieso haberme sentido bien acogida por el resto del equipo y además me sentí segura de lo que hacía, a pesar de que ya la preproducción había comenzado. Con el apoyo de la asistente de dirección, Lourdes Prieto y la valiosa colaboración del asistente de escenografía y utilería, no tuve dificultades para realizar mi trabajo.

Para mi sorpresa, lo que más realicé fueron diseños de vestuario. Nunca pude suponer que iba a hacer un trabajo como este, simplemente fue coyuntural, casi de casualidad. A pesar de mi formación nunca me incliné por el cine, tuve oportunidad de haberlo hecho desde *Una pelea cubana contra los demonios*. Tomás Gutiérrez Alea, Titón, me propuso hacer la escenografía, sin embargo, yo pensé que ese no era mi quehacer, que no era una profesional en eso, que no iba a hacer un buen papel y no tuve la audacia de reflexionar sobre ese planteamiento y dar una respuesta positiva a ese notable director.

Empezaba a trabajar en la Escuela de Diseño, tuve esa propuesta, pero la rechacé por miedo, no quería hacer un papelazo y le sugerí a Titón, nombres de otros diseñadores. A medida que se hacía la película yo pude seguirla muy de cerca y me decía, íntimamente, que sí hubiese podido haber hecho la película.

Continué de profesora en la Escuela de Diseño Industrial donde, como ejercicio de clases, los alumnos hacían documentales y animación. Con la unidad cinematográfica de la Fuerzas Armadas Revolucionarias (FAR) y con el Instituto de Radio y televisión (IRT) hacíamos algo de cine como docencia.

Hice la asignatura que me faltaba en la Universidad, me gradué de arquitecta y empecé a ejercer, en 1975. Me especialicé en arquitectura teatral en la República Democrática Alemana (RDA) y ahí vuelvo a tener la posibilidad de entrar en el tema del diseño del vestuario y de escenografía, pero para el teatro, no para el cine.

Tampoco me incliné a ese trabajo a pesar de que algunos directores me hablaron en determinado momento de trabajar con ellos y aunque decliné, la arquitectura teatral me llevó a relacionarme con todas las especializaciones del teatro: luces, acústica, escenografía, vestuario, y otra vez se mete en mi camino toda la imaginería que puede haber detrás del telón, que son temas con los que también trabaja el cine. De alguna manera estaba como predestinada a terminar los últimos días de mi vida metida en algo parecido a eso, aunque nunca pensé que me iba a dedicar al cine, sino al teatro.

La primera vez que me comprometí a trabajar en una película, estaba preparando *Sueños de una noche de verano* con Vicente Revuelta para el teatro, yo iba a hacer la escenografía. Empecé a investigar, pero le pedí permiso a Vicente para hacer una película y me dijo: «Nancy, a lo mejor pasan los años y nunca logramos hacer esto, tú sabes cómo es el teatro en Cuba, haz tu película. Tenemos tiempo...» Y así fue.

Mi primer acercamiento con el cine, ya dije que fue coyuntural, no tan casual, porque hay una serie de puntos de contacto en los que he tenido que opinar, que enseñar, por mi carrera profesional en la escuela de Diseño y por mi trabajo de arquitectura teatral. Entonces tenía que ver con el diseñador de vestuario, qué espacios necesita, cómo y dónde empezaba en su tarea de diseño, con qué diseñaban, dónde guardaban ese vestuario diseñado, dónde se cambiaba el actor, qué espacio necesitaba, cómo se mostraba al director. La tarea del arquitecto es tan amplia que termina enterándose de todos los pasos que da un diseñador de vestuario, desde que compra la tela, cómo la corta, cómo dibuja, cómo hace su repertorio, cómo se diseña, cómo se conserva, a medida que yo tuve que estudiar todo eso, empecé a pensar: ¡qué trabajo tan bonito, tan interesante! Lamentablemente se me ocurrió casi a los cincuenta años.

En menos de dos meses fui llamada para hacer la dirección de arte, la escenografía y el vestuario de la coproducción cubano-española *Maité* (directores, Eneko Olasagasti y Carlos Zabala. 1994). Cuando oí la palabra vestuario volví a negarme, en principio, porque me parecía que no era capaz de hacer el vestuario de una película, pero otra vez me vi compulsada a hacerlo. Esta vez fue la directora artística, Lourdes Prieto, quien me convenció. Dijo que me había visto trabajar en *Reina y Rey*, que confiaba plenamente en que yo podía asumir las tres especialidades en esa película. Me trajo el guion, lo leí, me interesó y dije que sí. No es una película complicada, pensé. En todas las películas en las que he participado que ya son seis, tengo que decir que no me ha resultado complicado resolver los diseños. Eso sí, en el cine se trabajan muchas horas, es un trabajo duro. «Se necesita tener salud para hacer cine», decía Titón. Y es exactamente así. A mí me tomaba más de doce horas diarias hacer los diseños y coordinar con todos los factores implicados.

Pero, en cuanto al diseño en sí, era un trabajo en el que me sentí muy cómoda. El trabajo me empezó a gustar mucho, el estilo de trabajo, la camaradería, los grupos, el ambiente.

El tema del diseño en el cine, para mi asombro, resultó ser bastante rápido, en cuestión de tres meses se hacía toda la prefilmación, en unas semanas se ejecutaba aquel trabajo, y uno veía la palabra FIN en la pantalla. Me ilusioné con hacer un trabajo que se hacía en tan corto tiempo, además que era un tema de diseño, implicaba dar respuestas a los problemas de una manera rápida, amena, difícil, pero que tenía un comienzo, desarrollo y final y —en breve— veía mi obra terminada; ese fue mi mayor estímulo. Yo llevaba tiempo tratando de restaurar el teatro Martí, que se extendía a través de años y no se lograba avanzar.

De manera que después de participar en las dos primeras películas, pedí mi baja de la arquitectura y me dediqué a los trabajos del cine. Aunque dejé por escrito en la Dirección del Cencrem, mi intención de regresar al Martí como proyectista general cuando se contara con los recursos materiales de ejecutar su restauración. Había invertido casi veinte años en ese objetivo, que se encontraba paralizado por el inversionista.

Después los filmes *Reina y Rey* y *Maité*, participé en *Guantanamera* (Tomás Gutiérrez Alea; *Lista de espera* (Juan Carlos Tabío); *Las profecías de Amanda* (Pastor Vega) y *El cuerno de la abundancia* (Juan Carlos Tabío).

Mi quehacer en el cine ha sido muy corto y muy rápido y, repito, todas son películas con temas actuales, en Cuba. Nunca me he enfrentado a un vestuario de época; pero, como me gusta la investigación, creo que hubiese podido acometerlo en el cine cubano, con temas cubanos, nunca podría ser complicado, en cuanto a su diseño. En Cuba lo que resulta complicado es la realización. Las limitaciones dependerían siempre del productor en todo caso.

En *Maité* trabajé con dos directores españoles que no conocíamos, dos muchachos jóvenes, venían del teatro y era su primera película. Este filme ganó el Premio de Popularidad en el Festival Internacional de Cine Latinoamericano en Cuba, el año de su estreno.

En *Guantanamera* como se trataba de que el director fuera Tomás Gutiérrez Alea con sus características y su trayectoria, a mí me costó mucho trabajo aceptar el trabajo. Titón estaba buscando un diseñador de vestuario y fueron los compañeros de producción, sin hablar conmigo todavía, quienes le plantearon que Nancy González estaba dispuesta a hacer la película. Hay una anécdota graciosa: él dijo que no sabía que Nancy González, la actriz, también era diseñadora de vestuario, y le dijeron «no, es la arquitecta».

—Nancy siempre rechazó trabajar en cine, pero bueno, si ella dijo que va a hacer la película, yo tengo confianza en que la va a hacer y la va a hacer bien porque conozco a la persona.

Eso estableció como un cierto compromiso ya que, desde la época de *Una pelea cubana contra los demonios*, quiso que yo trabajara con él y no integré su equipo por miedo a no estar lista. Esta vez fui a casa de Titón casi a pedirle excusas, pues con casi cincuenta años me iba a arriesgar a hacer este trabajo. Entonces le hablé de las otras películas que yo había hecho. Le dije «si tú quieres mira el vestuario de *Maité*, no sea que nuestra amistad se rompa porque yo te haga un churro». Ni quiso ver esa la película, me dio un voto de confianza y yo hice *Guantanamera*. De nuevo iba a trabajar con dos directores, Titón y Juan Carlos Tabío.

Fue un placer en todos los sentidos. *Guantanamera* (1995), es una película que tiene una situación bastante *sui generis*. Yo tenía la experiencia de *Maité*, que era con dos directores, dos cabezas, eso complica un poco el trabajo de los diseñadores, porque tienes que ir con cada uno de esos dos directores, enseñar tu trabajo, durante el proceso, hasta lograr la aprobación final. Era mucho más fácil obtener una respuesta rápida de Juan Carlos que de Titón. Es cuestión de estilo personal. Juan Carlos seguía más de cerca la cuestión del vestuario, yo me sentía más cómoda para enseñarle un tejido, una idea... A Titón se me hacía más difícil el acceso, no porque no le diera importancia al vestuario, o solía delegar demasiado o tuvo una gran confianza en mí. No sé a qué se debe, pero me costó muchísimo trabajo siempre y esta era mi tercera película, en la que echaba de menos que los directores se sentaran a hablar, aunque fuera media hora, de la escenografía o del vestuario.

Para mí que venía de una escuela, de un centro docente, en que les exigíamos constantemente a los estudiantes de Diseño que tenían que investigar, dar profundidad a cada paso, antes de dar una respuesta de diseño, siempre me será difícil responder, por lo menos en el caso de Cuba, que es mi única experiencia, por qué a los directores de cine les cuesta tanto trabajo seguir de cerca lo que está pasando con la escenografía y el vestuario. Ellos se centran en la dirección de actores, en montar digamos, la parte dramática. Delegan casi totalmente es los diseñadores. Cada uno va trabajando «por su cuenta». Incluso no hay diálogo ente los diseñadores de escenografía y vestuario. Los directores se acercan a ver los *sets* casi conformados, casi diseñados, casi con el OK dado por la producción. Con el vestuario y la escenografía, igual. Modestamente quiero decir, que esos equipos deberían estar íntimamente relacionados desde el inicio de la película.

Sentía esas preocupaciones y las hablaba con los asistentes de dirección me decían: «alégrate, eso significa que el director confía plenamente en lo que estás haciendo». Igual respuesta me dieron los colegas Lorenzo Urbistondo (Diseñador de vestuario, mi ex alumno en la Escuela de Diseño, por cierto, con experiencia en varias películas) y Jesús Ruiz, con larga y reconocida trayectoria en Teatro y Cine. Con ambos recuerdo haber conversado sobre estas preocupaciones. Ambos respondieron de la misma manera: «Eso es que el director confía en ti». Me dieron cierta tranquilidad; pero siempre sentí cierta preocupación de llegar hasta el último momento, en que el director venía a chequear lo que ya estaba prácticamente listo, para filmar.

Se cuenta con un asistente de dirección para el vestuario, así como para la escenografía; pero en mi caso, siempre sentí la necesidad de estar más integrada directamente, desde el inicio, con qué esperaba realmente de mi trabajo el director.

No basta con la lectura del guion en colectivo. Porque ahí concurren los técnicos en su totalidad: fotografía, sonido, luces, escenografía, vestuario, producción. Donde yo anotaba dudas que me surgían, específicas del vestuario, resultaba difícil plantearlas en ese contexto tan general.

Yo sugiero que debería permitirse poder asomarnos a los ensayos con los actores —discretamente, sin interrumpir pues ahí es donde se marca con cada personaje lo que se espera de su actuación y donde cada actor expresa al director, cómo ve su personaje. Por ejemplo, en el vestuario, que es el tema que estamos tratando, todos sabemos que «el hábito SÍ hace al monje». Después que uno lee el guion en solitario, para conocer la historia y analiza personaje por personaje, el diseñador casi tiene que imaginarse cómo es la psicología de ese personaje y muchas veces la caracterización, la dramatización de hacia dónde va ese personaje. Cuáles son sus aspiraciones, sus ambiciones, cómo se vestiría... Prácticamente tiene que imaginarlo solo, porque no participa para nada de los encuentros del director con los actores, que sería el momento en el que se está bocetando la actuación de cada uno de los personajes, hacia dónde va el objetivo dramático, cómo el actor va a asumir a su personaje. Eso permitiría a los diseñadores afinar y redondear sus conceptos, antes de cerrar el diseño.

Como diseñadora de vestuario de la película *Guantanamera*, recuerdo que investigaba la ropa para los sepultureros. Me fui al cementerio Colón. Y vi un entierro donde dos de los hombres que sostenían con cuerdas la caja fúnebre, al ir a bajarlas a la tumba, iban vestidos de completo uniforme verde, con ropas que utilizan los cirujanos, en hospitales de Cuba. Los sepultureros de ese día, llevaban puesto hasta el gorro de tela con las tiritas para atarlos detrás, en este caso, según ellos, para protegerse del sol. Por cierto, las llevaban sueltas, tal y como los pacientes vemos a los cirujanos fuera del salón de operaciones. ¿Quién no reconoce ese uniforme en Cuba? Imagínate la connotación que tenía esta imagen en la pantalla, con un tema como el de *Guantanamera*, frente al espectador, en una sala cine, viendo un sepulturero vestido con ropa de cirujano enterrando a una persona, eso se presta a cualquier tipo de interpretación errónea, de nuestra realidad, o de que hay una intención del director de «insinuar algo» a través del vestuario del sepulturero. Es decir que el vestuario también va dando la pauta, va proyectando lo que se quiere decir. Eso era muy delicado.

Cuando le enseñé a Titón las fotos que tomé de los sepultureros vestidos de cirujanos, se moría de risa. Yo le había preguntado a los enterradores por qué usaban esa ropa y me explicaron que un vecino de ellos, cirujano, cuando su ropa estaba desgastada o dañada se las regalaba para trabajar en el cementerio. Pregunté además si tenían alguna indumentaria oficial para trabajar y contestaron que les daban ropa; pero solo para utilizarla en caso de entierro de alguna personalidad notable, en que se contara con la presencia de la prensa.

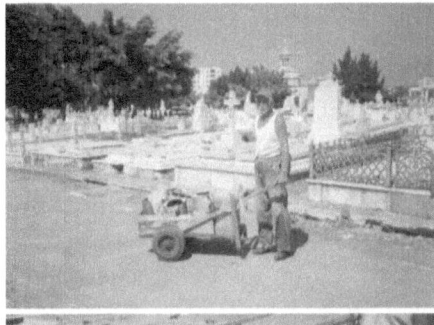

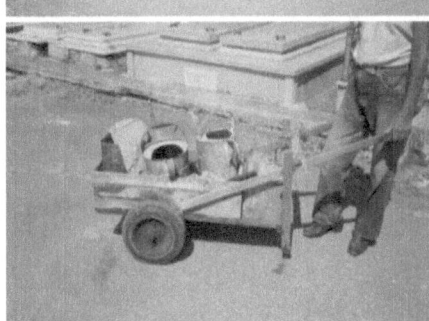

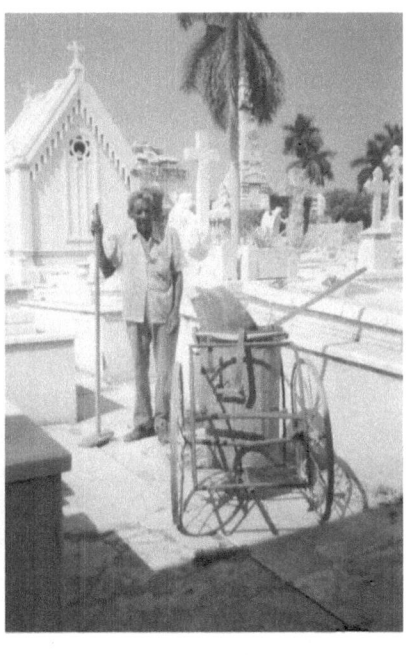

Estuve yendo varios días al cementerio para concluir mi investigación. La ropa que utilizaban normalmente, merece comentario aparte. Se trata de hombres de un nivel tan modesto que sus camisas a veces no tienen ni botones, las atan con cordeles o tiras de tela. Llevan calzado muy deteriorado, retorcido por el fango, sin cordones. Las carretillas que utilizan, así como sus herramientas son diseñadas por ellos mismos, con materiales de desechos de madera, metal y ruedas recuperadas de cualquier tipo de vehículos.

Todo esto significa que desde que te entregan un guion hay que estar muy alerta de que hay una historia que se quiere a contar. Se necesita un buen guion, que es muy claro y preciso para que cada uno de los especialistas capte la esencia de esa historia que se va a contar: cómo se va a contar. El guion debe dar la pauta de la narrativa de esa historia, cómo es, en qué términos se va a contar. Estar muy alerta de no salirse del modo en que el director pretende contar esa historia, que sea creíble y evitar contar la historia a tu manera.

No puedes vestir a los personajes porque te parezca que un traje es más o menos atractivo, más o menos agradable. Hay que pensar en el biotipo del actor piel, cabello, peso. El oficio. Tiempo en que va a utilizarlo, frío o calor; lugar: una escuela, el monte, la ciudad, una piscina, un cabaret; la luz: día, atardecer, noche, soleado o lluvioso ¿se van a mojar en la escena? ¿Habrá fuego?; pactar con el director de fotografía: la textura, el color que pretendes, respetar la gama de colores pactada.

Se debe tener en cuenta una gama amplia de temas para apoyar la personalidad de cada uno o valga la redundancia, como se proyecta cada personaje. Tienes que saber qué es un protagónico, qué es un antagónico, los secundarios y por ahí orientarte muy bien para confeccionar todo el vestuario para apoyar a cada personaje, para apoyar la historia que se quiere contar y no dañar la película por querer hacer un diseño en que brilles tú como diseñador, porque encontraste un color muy bonito, o un estampado, o una textura, porque no estás vistiendo al actor sino a un personaje que ese actor representa. Eso no puedes perderlo de vista nunca.

Vuelvo a *Guantanamera* por el guion, una de las pocas veces que se

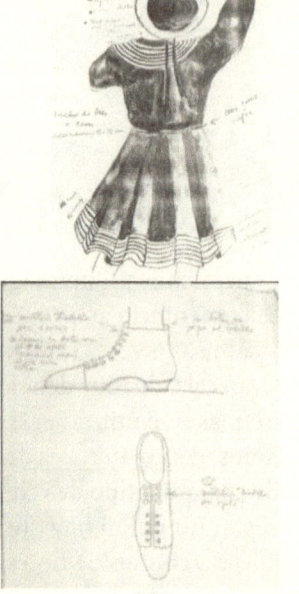
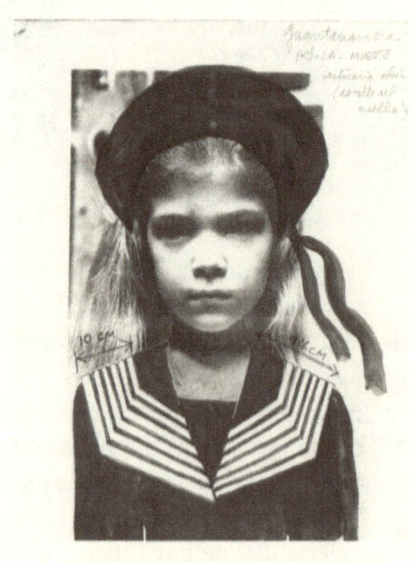

señalaba vestuario específico, decía que tenía que ser «un vestido encantador». No se especificaba nada más. Cuando tú vas leyendo la historia, te das cuenta de que está «Yoyita», que es una artista que vive en La Habana, mayor, que va a recoger a su ciudad natal, *Guantánamo*, un premio como artista destacada. Y por otro lado está su sobrina que vive allí, la espera. La va a acompañar desde que su tía llega a *Guantánamo*. Están felices con el encuentro. Tienen una relación muy bonita, íntima, a pesar de la gran diferencia de edad. La tía es un poco pizpireta, es una señora alegre que le gusta vestirse de cierta manera. Ella se rencuentra allí con un viejo amor y quiere estar muy atractiva y muy encantadora. El día de la entrega del premio sale con su sobrina y selecciona un vestido que es muy escotado, muy atractivo, quizás un poco atrevido para esa señora, incluso su sobrina está a punto de comprárselo y no lo hace siendo más joven, porque dice que su marido es un hombre clásico, muy rígido y no iba a entender ese vestido, por eso no se lo compra.

A la muerte de la tía, la sobrina, por razones sentimentales, se compra el mismo modelo que la tía había comprado, porque en este caso la sobrina se ha enamorado del chofer de una rastra y ella quiere encantar y atraer a ese chofer que es el actor Jorge Perugorría, por lo tanto, ella se compra el vestido y se lo pone. Teníamos que dar respuesta con un vestido que sirviera a una señora de edad que es pizpireta y que quiere resultar atractiva sin que esté ridícula y que ese mismo diseño le sirviera a Mirta Ibarra que es una actriz joven, bonita y atractiva.

El guion solo decía, vestido encantador y mis asistentes en tono jocoso me llamaban «vestido encantador» tratando de ridiculizar, no al vestido, sino a su diseñadora. Hay que estar muy atentos, casi adivinar qué cosa se trae el director entre manos, saber con cada palabra escrita en el guion qué quiso decir, en qué estado estará todo con ese lenguaje cinematográfico, qué se espera de ti. No quedarse por debajo, pero tampoco pasarse.

En el caso de *Las Profecías de Amanda*, pues lo mismo. En el caso de las películas en que he participado ya he dicho que son películas, de temas cubanos, locales y actuales. Eso ha ido facilitando mi trabajo pues cada película me ha servido como experiencia inmediata para la siguiente. La otra cosa que ha estado a mi favor, es que han sido bastante seguidas. Es una lástima que hay pocas producciones y muchas personas de talento dispuestas a hacer ese trabajo, no siempre tienen la oportunidad de poder participar en las pocas películas que se estaban produciendo por aquellos tiempos. Tuve la suerte de ser llamada a participar en seis largometrajes, con directores importantes.

En *Las profecías de Amanda* (Pastor Vega, 1999,) el personaje protagónico, Amanda, se imagina como una reencarnación de Lola Flores. Utiliza algunos trajes que son de baile folklórico español. Otro diseñador, Carlos Urdanivia, era encargado de vestir a Daysi Granados que era la protagonista de la película. Pero Daisy interpretaría a la Amanda adulta. La única experiencia que se salía, para mí, de lo anterior, era la de los trajes folklóricos, tanto los de la niña como los de la joven. Hacer un traje de baile flamenco, español, bien hecho, es algo que no tiene gran mérito, porque simplemente tiene que ser algo que venga con la figura de la actriz, su talla, su tono de color y que venga bien con el resto. Hay suficiente información.

Todos los extras que aparecen en pantalla los viste el diseñador, por lo menos en mi caso. No he dialogado mucho con otros diseñadores. Incluso en mi quehacer profesional no tengo mucha relación personal con los diseñadores de otras películas. Miriam Dueñas, Lorenzo Urbistondo y Jesús Ruiz, fueron bastante allegados. Lamentablemente, muchos han desaparecido. Lamento haber tenido poco contacto con Villita, aunque a veces coincidimos. Tengo una relación de larga y buena amistad con Eduardo Arrocha, Premio Nacional de Teatro. Pero siempre fuimos amigos fuera de la profesión del Diseño de Vestuario.

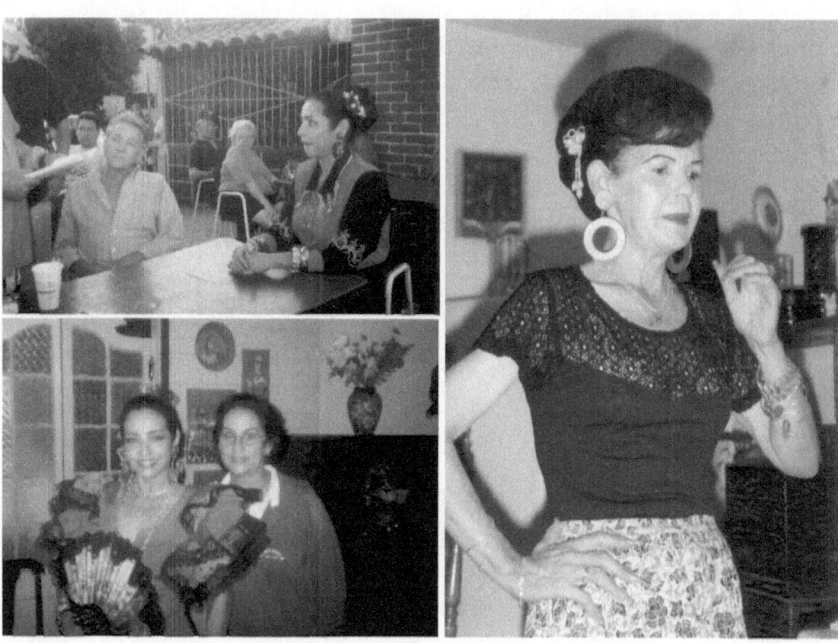

No creo que exista mucho diálogo entre los diseñadores, pero me parece que somos personas que trabajamos bastante solos, no es un trabajo de equipo, creo que es bastante personalizado. No es como una persona que diseña un objeto para comercializar el producto. No se trata de diseño de ropa para venderla a una población, ese diseñador da una respuesta a su estilo y viste a la gente con un criterio más libre. Decide sobre modas, contemporizando con lo que existe o revolucionando imágenes. Proponiendo nuevas tendencias, texturas y colores. El diseñador de cine no está libre de hacer eso, el trabajo de un diseñador que esté implicado en una obra de arte como es el cine tiene que subordinarse al hecho de que existe un director y que esa es su obra, entonces no debe ser que uno diseñe y se diga: «excelente vestuario», y que la película no sirva, porque si resalta un vestuario excelente... ¿para qué fue hecho? ¿para una pasarela, no para una película? El vestuario debe quedar subordinado al hecho artístico: la película.

El mayor éxito que he tenido, si es que he tenido alguno, es que la gente no diga, el vestuario de esta película «me dejó frío», o «con la boca abierta», porque la persona cuando sale de un cine y ve una buena película debe decir «¡Qué película», «qué drama» o «qué thriller», pero a nadie se le ocurre cuando termina de ver una película, decir, qué vestuario o ir a ver una película porque le dijeron que tenía un buen vestuario, eso sería un disparate.

Yo no me quiero ver en ese rol, quisiera que a todo el mundo le gustara la película, que tuviera éxito. Aspiro a que crean en los personajes. Si se está premiando el vestuario, claro que debe haber un grupo de personas que diga, el vestuario es bueno. A lo mejor un profano dice, «pero, ¿por qué es bueno? Yo no le veo nada extraordinario». El vestuario es bueno porque funciona en tanto se pudo contar aquella historia y se convirtió en una obra de arte, gracias a que el vestuario no lo estropeó, sino que acentúo y colaboró a que eso fuera una obra de arte. Esa es mi manera de ver las cosas y, por tanto, siempre he tratado de subordinarme al hecho de la obra de arte, de que hay un guion en la mano y una historia que se contar, con los personajes que son protagónicos, antagónicos, secundarios, extras…

Hay un grupo de personas que son los extras que llenan los fondos, que por supuesto, no se van a vestir de una manera más atractiva o que llamen la atención al espectador sobre un protagónico que está en primer plano. O sea, que todo eso hay que tenerlo en cuenta. Hasta el último extra que está en pantalla trato de chequearlo yo, personalmente, cómo está vestido, qué se le pone, qué se acentúa. Todo lo chequeo, creo que es parte del trabajo del diseñador de vestuario y no de los vestuaristas. Trato de estar presente en todos los llamados a filmar.

En *Lista de espera* (Juan Carlos Tabío, 2000) hay un aspecto interesante en cuanto al aspecto de los extras, porque se desarrolla prácticamente en locación única: en una terminal de ómnibus. Y sucede que siempre hay mucha gente en pantalla, muchos extras, cerca de los actores están casi todo el tiempo en pantalla, interactúan con los actores. La mayoría de los actores aparecen en cada una de las secuencias de ese guion, entonces pensamos que era una película sencilla, que en el vestuario no iba a tener ninguna dificultad. Sin embargo, por el hecho de que es una sola locación, en la que se suponía que cada personaje llegaba vestido a la Terminal, que todo ocurriría en un día, se pensó que el vestuario no tenía ninguna dificultad, no había cambio.

Cuando me detuve a estudiar con detenimiento cómo era la historia, supe que el guion no era tan sencillo como lo pintaba el productor, porque resultó ser un sueño colectivo. Y en un sueño, por supuesto, la gente no tiene por qué estar vestida tal y como llegó a la Terminal. Además, en el sueño colectivo, hay diferentes momentos. Son los sueños de varias personas y cada una de ellas sueña cosas.

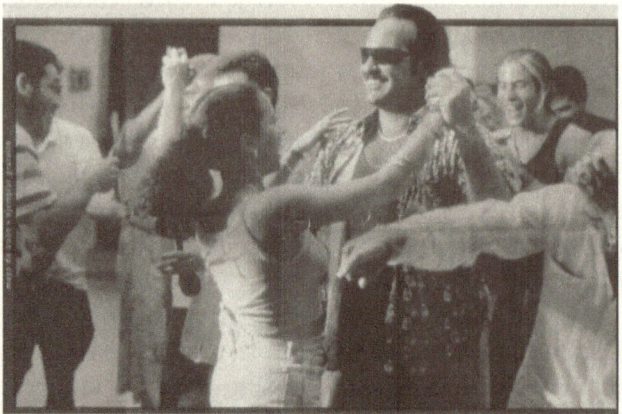

'Lista de espera' JORGE PERUGORRÍA ES UNO DE LOS PROTAGONISTAS DE LA PELÍCULA DE TABÍO

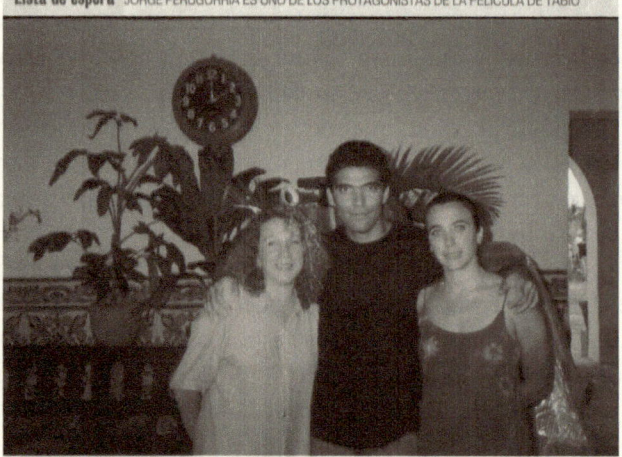

Por tanto, en esta película hay imágenes de invierno, imágenes de verano, imágenes de gente en bañadores que se quitan o salen en calzoncillos bajo un aguacero torrencial y se mojan. O sea, que el vestuario sí tuvo complejidad desde la llegada de la gente la terminal, pasaba a ropa que se manchaba, que tenías que vigilar muy de cerca, la humedad, el mojado, el frío...el macheo.

El vestuario de *Lista de espera* sí tuvo bastante complicación, a pesar de que el espectador pueda pensar que fue un vestuario muy sencillo.

Con los avatares soñados, la situación comenzó a complicarse. Esta vez trabajé con Juan Carlos Tabío solo, ya Titón había muerto, yo tenía experiencia de trabajar con Juan Carlos, pero compartiendo con Titón en *Guantanamera*.

En este caso era una sola cabeza con quien discutir. Juan Carlos es un director que participa desde la confección del guion y como Titón, es un gran profesional. Con él no tienes timidez, no temes al acercamiento necesario para enseñarle un pedacito de tela, tal textura, tal color. Le dio mucha importancia todo el tiempo al tema del vestuario, y todas las veces que yo quise cambiar, introducir, poner, quitar —en plena filmación todavía tuvimos que estar tomando decisiones— todas las veces que se me ocurrió dirigirme a Juan Carlos con toda paciencia, me prestaba mucha atención.

Para una opinión acerca del vestuario del cine cubano en diferentes épocas, yo tendría otra vez que remitirme al hecho de que soy una nueva profesional en esta plaza y, como espectadora he visto todas las películas cubanas que he podido. Antes de dedicarme a esto yo me preguntaba en algunas ocasiones, por qué estaban los actores vestidos como si fuera su propia ropa en la actualidad. Una actriz o actor importante, un protagónico, no debe vestir para nada como se viste habitualmente, hay que ir más al personaje. No sé por qué, pero yo notaba como que los actores estaban vestidos con ropas nuevas, ropa de estreno, le faltaba credibilidad a ese vestuario, sobre todo cuando era ropa de la actualidad (aunque también con ropa de época), porque pareciera que la ropa estuviera sacada de un maniquí, de una tienda, que no tenía uso.

Yo creo que ya hay una especialización, creo que los diseñadores de vestuario de la actualidad ya no cometen esos errores. El concepto vestuario ha ido mejorando, como ha ido mejorando el cine en general en Cuba y en el mundo entero. Se está muy al tanto de cómo es el personaje de la película, no cómo es el actor o la actriz, tiene que estar todo bien puesto en pantalla tiene que estar bien peinado y bien vestido, acorde con lo que está demandando el personaje y la historia que hay que contar.

Pero esos errores que a veces se veían en las películas que se hacían al principio, ya no se ven. En general, creo que el trabajo de vestuario está muy bien llevado, que funciona, que incluso, si podemos echar de menos algo es más bien que se dedique la crítica especializada a decir cómo se vio el vestuario, cómo se vio la escenografía, lo considero muy importante a la hora de valorar la obra de arte. Sin embargo, no hay referencias en la prensa por parte de la crítica especializada. En Cuba, es un tema que no se toca casi nunca. Es como si no existieran esas especialidades, espero que en un futuro se fijen más en estas cuestiones y así, aprendamos más todos de esta realidad profesional.

En cuanto a lo que son talleres, almacenes y el aspecto de la producción, puedo decir que conozco esos lugares casi desde su fundación. Por diversas razones familiares, yo tenía acceso a esos talleres y almacenes, desde el año

1965 y, efectivamente, es una parte de la cinematografía en Cuba, que ha sufrido un gran deterioro. Ha ido dañándose. Los talleres y almacenes de vestuario no tienen las mejores condiciones, por lo que el vestuario ya producido y reciclado, también se va dañando. Para adquirir nuevo vestuario hay que fundamentarlo muy, muy bien por razones económicas.

Y no solo me refiero solo a cuidar el aspecto físico, sino el ético: por muy precarias que sean nuestras condiciones económicas, hay cosas que hay que cuidar, un vestuario que utilizó un protagonista en una película no debe pasar de mano en mano y terminar en un extra. El hecho de aprovechar o no un vestuario no nos puede llevar a ese tipo de decisión. «El vestido encantador» que utilizaron las dos protagonistas en *Guantanamera*, no debería pasar a ser el vestuario de cualquier extra callejera.

El diseñador de vestuario desde el punto de vista de la producción se ve a veces muy limitado en cuanto a solucionar el vestuario de una película. Necesitaría un poco más de recursos para adquirir tejidos que no se encuentren en el almacén, o para comprar vestuario nuevo, que incluye calzado, bolsos, cinturones, bisutería. O nuevos materiales con qué confeccionarlos.

Creo que los vestuaristas del Icaic son muy profesionales, con bien ganados fama y prestigio. Pero debe evitarse que salgan elementos de los almacenes o talleres al *set*, sin pasar por las manos de los diseñadores. A veces sucede que una pieza de vestir, no debe quedar perfectamente confeccionada en el sentido de la hechura, no debe tener una realización impecable, porque no todo el mundo va vestido por la vida con una realización impecable. Hay personajes que tienen que vestirse con una tela muy modesta y con una modista *ídem*, o que tiene que confeccionarse la ropa con sus propias manos. Eso implica una hechura que también los que confeccionan el vestuario tiene que estar advertidos de ese nivel de exigencia. Estar atentos a cómo se hace en ese caso, como está cosido ese encaje, esa puntica, qué calidad puede tener ese borde, ese vivo, ese botón forrado, ese ojal. Son aspectos que puede parecer que no se van a percibir pero piense en el tamaño de una pantalla, el tamaño que adopta una figura en el cine, en que a veces la cámara va a aproximarse mucho en el detalle y si está perfectamente realizado a veces atentan contra ese personaje. Son temas del diseño que también la persona que confecciona tiene que atender bien y no pensar que el diseñador no tiene idea de cómo se hace un ojal correctamente, o de cómo se coloca un botón bien cosido. Es un problema no comprender el hecho de que a veces el actor tiene que salir con ese tipo de ropa, «mal cosida».

El diseñador tiene que estar muy atento a cosas aparentemente sencillas: por ejemplo, a que los actores no aparezcan en pantalla con ropa almidonada y planchada, siempre como de estreno. Es el pan nuestro de cada día.

Nieves Lafferté

Diseñadora de vestuario, escenógrafa y directora de arte.

Siempre me incliné hacia las artes plásticas y estudié dos años en la Escuela de Dibujo Comercial Diego Rivera. Luego pasé a estudiar en la Escuela Nacional de Arte (ENA). Después de graduada trabajé más o menos un año en el Teatro Musical. Me llegó una beca a través de un curso de la Casa de la Cultura Checa, para hacer un postgrado de dos años en Checoslovaquia. Al regreso me ubicaron en el Teatro Político Bertold Brecht, mi carrera profesional empieza en 1973 en ese teatro. Tengo una formación como diseñadora de vestuario, escenografía e iluminación. Siempre me ha gustado más hacer escenografía, aunque he hecho bastante vestuario, pero todo el mundo me ubica más en escenografía que en vestuario por esa razón... Claro que, a veces, me piden hacer la escenografía y yo misma pido hacer el vestuario porque lo veo como un todo, incluso en los últimos años me parece que no podría renunciar a la posibilidad de hacer las dos cosas. Se puede lograr una comunión tan estrecha, casi perfecta, con otro diseñador para hacer entre dos la escenografía y el vestuario, pero cuando una sola persona es la encargada de hacer dos cosas, la unidad es más cerrada y después la valoración resulta más certera.

Al cine me integro a través del teatro. Yo hice la escenografía de *La permuta*, la obra de Juan Carlos Tabío, y dos años después cuando se hace la película *Se permuta*, él me pide que le haga la escenografía. Ya yo llevaba diez años trabajando en teatro y creo que fue un resultado bastante digno para las condiciones en que se hizo. Fue una película..., a mí me da mucha gracia, porque ahora se habla de cine pobre y pienso que el cine cubano siempre ha sido pobre, a excepción de algunas películas que han llevado un mayor presupuesto, pero en general, es un cine pobre, y creo que internacionalmente se conoce de esta manera.

Después hice *Otra mujer* (1986, Daniel Díaz Torres) y me llamó mucho la atención que me llamaran para diseñar el vestuario, pero me empeñé a fondo, y la decana de los diseñadores, como le decimos nosotros a María Elena Molinet, se mostró satisfecha con el resultado. Fue una experiencia muy enriquecedora desde el punto de vista plástico, porque la película estaba ubicada en los primeros años de la Revolución. Había un *stock* bastante grande de ropa de esa época del cine en blanco y negro, por la textura y por los valores de los tonos. Trabajamos en base a las texturas y había en los almacenes bastantes piezas de tejido sintético, pero siempre fuimos a la búsqueda de tejidos naturales que eran los que primaban en los años sesenta, de texturas bastas, rugosas, colores bastante neutros. Por supuesto, hay notas de colores más vivos de acuerdo a las características de los personajes, pero siempre buscábamos que fuera como un testimonio documental desde el punto de vista de los personajes, ¿por qué razón?

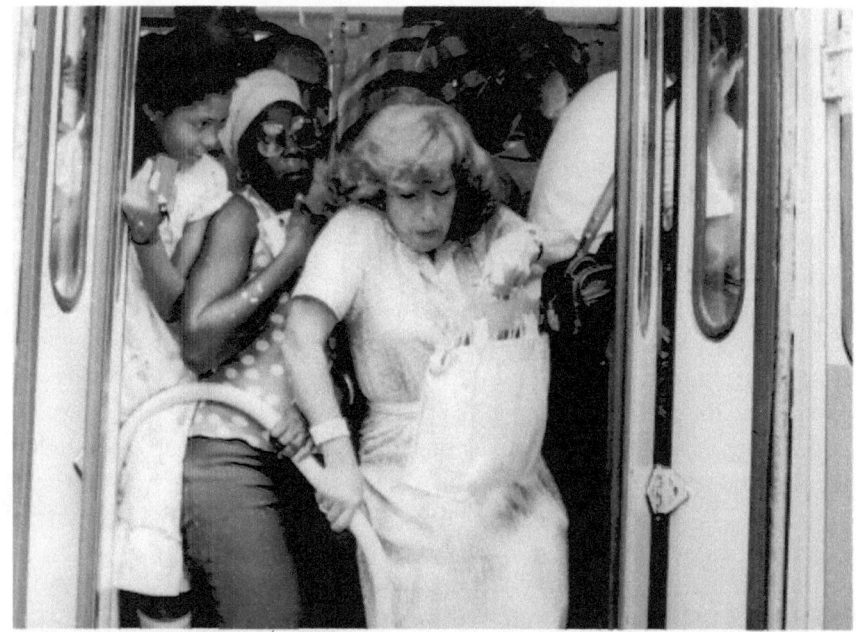

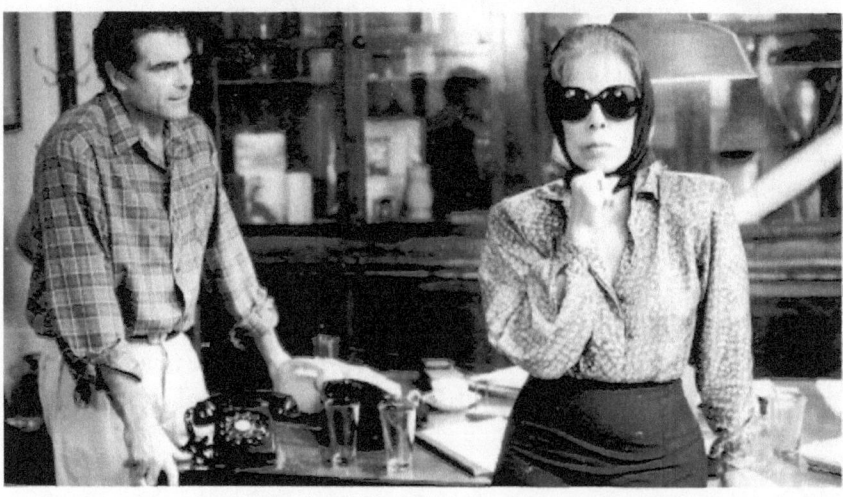

Porque, por independiente que fuera una historia de ficción, es una historia bastante pegada a la realidad de esos años. Tuve momentos que me regocijaron mucho. Por ejemplo, Alejandro Lugo tenía un personaje de una persona muy, muy de pueblo, y yo quería que los pantalones que él usaba fueran de gabardina, muy planchados, que tuvieran brillo de tanta plancha, colgados por la mitad en un perchero, que cuando se vistiera tuvieran la raya del perchero. Él se puso muy incómodo y quería que se los plancharan para quitarle la raya. Yo le dije que eso precisamente era una de las características de su personaje, la característica exterior. Es un hombre que vive solo, cuelga los pantalones y se los pone sin volverlos a planchar, y me dijo «mira, pues me divorcié de mi primera mujer porque siempre me dejaba la raya de los pantalones, pero ahora que lo pienso bien, usted tiene razón y lo voy a incorporar al personaje». Después reconoció que lo había ayudado mucho, porque le había dado una imagen más sólida, en definitiva no era un personaje citadino, era un personaje que vivía en el campo y que era casi un milagro que se pusiera los pantalones planchados, por la forma en que vivía.

Luego trabajé en *Como la vida misma* (1985, Víctor Casaus), y ahí me metí en profundidades porque me pidieron desde el inicio hacer la escenografía y el vestuario. Desde luego, el cine es un trabajo muy minucioso, que lleva muchos requerimientos, se hace en poco tiempo, hay que concebir la idea y realizarlo todo en un tiempo muy compactado. Me propusieron a Guillermo Mediavilla, que a la sazón trabajaba en el Grupo Escambray, pero al poco tiempo no le fue posible seguir y me recomendaron a Carlos Veguilla. Apenas conocía una obra realizada por él en el grupo Pinos Nuevos; increíblemente hicimos una comunión tan perfecta que de ahí salió una gran amistad hasta su prematuro fin, murió muy joven, no tenía treinta y dos años. Trabajamos muy bien en conjunto, al extremo que al inicio yo quería que me apoyara en el vestuario y fuera seleccionando cosas del almacén a partir de los bocetos preliminares. Vimos la posibilidad, como se trataba de una obra del Grupo Escambray, de utilizar la ropa del mismo grupo, y así fuimos haciendo un trabajo de color, de línea, para que, independientemente de usar la ropa de los mismos actores y que cada actor se identificara con su propio vestuario, hubiera una narración en eso.

Yo hablé con Víctor desde el principio y le dije, «esta película se está filmando ahora y no sabemos cuándo salga a la luz y por lo general el cine cubano cuando hace películas contemporáneas adolece de que cuando se estrena, la película parece vieja, porque ya han pasado dos años y ahora la moda cambia de una manera muy vertiginosa. El protagonista es un muchacho que vive en el campo, al centro del país, ella es una maestra rural y pienso que debemos trabajar con inteligencia y vestirlos con lo último que se está usando ahora, por supuesto, dándole un carácter más sencillo de lo que ilustran los figurines, pero hacer un vestuario bien, bien actual, y verás que cuando se estrene no se va a ver vieja, y sin embargo, la moda va a ser otra». Y efectivamente, ese fue el resultado. Víctor enseguida lo concientizó, la asistente de dirección me estimuló mucho y así salió una película con una visión bien actual, refrescante. Se tomaron tonos apacibles, pero acercados a los cálidos para aquellos personajes que nos interesaban y de esa forma conjuramos la acción del tiempo.

Increíblemente yo me he sentido cómoda con casi todos los directores con los que he trabajado. El primero fue Juan Carlos Tabío y ya teníamos la experiencia previa del teatro. Pienso que Juan Carlos es exigente, pero teníamos ya un trabajo adelantado en cuanto a la estética de lo que buscábamos y nos fue bastante fácil ponernos de acuerdo. Con Daniel Díaz Torres no puedo decir tampoco que no fuera un director exigente, pero estaba tan seguro de lo que quería que desde el principio puso bien claro cuáles eran las coordenadas de su exigencia y me fue fácil adaptarme a trabajar con él. A pesar de que cuando trabajé con Víctor Casaus era su primer largometraje y no tenía un criterio totalitario de su película, sí tenía el criterio de lo que dramatúrgicamente quería lograr. La imagen no la tenía formada con mucha precisión y la fuimos elaborando en conjunto y me sentí cómoda también

El primer director con el cual me enfrenté con una situación bastante problemática fue con el brasileño Ruy Guerra, en *Me alquilo para soñar* (1992) era un trabajo muy largo, incluso no la terminé, la terminó otro diseñador, Carlos Urdanivia, pero si hice casi la totalidad de los diseños. Al final, por diferentes razones había renunciado al crédito de la película, el productor ejecutivo, que era Fernando da Silva, me dijo «yo te voy a respetar el crédito» y yo le dije «no, yo no quiero siquiera que me respetes el crédito» porque había sido bastante fuerte la confrontación con el director.

Él empezó con unas ideas y yo diseñé el vestuario de casi toda la película sobre la base de todas sus exigencias. Estuvo muy de acuerdo con todo aquello; claro, hubo vestuarios que tuve que reelaborar cinco, seis o siete veces, pero finalmente ya la película estaba decidida en cuanto a diseño de vestuario y cuando entraron los actores, hubo confrontación con las dos actrices jóvenes, no con los actores experimentados que aceptaron de buen grado el diseño de sus personajes. Entonces el director empezó a cambiar su punto de vista y yo lo reelaboré todo y se llevó a la práctica. Se realizaron algunos vestuarios, otros se seleccionaron de almacén, como sucede siempre, haciéndole algunos cambios, pero había una línea de color muy rígida para cada personaje a medida que avanzaban los capítulos. Había personajes que se mantenían los seis capítulos en la misma gama de colores, había otros que se iban aclarando, otros oscureciendo, y otros que cambian, como es el caso de una actriz joven que al ir a filmar se mostraba inconforme con el color que habíamos elegido en los primeros capítulos. Se había elegido el azul para ella en diferentes tonos, más claros y más oscuros y ella decía que ese color no le iba bien, cosa con la cual siempre discrepé.

Ya finalmente me encontré que en cada día de filmación el director había cambiado de criterio y se volvía más exigente. Llegó el momento en que el trabajo de diseño se veía desdibujado y yo rehusé a continuar. Me dediqué a buscar un diseñador que me sustituyera, lo impuse de todas las características del trabajo y él terminó la película. Yo renuncié al crédito y finalmente, cuando se estrenó la serie, pude verla. La mayoría del vestuario, sobre todo los cuatro primeros capítulos, eran absolutamente del dominio mío, porque ya a los dos meses de filmación se había filmado hasta el quinto capítulo. Pero realmente fue un trabajo con muchas contradicciones y me dejó tan insatisfecha que decidí, ante la imposibilidad de ver reconocido hasta el final mi trabajo, sencillamente, no continuarlo.

En esta película fue con Hanna Schygulla con la que menos problemas tuve. Cuando empezamos la prefilmación se me mostró una imagen de ella muy intransigente, que siempre quería que prevaleciera su criterio. Ella se veía a sí misma con la imagen que Fassbinder le había creado, y que siempre quería aparecer con esa imagen. Yo había hablado con otros diseñadores que la habían vestido a ella y me decían que era muy majadera, que al final de las discusiones aprobaba el vestuario y que en el momento de filmar, traía su ropa, y era con la que trabajaba. Yo estaba preparada para enfrentarme a una situación así, pero sucedió todo lo contrario. Todas las propuestas que le hice ella las aceptó. No le gustaba la línea que el director había determinado, pues él quería que en los primeros capítulos ella pareciera una mujer asexuada. Esa idea no la convencía mucho, pero el personaje aparece realmente de una forma muy extraña, se comporta de forma tan rara que el espectador no sabe qué pensar de ella, y de buenas a primera dentro de este mundo del realismo mágico garcíamarquiano, el guionista de la serie, empieza a transformarla en una mujer con mucho glamur para que lograra el objetivo de apoderarse del alma de este hombre y finalmente quedarse con todo lo de esta familia que ella encontró, cuando llegó allí como una pordiosera.

Todo el vestuario de ella se realizaría en La Maison, incluso el más insignificante, que empiezo las pruebas de vestuario con ella, yo le había separado unos trajes que me parecía que le venían muy bien, tanto al físico como al personaje, le digo «¿tú irías conmigo a los almacenes del Icaic, yo tengo unos vestidos que quizás eviten el confeccionar una ropa que no sabemos cómo va a quedar, sin embargo con éstos, con unos ligeros cambios, podemos ir viendo la imagen?». Ella aceptó de buen grado, para sorpresa mía. Había unos zapatos que hasta hongos tenían y me dijo que quería probárselos. Con un pañito los limpié por dentro, se los probó y dijo «estos son los zapatos del personaje». Eran zapatos de los años cuarenta auténticos, muy lindos, pero que ya eran una ruina y le quedaban un poco grandes. Se probó los vestidos, y cuando se hizo la prueba de vestuario, Ruy no estuvo de acuerdo.

Uno de ellos, que a ella le gustaba mucho y que le quedaba muy bien, lo teníamos previsto para la escena de la hamaca. Yo sabía que el vestido que él quería no iba a funcionar porque era un vestido muy rígido y no creía que vestida así pudiera moverse cómodamente en una hamaca. Dejemos este vestido dentro del *stock* y veremos a ver qué sucede el día de la filmación, son los trucos de la complicidad que debe existir entre el actor y los diseñadores. Llegó el día, el director estaba histérico, la escena no salía, pienso que Hanna es una actriz de mucha experiencia, y la incomodidad que mostraba estaba avalada porque sabía que tenía otra opción dentro de lo que estaba sucediendo.

Llegó el momento en que el director me llamó y me preguntó si no había otra ropa para ponerle a Hanna. Pero claro, pensaba en otro de los que había aprobado. Yo le puse aquel que las dos habíamos acordado en complicidad y que él había rechazado. El camerino estaba en un primer piso y cuando la vio bajar por la escalera dijo «tú ves, este es el vestuario que lleva el personaje en esta escena». Yo saqué un dibujo de mi carpeta y le dije ¿Ruy este no se parece a ese diseño? Y me dijo «claro es el mismo». Y yo le contesté, no es el mismo pero es que este usted me lo rechazó. Me contestó: «ah, pero es que no se me puede hacer mucho caso a lo que digo, porque yo digo mucha m...». Ese fue el día que yo decidí dejar la película, porque ya habíamos filmado el cuarto capítulo, empezábamos el quinto, y yo dije, voy a enloquecer, hasta aquí llegué. Realmente el trato que me daba era bastante despótico, y yo no estoy acostumbrada a que me traten así. Se me puede tratar fuerte, se me puede exigir, pero no se me puede maltratar, eso yo no lo admito.

En *Roble de olor* (2003, Rigoberto López) Derubín Jácome y yo hicimos la dirección de arte y la escenografía. Estuvimos más de dos meses buscando un escenógrafo y no apareció, le dije «vamos a hacerla nosotros mismos». El director de arte era Derubín y Diana Fernández la diseñadora de vestuario. Ellos concibieron todo lo que es la imagen de la película de principio a fin incluyendo el color. Diana hizo un manifiesto teórico sobre la luz y el color en *Roble de olor*, manifiesto que me parece brillante desde el punto de vista del análisis de la época, de los presupuestos estéticos del director y la imagen que después iban a tener los actores y la escenografía.

Derubín y Diana viven en España, tienen su trabajo allá y no podían estar todo este tiempo aquí. En dos ocasiones anteriores Derubín me había pedido que colaborara con él, pero yo no había podido aunque tenía muchos deseos de hacerlo. Acepté esta oferta y le dije «te voy a hacer la segunda», él me contestó que lo que quería es compartir la dirección de arte «porque necesita tener una persona de la confianza para saber que todas las decisiones que se tomen en mi ausencia están avaladas por mí».

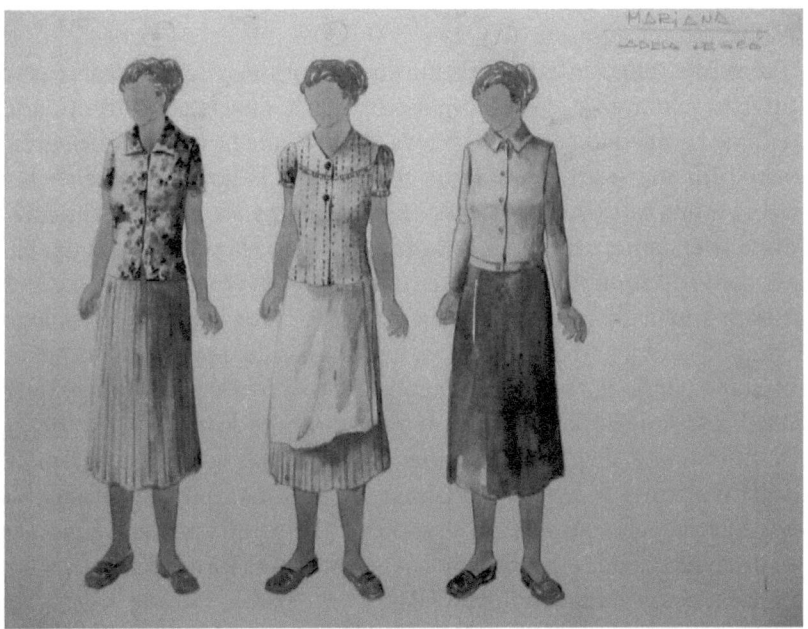

Al cabo de dos meses sin conseguir escenógrafo decidimos hacerlo nosotros mismos. Ya teníamos decidido que la hacienda se compartía entre el Museo Romántico de Sancti Spíritus y la Finca de los Monos. Como él había trabajado dos veces allí conocía bien el espacio así fue él quien hizo la transformación de la hacienda y yo me dediqué al pueblo de los esclavos.

El director con que más dificultades he tenido es Rigoberto, por diversos motivos. No nos conocíamos personalmente, me lo presentaron a propósito de que yo era, con Derubín, la directora de arte de la película. Yo sabía que antes de aceptarme, él había pedido opiniones a personas que conocían mi trabajo, independientemente de que el criterio de Derubín era muy valioso para él.

Rigoberto es una persona que duda mucho, siempre tiene el espíritu del perfeccionismo, más allá de sus posibilidades, a veces son cosas sobre las que ya uno tiene experiencia, sabe cómo se ven por cámara, incluso cosas que uno ha utilizado en películas anteriores y sabe que salen bien. Si no le entra por los ojos, duda de que eso tenga directamente la eficacia comunicativa, la eficacia estética que él busca para su película. Eso era constantemente, todo el tiempo, y yo me sentía presionada, me sentía vigilada, cuestionada sin razón, sin conocimiento de lo que yo estaba verdaderamente haciendo, de a dónde yo iba a llegar con lo que estaba haciendo. Eso en una película de un mes se siente, pero en una de cuatro meses de rodaje se siente mucho más. Yo terminé agotada.

Por suerte, tengo criterios de gente que ha visto algo de la película cuando la estaban editando y el de compañeros que la han visto ya terminada y dicen que ha quedado con muy buena factura, que ha habido que cortarle mucho. Por supuesto, se sabe que cuando una película debe tener hora y media o una hora y cuarenta y se filman cuatro horas, generalmente la historia se resiente, pero hay una confianza en que la película va a dar en el clavo, como decimos nosotros. Dicen que tiene una fotografía muy hermosa, que es una película muy linda y, en definitiva, pienso que si eso se logró, se cumplió el objetivo de Rigoberto, que en más de una ocasión le he oído contestar, cuando le preguntaban qué pretendía con la película, que quería una película muy linda. Si es así, nos felicitamos todos.

Refiriéndome al cine de las primeras décadas de la Revolución, pienso que hubo algunos tanteos, pero tanteos de personas que sabían muy bien lo que querían, que dominaban su profesión de alguna manera, aunque no eran diseñadores de vestuario de cine, pero con una formación muy sólida, y lograron cosas verdaderamente loables.

Pienso que a partir de los trabajos de María Elena Molinet, que sí era una verdadera especialista en el diseño de vestuario, se hicieron trabajos como los de Eduardo Arrocha y Jesús Ruiz, que ya eran trabajos más maduros desde el punto de vista de la confección para una puesta en pantalla y del diseño de vestuario en particular. Miriam Dueñas empezó a diseñar a partir de la década del setenta y hay trabajos muy buenos de ella. *Cartas del parque* es una de sus mejores cosas, hizo algunos o fuera de Cuba, en Colombia, y fueron muy buenos, por ejemplo *La viuda de Montiel*, que me parece fue un trabajo muy sólido. El trabajo de Jesús Ruiz en *Un señor muy viejo con unas alas enormes*, para mí es admirable por el método creativo empleado, que era ir armando los vestuarios en base a piezas de almacén, y así creó la totalidad del vestuario, es como un artista plástico que hace un gran mural a partir de un collage de piezas existentes, para crear una unidad estilística y temática. Realmente me parece un trabajo muy logrado. Está el trabajo de Gabriel Hierrezuelo, de Guillermo Mediavilla, de Diana Fernández, pero todos son, incluida yo, alumnos de María Elena Molinet, es decir, que todo lo que se ha hecho en el cine cubano por las generaciones que ya no son tan nuevas, es el resultado de María Elena. Creo que hay diseñadores como Diana Fernández y Derubín Jácome que tienen una línea muy propia y que se refleja en su trabajo.

Qué pasa con la década de los noventa, que empiezan a incursionar en el cine diseñadores que vienen del mundo de la moda, otros que provienen del Instituto de Diseño Industrial, incluso graduados de artes plásticas, como en el caso de Erick Grass, y tienen ciertos balbuceos en sus primeras producciones cinematográficas, como es lógico. No tienen una formación dramática, no tienen formación específica de lo que es el diseño de vestuario para una obra dramática. Se crea también a partir de la graduación de gente muy joven, gente con su propia visión de lo que es el cine y de cómo abordarlo, que es un tanto experimental. Yo pienso que estos balbuceos de los nuevos diseñadores..., no voy a decir que son erráticos, porque sería muy severa, pero hay un eclecticismo que parte de distintos puntos creativos, de diferentes facetas de la creación, de falta de consolidación de un criterio para abordar la esfera, partiendo también de la propia personalidad de los directores que está por definirse todavía, por eso hablo de balbuceo, como que empiezan a reconocer el terreno. Sucede también que en el segundo lustro de esta década, se han hecho muy pocas películas y no da la posibilidad de desarrollarse con una periodicidad que permita al diseñador en cada nuevo intento superar lo que hizo anteriormente. Sucede que es cómo, si cada vez que hace una película, se partiera de cero y realmente eso ha lastrado la imagen del vestuario en esta última década. Hay trabajos desiguales, no quiere decir que sean para descalificar, sino para analizar.

Por ejemplo, las películas de época son más difíciles de enjuiciar si no se tienen conocimientos, pero si se tienen, es más fácil que enjuiciar una contemporánea, porque el trabajo de vestuario para una película actual apenas se nota, apenas se ve.

Un vestido que no es del siglo XVIII o XIX, un traje de hombre incluso de la época del romanticismo, mediados del siglo XIX, llama la atención por una corbata, por la utilización de una chalina o por lo impecable del corte, si tiene puntos de contacto con otro personaje en la misma película o en otra. Pero ya cuando se trata del vestuario actual, vemos como si la gente pasara por el lado nuestro en La Rampa. Por ejemplo, una película como *Fresa y chocolate* yo opino que tiene un trabajo de vestuario pensado muy concienzudamente y sin embargo pasa inadvertido, porque es la ropa que uno ve normalmente por la calle, no obstante está muy bien pensado de acuerdo a la sicología de cada uno de los personajes, pero bueno, es como el título de una película argentina *De eso no se habla*.

Yo siempre me refiero, creo que es un mal congénito en mí, al papel de la crítica en el desarrollo del diseño. La crítica es prácticamente inexistente en este aspecto, pienso que, en general, salvo dos o tres especialistas muy bien formados, de formación muy sólida pero quizás demasiado académicos para esa crítica que orienta al gran público, para esa crítica de la prensa plana, de las revistas que no son especializadas, no hay una orientación del público de lo que son los logros y los desaciertos del diseño de vestuario en el cine. Pienso que eso no ayuda al espectador ni tampoco al diseñador, porque este debe confrontar su criterio con la gente que lo rodea, con la gente que trabaja con él y debía confrontarlo además de con los colegas, con el público que también tiene su opinión, pero la crítica es quien debe alentar eso, canalizarlo, darle seguimiento.

Uno debe ver mediante la crítica, qué dista un trabajo de otro en dos años en cinco años, ver cómo es la progresión, si la hay, si no la hay, pero realmente todo se produce de una manera espontánea, y los criterios también son espontáneos y muy variables de acuerdo al momento en que se esté viviendo, de las corrientes que llegan de fuera.

No hay un rigor profesional en el desarrollo de la crítica, por lo tanto ese trabajo adolece de un tamiz para uno ir perfeccionándose en base a los resultados. Lo que es la crítica de vestuario no existe. Sencillamente dicen es efectivo, el vestuario está acorde a los presupuestos en pantalla, pero ni siquiera mencionan cuáles son esos presupuestos, de manera que quedan en el campo de lo especulativo, no hay un rigor técnico ni artístico con esa apreciación, además la mayoría de las veces ni se toca, cuando se toca es al vuelo, de pasada, por un detalle específico que le llama la atención al crítico.

El festival de cine de La Habana está premiando últimamente la dirección de arte, que abarca todo lo que es el área visual en el cine, pero hay un diseñador escenográfico que puede ser, o no, el director de arte y tiene sus méritos en su trabajo llevado por una guía que es la dirección de arte, pero es un trabajo independiente, igual que lo es el del diseñador de vestuario. El maquillaje tampoco se premia, ni la peluquería, sin embargo tenemos una maquillista cubana que ganó un Goya en España. Tengo esperanza de que algún día el diseño de vestuario sea reconocido como una categoría a premiar.

Vladimir Cuenca

Estudié Diseño Industrial en el Tecnológico y comencé a trabajar y aún trabajo en la industria de confecciones, en la moda. Empecé en el teatro, con Carlos Díaz en el grupo El Público, con la primera producción del grupo que fue en el año 1990, y mi primera película es *Nada* de Juan Carlos Cremata: él me conocía ya del teatro y me propuso trabajar con él.

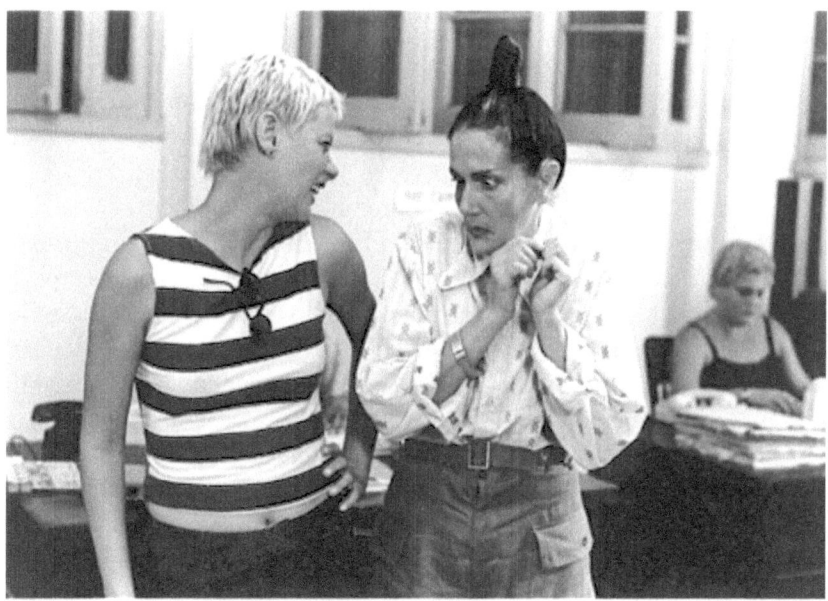

Nada (2001) fue un trabajo muy especial por ser mi primera película y, además, porque Cremata es una persona muy especial. Cuando yo entro en el proyecto él hacía años ya que estaba en él dando vueltas y lo tenía todo muy pensado, cada personaje, cada historia. Trabajé en blanco y negro, que también era una experiencia nueva para mí. Hay una gráfica en lo audiovisual en la película, él lo trabaja de una forma gráfica, y aparte él quería que cada cosa tuviera un significado muy especial, no dejar nada al azar, es decir, le daba mucha importancia a cada detalle, incluyendo el vestuario. Dramatúrgicamente se iba modificando cada vez en dependencia de la historia. Con la edición hay muchas de estas cosas que se quedan en un plano casi subliminal, no es evidente, por ejemplo, el vestuario de la protagonista, aparentemente, casi siempre es el mismo, pero nosotros lo trabajamos, eso fue en la edición. A la hora ya de editar había mucho material, pero fuimos trabajándolo, era como si la misma camiseta de ella, el mismo *pullover* fuera a veces seis pullovers y tuviera cada vez las rayas distintas, había como un *degradée* en dimensión, siempre en blanco y negro, unas iban hacia el negro y otras hacia el blanco pasando por toda la gradación de las rayas, en dependencia de los momentos dramáticos. También se jugaba un poco con el concepto del comic. Luego la cosa de jugar con el blanco y el negro, con lo claro y lo oscuro, porque realmente eso si está marcado, todo está más contrastado porque la película tiene un alto contraste. También trabajamos los colores, hay momentos en que se ven cosas en colores y luego hay cosas que se fueron en la edición como es un personaje que se llama «la malquerida», que se quedó en dos escenas de la película. Ella tenía un mismo vestido, un mismo diseño que en un momento era rojo, en un momento era negro y en otro momento era blanco, se quedó sólo uno. Incluso los personajes secundarios, esos que aparecen en el correo, todos están caracterizados por algo, en una onda así un poco pop, como muy estridentes.

Esto del diseño depende mucho del presupuesto. Él tenía muchas telas que había guardado a lo largo del tiempo, pensando en la película; entonces fuimos adecuando las telas a cada personaje, lo que no, se buscaba en los almacenes, o se compraba, o se le pedía al actor, que así también se hace cuando hay tiempo de escasez, y de esa forma jugamos con lo que teníamos en la mano en cada momento. Daisy siempre se trabajó como lo que es, un personaje que es como una caricatura, igual que el de Verónica; son personajes llevados al extremo, para ellos se buscó como una masculinización de la imagen, una dureza de los personajes. Yo le decía a Juan Carlos «me estás haciendo trabajar a contra pelo de mi profesión», que generalmente se va hacia lo bello, en este caso se va hacia lo feo, buscando lo antiestético.

El personaje de Daisy, e incluso el de Verónica, están tratados así buscando la fealdad todo esto está jugando con cada personaje, cada personaje se trabaja con la idea que tenía el director.

Miradas (2001, Enrique Álvarez) es una experiencia totalmente distinta. En *Miradas* se buscaba ir un poco más..., se buscaba la realidad, pero aunque se buscaba esa realidad, hay personajes que están tratados no tan realísticamente, si no como significado, más conceptuales. Son personajes más reales, se huía de lo folklórico. Eran personajes como Miguel Navarro, que es un cubano que vive fuera de Cuba hace mucho tiempo, y está en esa tónica sobria, no como de luto, ahí no creo que haya sólo una cuestión de vestuario porque el vestuario era una ropa bastante normal en tonos oscuros, sino el personaje en sí y ahí yo creo que empieza a jugar lo dramatúrgico. Quizás no sea un personaje muy claro en la historia, ni para el espectador, porque no se sabe que papel funge y se queda en esa cosa como irreal completamente. El vestuario es como algo real, normal, de la actualidad.

El personaje de Jacqueline se trabajó de forma que como ella vive cerca del mar, se dieran estos tonos marinos, en azules, más bien fríos, ella es una mujer un poco fría, se buscó ajustarlo un poco a su temperamento. La dirección de arte de la película daba un tono a la película como de una cierta frialdad. A cada personaje como el de esta chica un poco frívola que viene, se le da unos toques más ligeros, más juveniles. Es una película que transcurre en un solo día. Por un lado, resultaba más sencillo porque había un solo vestuario para todos los actores, muy poca gente tenía cambios, y ahí toda la ropa de los protagonistas se tuvo que diseñar y confeccionar, porque teníamos que tener vestuarios múltiples. El diseño siempre es a partir de la idea que el director tiene muy claro de cada personaje. Yo le saco la mayor información posible de cada personaje, entonces le hago mis propuestas, conversamos mucho. Siempre trabajo así con los directores, lo mismo en el teatro que en el cine, es un diálogo constante también con el director de arte y el fotógrafo, es un equipo que trabaja muy coordinadamente. Entonces se discuten las ideas de los diseñadores, no solo los diseños, hasta las telas que se van a usar. En este caso, tanto Cremata como Díaz son muy amigos míos, conocen mi trabajo en el teatro, tenemos un diálogo muy cercano porque compartimos muchas cosas que no es sólo el trabajo, sino muchas otras cosas que son importantes, en este tipo de trabajo eso da buenos resultados. A mí me resulta muy cómodo trabajar con una persona que conozco, uno sabe sus gustos estéticos, sus ideas más allá de un trabajo determinado, y recíprocamente ellos también te conocen, somos como de una misma generación y eso hace el lenguaje más fácil.

Roble de olor (2003, Rigoberto López) se aparta un poco de eso que contaba. Del equipo de *Roble...* solo conocía a algunas personas, quizás haya sido mi trabajo más profesional en el sentido que tuve que entrar en un proyecto que ya estaba muy definido todo por la dirección de arte y por la diseñadora Diana Fernández. Hacía tanto tiempo que no se hacía una película de época en Cuba que también quería probar en ese sentido y trabajar con Derubín, con Diana y con Nieves, que son gente que yo admiro mucho. Tuve que adaptarme a cosas que ya estaban escritas. Yo me ocupé aquí, Diana estaba en España, y trabajaba allá.

Al principio fue un poco difícil porque la comunicación era email para allá, email para acá, era tremendo, pero logramos una comunicación excelente. Fue difícil porque bueno, el presupuesto escaso, un montón de personajes, ya sabemos las condiciones en que están los almacenes del Icaic, y eso fue duro, duro, pero bueno, poco a poco, se logró un vestuario bastante cuidado, no es que sea un lujo tremendo, pero creo que se ha llegado con los pocos recursos a una imagen muy acabada.

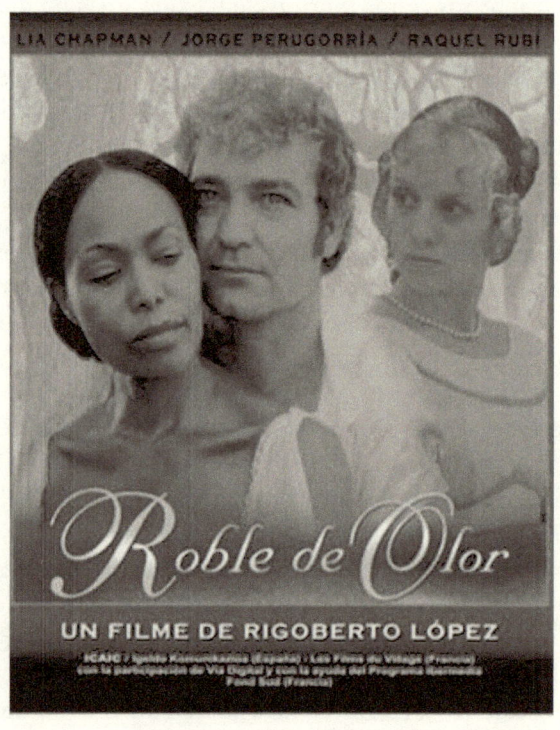

Según la historia que se cuenta el vestuario puede ser más importante o menos importante. Yo pienso que más que el vestuario son las historias que cuenta la película, entonces en dependencia de esas historias... Claro que evidentemente hay falta de dinero y la crisis económica hace que se resienta lo que es escenografía y el vestuario. En la época dorada del Icaic había más recursos para esto y de hecho, se hicieron películas con una tremenda posibilidad para el vestuario y la escenografía. A mí me gusta mucho *Lucía* tiene una imagen muy bien acabada, muy buena. Cecilia también tiene muy bien empleado todo esto, fundamentalmente estas dos, porque claro, cuando son películas de época el trabajo del diseño de vestuario se ve más, uno puede apreciar más esto. En películas contemporáneas es más difícil porque nuestra actualidad es un poco chata en ese sentido, creo que está en dependencia de las historias que se cuenten, más que nada, y también que se le de importancia, porque el vestuario es una cincuenta por ciento de un personaje, es la imagen que se le da a ese personaje, antes de que hable uno lo está viendo y ya la imagen tiene que decir cosas. Cuando digo imagen me refiero al vestuario, al maquillaje, a la peluquería, y luego viene el trabajo del actor, si esa imagen no coincide con lo que es el personaje, pues el actor se las ve negras, así que eso es una cosa muy importante. Hay gente que no se la ve, pero yo traigo la experiencia del teatro y de ahí traigo eso, trabajo con un director que le da mucha importancia a la imagen que es Carlos Díaz.

El teatro tiene su encanto muy particular y el cine también y son dos cosas muy distintas. El cine es quizás más tirano que el teatro, como imagen, porque el teatro puede engañar más al espectador el cine es más difícil porque en el vestuario de cine no puedes irte con trucos.

El vestuario de *Roble de olor* una parte se alquiló, otra parte se diseñó y se confeccionó en España, otra parte se diseñó y se confeccionó aquí, y otra parte es del almacén porque es una película enorme. Incluso me decía el productor que una parte muy importante del presupuesto de la película se lo llevó el vestuario. En el vestuario de los hombres lo más difícil fueron las chaquetas, porque ahora mismo en el Icaic no hay ningún sastre especializado en época, por ejemplo, y no solamente el sastre, los cortadores, los tejidos, ahora mismo en Cuba encontrar un tejido adecuado a una época es muy difícil, casi todo es sintético en las tiendas. La película está ubicada en una época en la que hay muy poca ropa en los almacenes del Icaic, es el inicio del siglo XIX, lo que se conoce por época del imperio, la moda imperio, entonces se dificultaba mucho y hubo que buscar una parte de esta ropa en España. Aquí es imposible encontrar un paño, una lana, un algodón, una seda, todo es sintético.

Las telas que se compraron en España, los trajes se confeccionaron allá, que es la ropa de los dos protagónicos. Las que se confeccionaron aquí las tuve yo que buscar aquí y pasé un trabajo tremendo. Aquí, por ejemplo, para la protagonista se hizo un traje de fiesta, se hizo una ropa interior, se hizo como un batón-deshabillé, y se hizo un traje, con el que ella tiene una aparición como una diosa haitiana, ese lo tuve que teñir yo, porque lo que encontré fue un algodón viejito y lo tuve que pasar por lejía. Algunos trajes múltiples para dos primeros personajes masculinos se hicieron aquí también, eran trajes de verano, porque eran escenas de lluvia y fango; eso pasa muchas veces de acuerdo a la escena que vas a filmar, tienes que tener como mínimo tres mudas de ropa iguales, y eso encarece la producción, porque si el personaje se moja en una escena, en una sola toma tienes que tener como mínimo tres o cuatro o cinco, y un traje de hombre de esa época tiene que tener pantalón, chaqueta, chaleco, camisa, chalina, botas. Las botas todas hubo que alquilarlas en España, aquí no había botas. Las botas de los almacenes de aquí eran para los personajes secundarios, eran poquísimas y todos estos señores hacendados tenían que tener sus botas. Los uniformes militares, por ejemplo, hubo que alquilarlos también en España. Los accesorios porque no era solamente el traje, todas estas señoras llevaban guantes, sombrillas, joyas, los accesorios, hubo también que traerlos. Y eso que era una película sobria, menos mal que como era una época en que estaba el neoclasicismo, en este caso se acomodaba la sobriedad a la época.

Había una dotación de trescientos esclavos, que toda la ropa era de aquí de los almacenes. Trabajaban en un cafetal, esta ropa se ensucia de fango, pero como la película no se filma consecutivamente esa ropa después tenía que estar limpia porque estaban los esclavos acabados de levantar entonces teníamos a las vestuaristas lavando como locas. Pasaba también con las camisas de los hacendados que tenían una o dos cada traje, y organizar todo eso es tremendo. Los zapatos, la sangre, por ejemplo, si hay un disparo rompe la ropa.

Yo comentaba con los amigos: «después de hacer esta película puedo hacer cualquier cosa en el cine».

Los talleres con una falta de recursos tremenda lo que pasa es que yo no lo pensé, pero hay costureras muy buenas, el trabajo que se hizo con la ropa interior fue precioso, precioso, con exquisitez. Lo que más mal estaba era la sastrería, esa si nos golpea, y luego como tienen tan poco trabajo. Esa es una preocupación mía no sólo en el cine, sino también en el teatro. En la industria de este país los oficios se están acabando, para encontrar un sastre bueno aquí es ya muy difícil, porque ¿quién se hace ropa? ¿quién se manda a hacer ropa?

Todas esas cosas habrá que irlas rescatando porque son importantes en las artes visuales, no se pueden extinguir. Esa no solo es la opinión mía sino de la de muchos colegas que nos sentimos orgullosos de nuestra profesión y lo que ha sido el vestuario en el cine y el teatro cubanos.

Douglas Pedroso, María Eulalia, Mayuya

San Juan de los Yeras, Las Villas, 1928- La Habana 2019.

Graduada de Bachiller en Ciencias (1946). El 20 de febrero de 1962 comienza a trabajar en el Instituto Cubano del Arte e Industria Cinematográficos (Icaic), como jefa del Archivo de Documentación del Centro de Información Cinematográfica.

Asiste durante un año al curso de Historia del Cine que imparte el profesor y crítico Dr. Mario Rodríguez Alemán, director de dicho Centro. En diciembre de 1965, pasa a laborar con igual cargo en esa institución. En 1973 se le designa para atender como especialista la sección de Cine Cubano —el cine nacional se considera el más importante en una Cinemateca— cargo que desempeña hasta su fallecimiento. Paralelamente, crea y atiende la sección de cine Afro-asiático hasta la designación de un especialista para esa área en 1975. Además, realiza las labores de localización y clasificación de la información. Prepara, enriquece y archiva los expedientes de filmes, personalidades, temáticas y asuntos generales. Organiza y mantiene actualizados los tarjeteros de referencia, al igual que los catálogos de la Producción Icaic, el de Clasificación Temática y el de Premios.

Durante dos décadas atiende otras tareas generales de la Cinemateca como son: el Índice Analítico (en español e inglés) de las revistas especializadas *Cine Cubano, Cine al Día* (Venezuela) y *Filme Cultura* (Brasil) para el Annual Film Review de la Federación Internacional de Archivos de Films (FIAF). Crea para la Cinemateca y mantiene actualizado el tarjetero del índice temático de los artículos referidos a la cinematografía cubana publicados en la revista Cine Cubano. Traduce del inglés y el francés los intertítulos de los filmes silentes que se exhiben en el Cine de Arte de la Cinemateca (hoy Chaplin), así como artículos de interés para los expedientes de documentación del cine cubano.

Al no existir plaza de bibliotecario en la nómina de la Cinemateca atiende, conjuntamente con la especialista Teresa Toledo la biblioteca y la hemeroteca especializada, hasta finales de la década del setenta en que se crea dicha plaza y es ocupada por Mercedes Caparrós, graduada de Bibliotecología en la Universidad de La Habana.

De 1965 a 1985 —año en que son entregados a la Productora—, está a cargo del registro, guarda y custodia de los premios obtenidos por los filmes del Icaic y de su exhibición permanente en las vitrinas de los vestíbulos del Cine de Arte de la Cinemateca. Así mismo hace la curaduría de su exposición en diversos eventos de centros culturales de la capital. Hasta inicios de la década del noventa, recepciona, clasifica y conserva los carteles cubanos de cine.

Coopera estrecha y habitualmente con el Departamento de Relaciones Internacionales en la confección de programas para semanas y retrospectivas de cine cubano en el extranjero y ocasionalmente, con la revista *Cine Cubano* en la revisión y valoración de artículos sobre la historia del cine cubano, que presentan diversos autores para su posible publicación.

A lo largo de cincuenta años se ha desempeñado como asesora o consultante de diplomados, trabajos de curso, maestrías, tesis de grado, doctorados y ensayos, de un sinnúmero de usuarios cubanos y extranjeros de diversos niveles y disciplinas: universitarios, profesores, investigadores, ensayistas, historiadores, periodistas, cinéfilos. Entre los extranjeros se encuentran reconocidos historiadores e investigadores del cine latinoamericano: Julianne Burton, University of California, Santa Cruz, USA; Paulo Antonio Paranagua, Centre Georges Pompidou, Paris; Dennis West, crítico de la revista Cineaste y profesor del Departamento del Arte y la Política del Cine, Universidad de Idaho, USA; Michael Chanan, British Film Institute, Londres, G.B.; Ana M. López, Vice-Rectora de la Universidad de Tulane, USA; Tatiana Vetrova, Jefa del Departamento de Europa, Asia y América Latina, Instituto de Investigaciones de Cine, Moscú; Irina Bikova, especialista de la misma institución; Brígida Pastor, Department of Hispanic Studies, Glasgow University, GB., Yomota Gorky Inuhiko, reconocido crítico japonés.

Con motivo del XXV Aniversario del Icaic, organiza y hace la curaduría, por la parte cubana, de la *Exposición retrospectiva del cine cubano* que además de filmes, exhibe elementos de escenografía, vestuario, maquillaje, carteles, que recorre las ciudades de Berlín, Leipzig y Postdam, en la República Democrática Alemana (1984). Colabora estrechamente con el crítico, historiador y ensayista Paulo Antonio Paranagua en la organización de la *Retrospectiva de Cine Cubano* (1897-1989) que tiene lugar de enero a abril de 1990, en el Centre Georges Pompidou, de París, así como con el libro *Le Cinema Cubain*, que se edita para la ocasión. Colabora en la organización y actúa como moderadora en el Encuentro de Diseñadores de Vestuario, del Centro Provincial de Artes Plásticas y Diseño, La Habana (2005).

Participa en la selección de textos teóricos sobre el cine cubano para la obra en tres volúmenes Hojas de Cine. Testimonios y documentos del Nuevo Cine Latinoamericano, de la Universidad Autónoma Metropolitana de México (1987). Actualiza el capítulo sobre el cine cubano para la reedición de la *Historia del Cine Mundial* de Georges Sadoul de la Editorial Siglo XXI, de México (1987). Participa en la redacción del libro *Cien Años de Cine Latinoamericano 1896-1995*, editado por el Icaic, Cuba (1997). Sus trabajos para el *Diccionario del Cine Iberoamericano* (10 Tomos), que edita la Sociedad General de Autores y Editores de España (SGAE), (2009), son calificados por el Comité Editorial como «fuente imprescindible» para la redacción del *Capítulo Cuba* (1Tomo). Con motivo del 50ª Aniversario de la Cinemateca de Cuba (febrero 6, 2010), confecciona la cronología de la misma, para el folleto *Cinemateca de Cuba.50 Años*, que se edita para dicho aniversario.

Redacta las ponencias: *El cine francés: la conexión internacional*, Cuba, para el Congreso del 50 Aniversario de la Federación Internacional de Archivos de Filmes (FIAF), que se celebra en París (1988). *El surgimiento del cine sonoro en Cuba*, para el Coloquio sobre *Historia del Cine Iberoamericano*, de la Universidad de Guadalajara, México (1994). *Música-imagen: un matrimonio indisoluble*, basada en una investigación sobre el tema a partir de la tercera década del siglo xix, presentada en colaboración con el crítico de cine y música Frank Padrón en el Taller de la Crítica, Camagüey, Cuba (2007). La mujer diseñadora en el cine cubano, para el Festival Internacional Ellas crean, de la Agencia Española de Cooperación Internacional para el Desarrollo. Cuba, (2013).

ÍNDICE

Prólogo 11

Nota de la autora 15

La Vestimenta 17

María Elena Molinet 29

Carlos Urdanivia 51

Derubín Jácome 55

Diana Fernández 61

Eduardo Arrocha 71

Erick Grass 79

Gabriel Hierrezuelo 87

Heri Echeverría 93

Jesús Ruiz 101

José Manuel Villa 117

Liz Alvarez 125

Lorenzo Urbistondo 137

Miriam Dueñas 149

Nancy González 173

Nieves Lafferté 187

Vladimir Cuenca.. 197

Douglas Pedroso, María Eulalia, Mayuya 203

Bibliografía... 209

Bibliografía

El cine cubano en la prensa nacional y extranjera. Edic. Museo Numismático del Banco Nacional de Cuba (1977).

Filmografía del cine cubano (Producción ICAIC 1959-1981). (abreviada). Edic. Cinemateca de Cuba (1982).

Guía temática de la producción ICAIC (1959-1980). Edic. Cinemateca de Cuba (1983).

Premios y distinciones nacionales e internacionales ganados por el cine cubano (Producción ICAIC 1960-1986). Edic. Dirección Política de las FAR (1987).

Homenaje a Humberto Solás (co-autora). Edic. Cinemateca de Cuba (1987).

Diccionario de cineastas cubanos. Edic. Cinemateca de Cuba y Departamento de Cine de la ULA (Venezuela) (1987).

Manuel Octavio Gómez: la pasión de hacer cine. (co-autora) Edic. Departamento de Cine de la ULA (Venezuela) e Instituto Goethe (México) (1988).

Filmografía del cine cubano (Producción ICAIC 1982-1989) (Abreviada). Edic. Center for Cuban Studies, NewYork (1990).

La tienda negra (El cine en Cuba 1897-1990) (Prólogo de Ambrosio Fornet, Introducción de Reynaldo González), recibe el Premio Nacional de Investigación Cultural Juan Marinello 1997- Edic. Cinemateca de Cuba e Instituto Goethe (México) (1997).

Producciones del Instituto Cubano del Arte e Industria Cinematográficos (ICAIC) 1959-2004 (en colaboración). Edic. Festival Iberoamericano de Huelva, (España) (2004).

Historia de un gran amor: relaciones cinematográficas entre Cuba y México1897-2005 (co-autora con especialistas cubanos y mexicanos). EdicCinemateca de Cuba y Universidad de Guadalajara (México) (2005).

Catálogo del cine cubano 1897-1960. Edic. ICAIC (2008).

Héctor García Mesa. *Memorias de sus Memorias* (co-autora). Edic. ICAIC (2009).

El Nacimiento de una pasión. Editorial Oriente. 2018

ACERCA DEL AUTOR

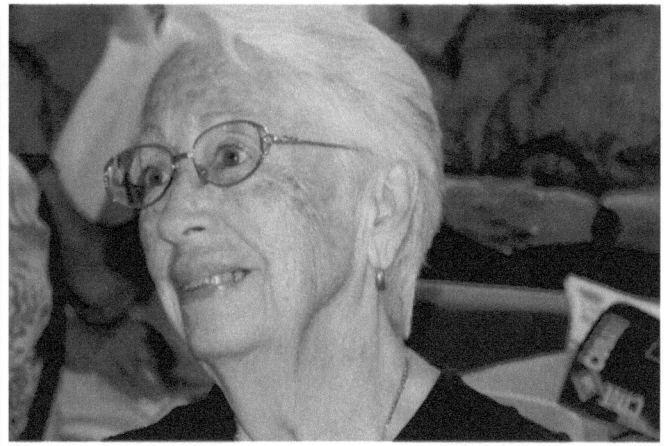

María Eulalia Douglas

(12 septiembre de 1928 - 9 de febrero 2020)

María Eulalia Douglas, investigadora, historiadora, especialista principal de Cine Cubano de la Cinemateca de Cuba, afectuosamente llamada Mayuya.

Mayuya desempeñó por más de cincuenta años una intensa labor investigativa sobre la historia del cine cubano, labor que fructificó en numerosas publicaciones, entre las cuales se destacan *Guía temática de la producción del ICAIC*, *La Tienda Negra (El cine en Cuba 1897-1990)*, que fuera Premio de Investigación del Centro Cultural Juan Marinello, *Catálogo del cine cubano 1897-1960* y *El nacimiento de una pasión. El cine en Cuba 1897-2014*.

Nacida el 12 de septiembre de 1928 en San Juan de las Yeras, antigua provincia de Las Villas, colaboró con numerosas publicaciones nacionales y extranjeras, entre ellas, Cine Cubano, Take One, Ecos, y en los tres primeros tomos de la serie Coordenadas del cine cubano. Recibió la Distinción Por la Cultura Nacional que otorga el Ministerio de Cultura y otros reconocimientos.

Otros títulos

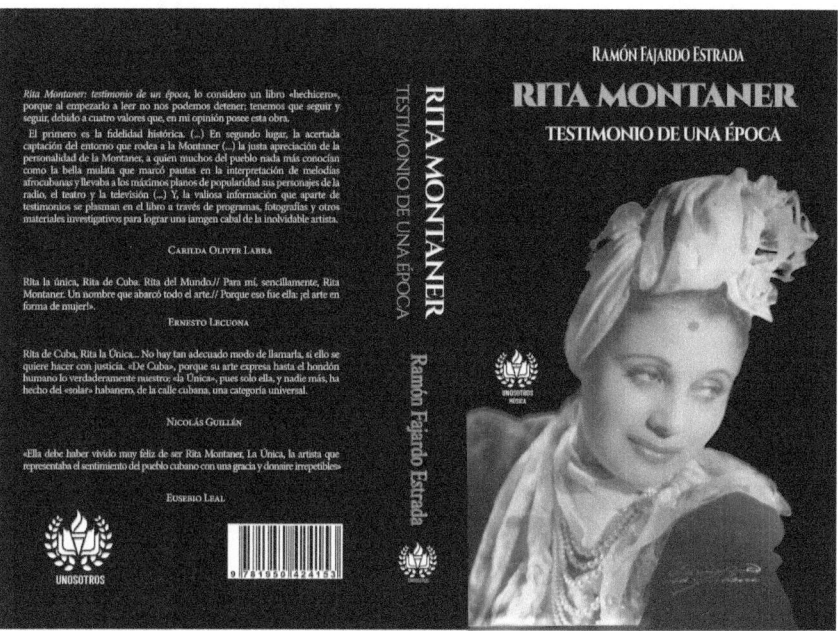

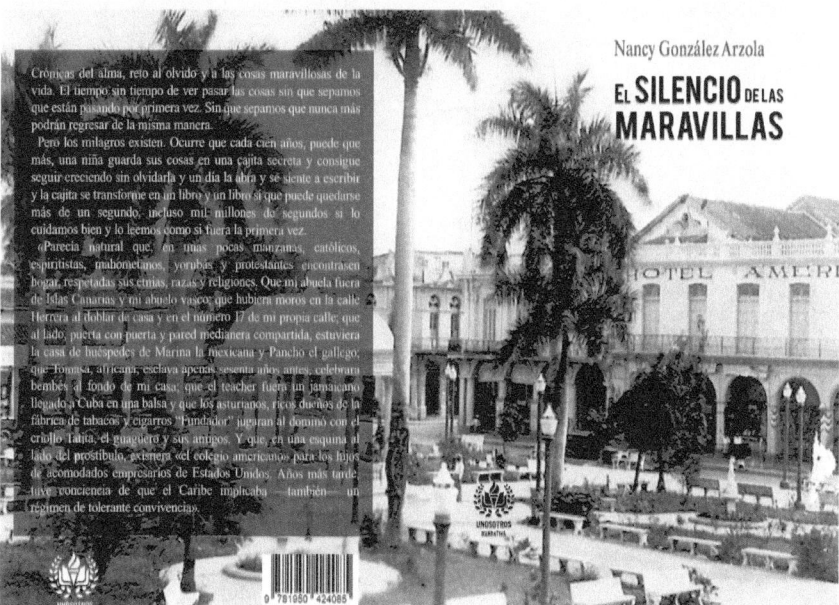

TEATRO EN CUBA

Dentro de la historiografía teatral cubana, hasta donde hemos podido revisar, no existe ningún diccionario de autores y obras del teatro en Cuba del siglo XIX, que registre puntualmente los autores que publicaron y pusieron en escena obras de teatro en Cuba o en el extranjero, entre los años de 1800 al 1900. En este sentido, este *Diccionario bio-bibliográfico del teatro en Cuba (siglo XIX)*, comenzó a germinar hace unos cuantos años, tras la defensa de la Tesis Doctoral: «El Teatro en Santiago de Cuba (1850-1898). Principales vertientes y líneas temáticas» (2005), de Virginia Bárbara Suárez Piña, (coautora). De inmediato se empezó a ampliar una lista de autores, vista ya la redacción de fichas, que constituyeron, al cabo de dos años, artículos y un amplio catálogo.

En la conformación de este libro, se ha hecho una relación de obras y autores dramáticos, mayoritariamente cubanos y españoles; conjuntamente con otros dramaturgos de diferentes regiones de Latinoamérica y Europa. Hemos reorganizado síntesis biográficas y bibliografía activa de los escritores, sobre la base de documentos literarios publicados y/o inéditos, hallados en los archivos y bibliotecas de Cuba, Italia y las Islas Baleares, entre otras fuentes; además de otros muchos datos extraídos de diversas Bibliotecas y catálogos revisados.

Se relacionan figuras mayores, de gran trascendencia que cultivaron un teatro de calidad estética, y se rescata, un importante número de autores y obras, bien desconocidas o que no habían sido objetos de profunda evaluaciones. Ilumina zonas oscuras, espacios de silencio sobre la labor de algunas figuras menores que, no obstante, contribuyeron al brillo del teatro y aportaron producciones, que, a la larga, sedimentan y fomentan un clima de creación dentro del panorama escénico de esta centuria. Todo ello, sobre la base de una cultura de la preservación, que busca fortalecer el conocimiento de una tradición que expresa los valores esenciales de nuestra identidad, y, al mismo tiempo, mantener la memoria del pasado, transformado en referencia de la sociedad actual.

DICCIONARIO BIO-BIBLIOGRÁFICO DEL TEATRO EN CUBA SIGLO XIX

Virginia B. Suárez Piña
José Servera Baño
Graciela Durán Rodríguez

La periodista y editora Bárbara Castillo escribió este libro donde de forma amena pero rigurosa hace una investigación que va desde el surgimiento de lo que se considera la primera obra de teatro en Cuba hasta nuestros días. Muchas son las preguntas dedicadas a este tema que se responden ¿Cuáles son sus antecedentes? ¿Cuándo surgió en nuestro archipiélago? ¿Fue Francisco Covarrubias el primer actor en el teatro cubano? ¿Cómo y cuándo surgieron los bufos en Cuba y quiénes son sus precursores? ¿Cuándo y dónde nacieron de forma oficial los bufos habaneros?

Sirva este libro para conocer un poco más a nuestros actores y actrices. Lo novedoso viene dado porque a partir de la entrevista a figuras relevantes con preguntas como «¿Qué es un actor?» que se va organizando la segunda parte completamente testimonial!

Documento de un invaluable valor que desde ya engrosa la lista de nuestro patrimonio cultural, algunos de sus más destacados entrevistados se inmortalizan a partir de la palabra que los convierte en maestros eternos, entre ellos están: Raquel Revuelta, Enrique Almirante, Ángel Toraño, Carlos Ruiz de la Tejera, José Antonio Rodríguez, Zenia Marabal, Vicente Revuelta, Raúl Eguren, Verónica Lynn, Elvira Cervera, entre otros.

Bárbara Castillo Pedroso

MOMENTOS Y FIGURAS RELEVANTES DEL TEATRO CUBANO

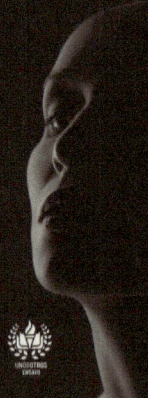

OBISPO DE ESPADA

Antonio Arroyo

Obispo de Espada es una apasionante novela de ficción-histórica acerca de Juan José Díaz de Espada y Fernández de Landa, obispo de La Habana entre los años 1802-1832, un español que a decir de su alumno José de la Luz y Caballero «Fue uno de los hombres que más ardientemente deseó y promovió la felicidad de nuestra Isla».

Espada se enfrentó, para tales propósitos, a las esferas de poder, desde el papado hasta los grandes hacendados; y es en este diario batallar que se inspira el dramaturgo Antonio Arroyo para escribir sobre la vida de un hombre que fue acusado de hereje, masón, jansenista, ateo, independentista, deísta, constitucionalista y hasta de depravado. Fue además llamado por algunas figuras importantes del Vaticano «lobo de sus ovejas», y la Corona lo intentaría apresar en 1824.

Una fascinante novela de traiciones y lealtades, de bravura y cobardía, de pasiones al límite que nos recrea La Habana de principios de siglo XIX y el empeño del Obispo de Espada para transformar la sanidad pública, a levantar los altos estudios, a combatir la ignorancia popular, a tutelar el arte, a modificar las costumbres, a hacer durante un tercio de siglo, del corrompido ambiente de una factoría colonial, una sociedad capaz de triunfar de sus propias miserias.

¿Benefactor o tirano? Es una interrogante difícil de responder. Usted lector más que juzgar podrá atesorar la vida de «aquel obispo español que llevamos en el corazón todos los cubanos».

COMPAÑÍA URBANA EN LA NOCHE

DIANA FERNÁNDEZ FERNÁNDEZ

Compañía urbana en la noche es un libro de absoluta madurez y con una multiplicidad temática y estética que lo convierte en un muestrario de las propuestas literarias de esta narradora.

Compañía urbana en la noche da fe de dos verdades absolutas que el lector de estas páginas comprobará cuando tenga el libro en sus manos: la primera verdad, que la cuentística cubana escrita por mujeres en nuestra isla tiene aristas como éstas, propuestas como éstas, señales de humo que a todas partes llegan, como estas historias, la segunda verdad, que Diana Fernández ya dejó de ser «la autora de aquel cuento interesante», «una cuentista que ha publicado en algunas antologías», como han dicho los críticos de tantos escritores alguna vez, y se ha convertido en otra de esas voces imprescindibles de ese gran fenómeno que es la Narrativa Cubana.

AMIR VALLE

Compañía urbana en la noche es un libro de historias aparentemente simples. Aparentemente. Anécdotas de la cotidianidad, unas; otras como fábulas sin moraleja. Historias de amores y desamores, de tedios y maravillas, de frustraciones y anhelos perseguidos, de búsquedas y desencuentros, de revelaciones. Todas narradas en tercera persona, todas desde cierta distancia, con algo de frialdad o displicencia, sin mayores recovecos en el sendero de la narración, y con un estilo limpio y preciso, contenido y sopesado... Pero no se engañe, o mejor dicho, déjese engañar por esta falta de estrépito, por ese cielo sin fuegos de artificio, porque de eso se trata y porque esa es la intención de la autora: antes que sacudirnos, quiere (y logra) desazonarnos con los sordos y telúricos rumores sobre los cuales estamos sentados, señalándonos lo que no vemos ante nuestras narices, de puro ciegos o tercos. Diana Fernández despliega ante nosotros el Tarot de esta vida de aquí, y lo hace con la elegancia no exenta de ironía del filósofo descalzo que prefería preguntar antes que afirmar, mostrar antes que explicar: eso que siempre hemos intuido, que las cosas no son tan simples como parecen (¿o sí?).

ALEJANDRO ÁLVAREZ BERNAL

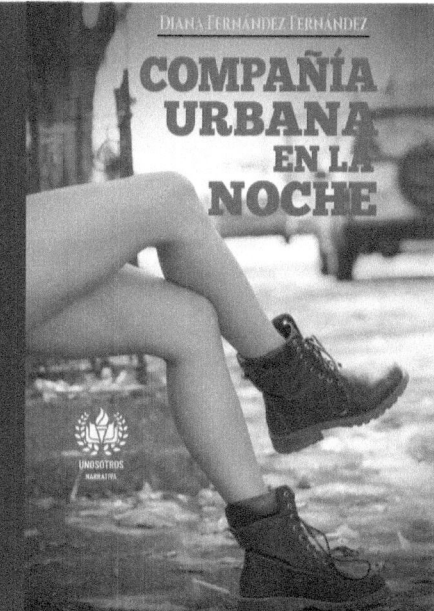

Los últimos días de Jaime Partagás

Miguel Sabater Reyes

El asesinato del tabaquero:
Una historia de éxito,
pasiones, misterio,
venganza y amor

En *Los últimos días de Jaime Partagás* se relatan las extrañas circunstancias del asesinato del tabaquero catalán radicado en Cuba acontecida en 1868. A través de la crónica novelada, el autor intercala en la narración progresiva de los acontecimientos, las entrevistas a que fueron sometidos los sospechosos del atentado dirigido contra Partagás, así como elocuentes fragmentos de documentos contenidos en la auténtica investigación criminal con pasajes de la vida y del quehacer empresarial del notable comerciante de una de las marcas de tabacos más afamadas y cotizadas de Cuba. Sugestiva y dinámica narración de carácter histórico, animada por el creciente suspenso de una trama policial, dondese mezclan, de un modo sutil, los artificios de la literatura y el periodismo, para ofrecernos una fiel semblanza de Jaime Partagás, destacada figura del comercio habanero y uno de los precursores de la industria tabaquera cubana.

«Esta obra, escrita con una agilidad y dominio de la materia sorprendentes, no es, a mi entender, una novela en el estricto sentido del género, sino algo quizás más interesante. Algo que entronca con un género, o subgénero, muy de moda y muy difícil: el denominado *nuevo periodismo* o *new journalism* o *periodismo narrativo*.»

Félix Fojo

Flores para una leyenda, Yarini el rey de San Isidro

Miguel Sabater Reyes

Ochenta años después de la muerte del proxeneta Alberto Yarini, ocurrida por motivos pasionales en 1910, en el barrio de San Isidro, un joven historiador visita la tumba del legendario chulo para cumplir una promesa contraída con un amigo. Un misterioso búcaro que siempre tendrá flores frescas sobre el sepulcro del proxeneta, le estimula a emprender una investigación en la que afloran vivencias de la vida del protagonista Luis Fernández Figueroa y su relación con el mítico personaje.

Miguel Ángel Sabater Reyes (La Habana, 1960), Licenciado en Filología en la Facultad de Artes y Letras de la Universidad de La Habana. Ha publicado *Cuentos Orichas* (Extramuros), de la Editorial Unos&Otros los títulos, *Crónicas Humorísticas cubanas* (2014), *Los últimos días de Jaime Partagás* (2013), *La Virgen de Regla y Yemayá* (2014).

Su novela es en verdad apasionante, y se estructura de forma singular.
El Nuevo Herald / Olga Connor

Escrita por un historiador e investigador sagaz, la novela nos deja una admiración contenida que alimenta la llama de un mito que el tiempo no podrá apagar, a pesar de inútiles y continuas explicaciones.
Eusebio Leal Spengler, Historiador de La Habana.

Libro biográfico acerca de la agrupación más duradera, de las llamadas orquestas familiares de Cuba: Orquesta Hermanos Castro. La autora, valiéndose del archivo familiar de los Castro, hace un recorrido por la trayectoria musical de esta pionera *big band* a la que se llamó «La escuelita» y de la que surgieron numerosos talentos, que luego hicieron carrera bien como solistas, o como integrantes de otras agrupaciones.

«Pienso que hay que revalorizar el aporte de los Hermanos Castro a la música cubana, ahí están los discos, el repertorio, su música perfecta, todo, todos los boleros y los Chachachá son joyas, hay que revalorizar esa orquesta como una de las grandes *big band* que tuvo Cuba».

Helio Orovio

«La Orquesta Hermanos Castro, a mi juicio era la mejor, por una sencilla razón, era muy estable, con orquestaciones con un rango mantenido durante casi treinta años ... ».

Radamés Giró

María Matienzo Puerto

Orquesta
Hermanos Castro

LA ESCUELITA

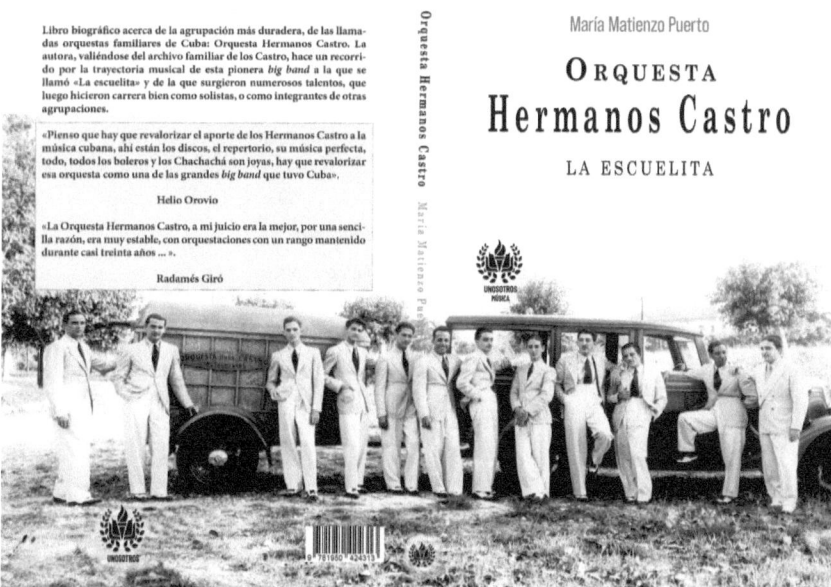

Entre guajacos y sopones las mujeres se atrevieron a contar su existencia a ritmo de rumba, de celebraciones en esos barrios con olor a río y sabor a puerto. Ellas fueron verdaderas guerreras que rodeadas por sus descendientes inculcaron amor por la tradición. Con la fuerza de una sacudida de hombros evitando el «vacunao», así hemos querido alejar el polvo y el olvido de autoras que hicieron, de la rumba matancera, una historia increíble.

Que canten las mujeres es el canto que da inspiración al presente libro, era ese el llamado urgente que realizara Estanislá Luna en su canto, un llamado a la participación de la figura femenina, en el pleno derecho de expresarse y ser escuchada. *Rumberas matanceras: Un canto a la memoria* es un homenaje a todas aquellas que se atrevieron a contar su historia a golpe de rumba, que hilvanaron sus tristezas y alegrías, que unieron sus voces y vidas en las celebraciones al calor de sus humildes hogares, a aquellas que inculcaron el amor por la tradición. Es un homenaje a las que cantan hoy y a quienes lo harán mañana, a las que se aferran a la vida con la convicción de proyectar una realidad más justa, a las que se atreven a desafiar con toques de batá la mirada juiciosa de quien se empeñe en limitar la capacidad creativa y creadora, ese binomio ideal que distingue el quehacer constante de las rumberas matanceras.

Sin dudas, mucho se ha contado sobre la rumba, sin embargo, la presencia de la mujer rumbera aún está por escribir. Por vez primera, el devenir de estas mujeres se aborda a través de una perspectiva musicológica, sociocultural y de género. Con este libro la autora intenta abrir una nueva página dentro del relato histórico de la rumba cubana.

Roxana M. Coz Téstar

RUMBERAS MATANCERAS

UN CANTO A LA MEMORIA

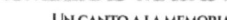

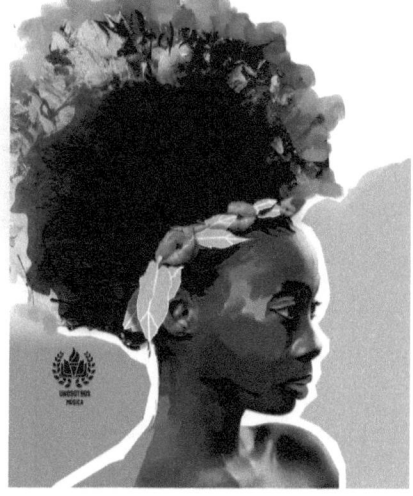

www.unosotrosediciones.com
infoeditorialunosotros@gmail.com

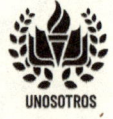

UnosOtrosEdiciones

Siguenos en Facebook, Twitter e Instagram:

www.unosotrosediciones.com

www.ingramcontent.com/pod-product-compliance
Lightning Source LLC
Chambersburg PA
CBHW020644220526
45464CB00001B/286